Весенние грозы

Дмитрий Мамин-Сибиряк

ВЕСЕННИЕ ГРОЗЫ

I

День выдался серенький и дождливый, какие бывают в начале августа, когда еще не успела установиться настоящая крепкая осень. Губернский город Шервож совершенно потонул в грязи, особенно его окраины, где тянулись рядами такие низенькие домишки. Самым грязным местом во всем городе был так называемый Черный рынок. От Черного рынка тянулась самая грязная улица, Веселая, которая заканчивалась городским предместьем, Теребиловкой. Недалеко от Черного рынка на Веселой стоял низенький деревянный домик в три окна, на воротах которого была прибита жестянка с надписью: "Дом канцелярского служителя Петра Афонасьича Клепикова". В ненастную погоду этот деревянный домик как-то чернел, делался ниже и вообще терял всякую привлекательность. Маленькие окна потели, а в низеньких комнатках водворялся какой-то томительный полусвет. Именно сегодня был такой день, и именно сегодня в домике Клепикова было особенно уныло.

В окне этого домика целое утро мелькало бледное личико восьмилетней девочки Кати. Белокурая головка то и дело льнула к стеклам и заглядывала в тот конец Веселой улицы, откуда должна была вернуться мать.

— Мама ушла на экзамен...— повторяла девочка маленькому трехлетнему братишке, цеплявшемуся за её ситцевое платье.— Мама скоро придет, Петушок. И Сережа придет вместе с мамон...

Петушок из этих объяснений понимал только одно, именно, что мама ушла, следовательно, он имеет полное право капризничать. Его пухлая рожица уже несколько раз настраивалась самым кислым образом и готова была огласить скромное жилище благим матом. Восьмилетняя Катя всеми правдами и неправдами старалась предупредить грозившую катастрофу, потому что вернется мама с экзамена, и ей будет неприятно видеть Петушка с опухшими от слез глазами. Сознание своей ответственности придавало Кате необыкновенно серьезный вид, и она говорила с Петушком, подделываясь к тону матери — полушутливо и полусерьезно.

— Мама скоро придет...— в сотый раз повторяла девочка, перебегая от окна к ребенку.— Папа на службе, а мама на экзамен ушла.

— Мма-а...— вытягивал Петушок одну жалобную ноту, как готовый закипеть самовар.

Девочка щебетала с братишкой, как птица. Она рассказывала ему сказки, три раза спела тоненьким голоском песенку про козлика, который жил у бабушки "вот как", показывала зайчика из пальцев и т. д. Упрямый Петушок хныкал, куксился и кончил тем, что, наконец, разревелся. Катя в отчаянии принялась таскать его на руках по комнате, невольно сгибаясь под этой непосильной тяжестью, целовала его и, наконец, обратилась к последнему средству, которое изобрела сама: посадив Петушка на диван, она начинала снимать с него сапожки и чулки, а потом снова надевала их. Эта невинная проделка успокаивала ребенка и даже смешила, когда она брала его за голенькие ножки. Так было и теперь. Маленький плакса улыбался, а вместе с ним смеялось и другое детское личико, полное недетской тревоги и заботы. Её красило именно сознание своей ответственности и чувство того смутного материнства, которое у девочек скрыто в каждой кукле.

— Ах, как долго!..— вырвалось, наконец, у Кати, когда ей надоело подбегать к окну,— ей самой хотелось заплакать

Но в момент такого изнеможения хлопнула калитка, чьи-то ноги быстро вбежали на крылечко, а затем распахнулась дверь, и в комнату ворвался мальчик лет десяти. Он вбежал прямо в калошах и в фуражке, повторяя одно слово:

— Поступил... поступил... поступил!..

— Сережка, да ты и то с ума сошел, сними калоши-то! — послышался в передней ворчливый женский голос.

В другой раз Сереже сильно досталось бы за его вольнодумство, но теперь он не обращал никакого внимания на слова матери и продолжал бегать по комнате в калошах. Марфа Даниловна слишком была счастлива, чтобы учинить немедленную расправу с вольнодумцем. Она прошла прямо к переднему углу, положила перед иконой три земных поклона и начала молиться. Дети инстинктивно притихли, чувствуя, что совершается что-то необыкновенное. Сережа стоял посреди комнаты в своих калошах и не знал, что ему делать — молиться или снимать калоши. Катя торопливо крестилась, строго глядя на брата. Петушок уцепился за мать и недоумевал, следует ему зареветь или не следует.

2

— Слава богу!— вслух проговорила Марфа Даниловна, кончив молитву.

Оглянувшись, она увидела что Катя спряталась за диваном и горько плакала.

— Ты это о чем, дурочка?— ласково спросила Марфа Даниловна.

— Мама, я так... — бормотала девочка, стараясь улыбнуться сквозь слезы.— Мне так хорошо...

Катя не умела объяснить, что она сейчас чувствовала, но это не мешало ей понимать всю торжественность происходившего. Марфа Даниловна молча обняла дочь и молча поцеловала её в голову, что случалось с ней очень редко,— она держала детей строго и не любила нежностей. Сейчас мать и дочь понимали друг друга, как взрослые люди.

— У меня будет синий мундир с серебряными пуговицами,— хвастался Сережа, размахивая руками.— И кепка, и шинель... да.

Мальчик прищелкнул языком, а потом показал его сестре самым обидным образом.

— Сережка, ты, кажется, последнего ума решился?— окрикнула Марфа Даниловна и прибавила ласково:— устала я до смерти, Катя... беги в кухню, поставь самоварчик.

Поступление Сережи в гимназию для семьи Клепиковых было настоящим праздником. Марфа Даниловна даже позабыла переменить парадное шерстяное платье на ситцевое, как это случалось только в пасху или рождество. Маленькой Кате именно так и казалось, что у них большой праздник, нет, больше — теперь всё будет другое.

Чай прошел самым веселым образом и тоже по-праздничному. Обыкновенно Марфа Даниловна выпивала свои две чашки урывками, между делом, а теперь сидела и разговаривала. У ней явилась потребность выговориться. Душа была слишком полна. В обыкновенное время она редко разговаривала с Катей, а теперь говорила с ней, как с большой. Дорогой в гимназию она начерпала грязи в калошу — это хороший знак. Сережа струсил, а в приемной чуть не подрался с чиновничьим сыном Печаткиным — тоже мать привела на экзамен. Ничего, славная такая женщина, разговорчивая. Сейчас с швейцаром познакомилась и шепнула потихоньку, что гимназисты зову; старика-директора генералом "Не-мне",— всё-то она знает, эта Печаткина. Обо всём успели переговорить, пока дожидались очереди, да еще принесло тут жену управляющего контрольной палатой m-me Гавлич. Вся в шелку, так и шуршит... Сунула швейцару целый рубль, ну, её не

3

в очередь и пустили. Богатые-то всегда впереди... А Печаткина, надо полагать, такая же голь перекатная, как и мы, грешные. Потом поповича привели, по фамилии Кубов — попик такой бедненький, боязливый, всем кланяется. А попович бойкий и всё кулаки показывал Сереже.

— Это всё будут Сережины товарищи,— любовно заметила Марфа Даниловна, с некоторой гордостью поглядывая на своего любимца.— В гимназию только поступить, а там все равны — и богатые и бедные. Нужно только учиться... Ну, Печаткина-то — её Анной Николаевной звать — первая проскользнула к директору, а мне пришлось еще подождать. Уж так это тяжело ждать, Катя!.. Потом выходит Анна Николаевна, веселая такая, а у самой на глазах слезы — и смеется и плачет от радости, что определила своего-то оболтуса. Ну, потом уж мы с Сережей пошли... Не помню, как и в кабинет вошла. Директор седой такой, лицо сердитое и голос сердитый, а глаза добрые. Увидал Сережу и говорит: "Ну, бутуз, что ты мне принес?" А Сережа...

— Мама, я не струсил...— хвастался Сережа, припадая всем лицом к блюдечку с горячим чаем.— Даже нисколько не струсил!

— Не ври...— остановила Марфа Даниловна.— Еще как струсил-то, Катя. Ну, да ничего, всё сошло благополучно... Директор похвалил за молитвы.

Маленькая Катя слушала эти разговоры с раскрытым ртом, боясь проронить хоть одно слово. Лицо у мамы сегодня такое доброе... Марфе Даниловне было за тридцать. Это была высокая женщина того крепкого, худощавого склада, который не знает износу. Длинное и неправильное лицо сохраняло еще следы недавней свежести, но было сдержанно и строго, как у всех людей, видавших и нужду, и заботу, и неустанный труд. Темные брови и гладко зачесанные темные волосы придавали ей немного монашеский вид, особенно когда она покрывала голову темной шалью. От волнения и выпитого чая лицо Марфы Даниловны разгорелось, и она казалась маленькой Кате такой красивой.

— И мы, мама, тоже будем богатыми?— неожиданно спросила девочка.

— То-есть, как это: богатые?

— А как же? Ты сама сказала, что только поступить в гимназию, а там все равны...

— Какие ты глупости болтаешь, Катя!..

— Мама, а я сегодня похожу в этой курточке? — вмешался Сережа, занятый своими мыслями.

— Как хочешь... Теперь уж всё равно: надо будет заводить форму, а твоя курточка пойдет Петушку.

Не допив чаю, Сережа без шапки бросился прямо на улицу, чтобы сообщить новость своим уличным приятелям. Это были соседи, дети сапожника — Пашка и Колька. Весной они вместе играли в бабки, летом бегали купаться, осенью спускали змейки, а зимой катались на коньках. Сережа, торопливо глотая слова, рассказал приятелям о своем поступлении в гимназию и, конечно, не преминул похвастаться тем, что у него будет "кепка" и синий мундир с серебряными пуговицами. Чумазые и взъерошенные сапожничьи дети отнеслись к этой новости довольно скептически, потом переглянулись и хихикнули самым обидным образом.

— С светлыми пуговицами, говоришь? — ехидно переспросил Колька, засовывая озябшие руки под рубаху и поскакивая с ноги на ногу.— И кепка?

— Настоящий курячий исправник будешь...— прибавил задорный Пашка, первый забияка и драчун.

— Ну, ты не больно...— обиделся Сережа.

— Чего не больно-то?.. Ты тоже не задавай...— начал задорить Пашка, вставая в первую позицию.— Колачивали мы со светлыми-то пуговицами, только стружки летят... На льду всегда драчишки бывают, так я каждый раз всю харю с пуговицами-то раскровяню.

Сережа был сегодня слишком счастлив, и эти капли холодной соды вывели его из себя. "Курячий исправник", "не задавай", "всю харю с пуговицами раскровяню" — это хоть кого выведет из себя. Слово за слово, произошла легкая размолвка, а потом началась и настоящая драка. В азарте Сережа не сообразил, что он один, и потерпел быстрое и жестокое поражение. Он не успел мигнуть, как уже лежал на земле, а сапожничьи дети сидели на нем верхом и обрабатывали его кулаками с большой ловкостью. Затем друзья улизнули, а Сережа вернулся домой в разорванной курточке и с подбитым глазом.

— Теперь уж тебе нужно бросить эти глупости,— повторяла Марфа Даниловна.— Ну, какие тебе товарищи Пашка и Колька? Теперь ты гимназист... У тебя будут другие товарищи...

Будущий гимназист имел самый жалкий, растерзанный вид и горько плакал, вытирая глаза кулаком. Кате часто приходилось терпеть от него разные неприятности, но в данном случае она отнеслась к постигшему несчастию очень сочувственно.

— Не плачь, Сережа...

Сережа зло посмотрел на неё и показал кулак.

II

Глупая драка Сережи с уличными мальчишками взволновала Марфу Даниловну, да и вообще сегодня у неё всё как-то валилось из рук. Кухарки Клепиковы не держали, и Марфа Даниловна всё делала по дому сама. Сегодня она и печку затопила позже, чем следовало, и вчерашние щи пересолила, и старый заслуженный горшок разбила. Кухня помешалась внизу и выходила двумя маленькими оконцами на двор. В ней было и низко и темно, но Марфа Даниловна как-то раньше этого не замечала, а теперь несколько раз стукнула концом ухвата в шкапик с посудой, уронила лукошко с мукой и, наконец, рассердилась.

— Никак ослепла от радости...— ворчала она.

Эти маленькие неудачи, какими разрешается иногда слишком большое счастие, были забыты с приходом главы дома, Петра Афонасьевича. Он приходил ровно в три часа. Это был среднего роста некрасивый, плечистый господин, с некрасивым лицом и добрыми серыми глазами. Форменный вицмундир, сооруженный хозяйственным способом дома, всегда сидел на нём мешком, точно с чужого плеча. На локтях и по швам вицмундир всегда лоснился, точно его кто облизал... Несмотря на свои сорок лет, Петр Афонасьевич ходил немного сгорбившись и вечно потирал свои большие холодные руки, точно ему постоянно было холодно. Из детей он больше других любил Катю, и девочка первая всегда его встречала.

— Поступил... папочка, поступил!.. — кричала Катя, встречая отца по обыкновению в передней.— А Сережу сапожничьи дети отколотили, папа... Сели на него верхом и колотят. Я пожалела Сережу, а он мне кулак показал...

— Так, так...— ласково повторял Петр Афонасьевич, бережно устанавливая новые резиновые калоши в уголок.— Так... Отменно. Кто же кого колотил: директор Сережу или Сережа директора?

— Ах, какой ты, папа: это сапожниковы дети...

— Директора?

— Да нет, говорят тебе...

Катя сердилась и тащила отца за одну руку, а Петушок

6

повис на другой. Петр Афонасьевич улыбался такой хорошей доброй улыбкой. Поправив на вешалке свое форменное осеннее пальто, он спросил:

— А где у нас мать?

Он знал, что жена в кухне, но всегда задавал этот вопрос. Сережа спрятался в свою комнату и вышел только к обеду.

За обедом Марфа Даниловна рассказала еще раз всё, что видела, слышала и пережила сегодня, припоминая разные подробности, и по нескольку раз повторяла одно и то же. Катя помогала ей, напоминая порядок, в котором следовали события. Много места было отведено новому знакомству с Печаткиной.

— Она славная такая, эта Анна Николаевна,— повторяла Марфа Даниловна.— Сама подошла ко мне. Я-то в простой наколке была, как мещаночка, а она и в мантилье и в шляпе. Положим, шляпка не важная, а всё-таки настоящая дама...

— Печаткин в земстве служит? Да, встречал... Такой бойкий. Так, так... А тебя вздули, Сережка? — обратился он к сыну.

— Они меня, папа, курячьим исправником зовут...— слезливо ответил Сережа.— Я Пашку сам вздую... Их было двое, а я один.

— Ну, если двое, так бог тебя простит. Так, так... Значит, курячий исправник? Ах, разбойники...

Серьезная Марфа Даниловна тоже не могла удержаться от смеха, хотя и закусывала губы, чтобы не расхохотаться. Катя и Петушок заливались до слез, потому что смеялись большие, и перестали только тогда, когда мать остановила их строгим взглядом.

— Ну, что же делать: за битого двух небитых дают,— шутил Петр Афонасьевич, гладя Сережу по голове.— Вот теперь мы тебя в гимназию определили, а даст бог, и Катю отдадим учиться. Хочешь, Катя, в гимназию?

— Только, папа, в женскую.

— Ага... А я хотел тебя в мужскую отдать. Не хочешь?

После обеда Петр Афонасьевич прилег по обычаю соснуть, а проснувшись, не пошел на службу.

— Не пойду, и всё тут,— спорил он с неизвестным противником.— Бывает и свинье праздник... Скажу, что зубы болели. За тридцать-то пять целковых жалованья можно и побаловаться один-то раз.

— Как знаешь,— согласилась Марфа Даниловна.

Петр Афонасьевич облекся в пестрый татарский халат и, попыхивая папиросой, расхаживал по своим комнатам. Он сегодня с особенным удовольствием оглядывал и маленькую гостиную с кисейными занавесками, и кабинет, и комнату, где жил Сережа. Всё было не богато, но прилично. Каждая вещь приобреталась здесь годами. Сначала задумывали что-нибудь купить, потом приценивались, потом сколачивали по копейкам необходимую сумму, и потом уже в доме появлялась новинка. Так были приобретены пестрый диван для гостиной, шкап для чайной посуды, письменный стол и т. д. Тут подумаешь, когда приходится с семьей жить на 35 рублей жалованья. В кабинете на стене у печки висело одноствольное тульское ружье, а рядом старенькая гитара. Из кабинета маленькая дверка вела в полутемную каморку, где хранилась всевозможная рыболовная снасть. Всё лето по ночам Петр Афонасьевич проводил на рыбной ловле, что доставляло ему некоторый заработок, а зимой заготовлял крючья, лесы, самоловы, поплавки и сети. Он всё делал сам и любил свое "апостольское ремесло".

К вечернему чаю прибрел дядя Марфы Даниловны, старик Яков Семеныч. Это был николаевский служака, имевший пряжку за беспорочную тридцатипятилетнюю службу. Он летом вместе с Петром Афонасьевичем уезжал на рыбную ловлю, а по зимам приходил поболтать всё о том же. Присядет к печке, заложит ногу на ногу, закурит свою коротенькую трубочку-носогрейку и без конца ведет тихую степенную речь о разных разностях. Старик любил политику по старой памяти, а Петр Афонасьевич приносил с почты газеты. Сейчас Марфа Даниловна была, пожалуй, и не рада старику, потому что он был против поступления Сережи в гимназию. У Марфы Даниловны даже вышло несколько схваток из-за образования детей, хотя Яков Семеныч и не отрицал необходимости образования вообще. Но как-то выходило так, что, пожалуй, можно и без образования,— не всем же ученым на свете жить.

— Хорошо ему так-то говорить, когда одной ногой в гробу стоит...— ворчала Марфа Даниловна.— А молодым ведь жить-то придется... Не прежняя пора, когда и без образования молено было перебиться.

Старик пришел, снял свою заношенную шинель в передней, прокашлялся и занял свое место за чайным столом.

— А мы, дядя, в гимназию с Сережкой поступили,— весело объяснял Петр Афонасьевич, подмигивая.

— Что же, дело хорошее...— уклончиво ответил старик.

— Уж, конечно, хорошее...— задорно вмешалась Марфа Даниловна.— Нынче без образования человеку вся цена расколотый грош. Мы-то свое прожили, а у детей впереди всё...

Трудненько, конечно, нам будет первое время, ну, бог даст, справимся...

— Да, надо в гимназии восемь лет вытянуть...— говорил старик, посасывая свою трубочку.— Да и с одной гимназией далеко не уедешь... Дальше, пожалуй, потянет. Придется еще накинуть годиков пять...

— Мы дальше-то не загадываем, дядя, а только вот гимназию...— заметил Петр Афонасьевич, чтобы поддержать жену.— За битого двух небитых дают, дядя...

— Да ведь я ничего не говорю,— оправдывался старик.— Что же, выучится Сережка и жалованье будет большое получать... Дай бог!.. А то, может, военным захочет быть — везде скатертью дорога.

— Нет, он в военные не пойдет,— сказала Марфа Даниловна.— Плохое это дело быть военным...

— Всё от человека, матушка: хороший везде хорош. Конечно, в военной службе такого жалованья не дадут, зато почету больше. Каждый солдат честь отдает...

— Бог с ней, с вашей военной честью. Мы люди простые...

Старик улыбнулся, набил новую трубочку и замолчал.

— Пусть будет Сережка доктором,— заговорил Петр Афонасьевич.— Доктора, как попы, с живого и с мертвого берут... Самое занятие подходящее. Вон шурин, Павел Данилыч, как поживает...

При этом напоминании о брате Марфа Даниловна опять поморщилась. Она не любила брата, который забыл своих. Выбился в люди и никого знать не хочет. Конечно, он живет богато, а всё-таки свою родню забывать нехорошо. И сунуло Петра Афонасьевича вспоминать его.

— Да, Павел Данилыч...— повторил старик, попыхивая трубочкой.— Что же, отлично живет... Свои лошади, дом — полная чаша, женился на богатой... А только я так думаю, что и бедным тоже нужно жить... Не всем быть богатым да ученым... т.-е. оно не мешает... гм... а только надо привычку иметь ко всему. Как же... Павел-то Данилыч побольше трех тысяч в год получит, а сам кругом в долгу. За богатыми тянется...

— Не наше дело чужие дела разбирать,— уклончиво заметила Марфа Даниловна.— У Павла Данилыча свое, у нас свое... А я Сережу по судейской части пущу. Доктору страшно в другой раз, когда резать живого человека придется, а судейский знает свои бумаги... Я знаю одного члена суда: очень хорошо живут.

— Хорошо и судейским,— на всё соглашался старик.— А нет лучше нашего с тобой ремесла, Петр Афонасьевич: заберемся летом в Курью и знать ничего не хотим... Воздух один чего стоит, а матушка Лача разливается зеркало зеркалом. Утром встанешь: вода дымится, по заводям уточки крякают, рыбка плещется... Бог даст день — даст и хлеб. Нет этого лучше, когда человек кормится от своих трудов праведных. Прямо сказано: в поте лица снеси хлеб твой.

— Вот ужо крючья будем налаживать, дядя,— заговорил Петр Афонасьевич, возбужденный этим воспоминанием о своем ремесле.— У нас с тобой свое ремесло. Только бы зиму избыть.

— Живы будем — избудем.

Разговор принял другое направление, точно всем сразу сделалось легче. Петр Афонасьевич достал графинчик с водкой, появились домашнего соленья огурцы и рыжики. Яков Семеныч подтянулся, крякнул и поздравил с новоиспеченным гимназистом.

— В старину так говорили: вспоить, вскормить, на коня посадить...— говорил он, выпивая первую рюмку.— А куда Сережа поедет на своем коне — дело уж его. Я-то по-стариковски, жалеючи вас, говорю... трудненько будет... да. Ну, да ничего, бог труды любит.

Ужинать старик не остался, несмотря на все уговоры, и Марфа Даниловна была рада, что он ушел. Она любила дядю и во всех трудных случаях жизни советовалась с ним, но сейчас он был лишним. Петр Афонасьевич чувствовал это и надулся на жену. Нужно заметить, что он немного побаивался её и находился в известном подчинении, но сейчас чувствовал себя обиженным за старика. Ну, что ж из того, что старик и поворчит,— их же жалеючи... Старая военная косточка.

— И какие мужья одинаковые везде...— говорила Марфа Даниловна, когда после ужина они остались в спальне одни.— Дошло дело до гимназии, матери и повели ребят, а отцов-то и нет.

— А служба?

— Один-то день не велик... Просто струсил.

— Я? Нисколько!.. Мне это даже сущие пустяки, ежели бы не служба...

— Всё у вашего брата служба на языке... Чуть что, сейчас и за женину спину. Вон и Печаткин такой же...

— Да, ведь ты этого не знаешь? И Гавлич, по-твоему, струсил?

— Ну, там другое дело, а про тебя-то я знаю...

Петр Афонасьевич действительно боялся всякого начальства и Марфа Даниловна с умыслом кольнула его в больное место. Супруги немного повздорили, а потом помирились. В сущности, у обоих было так хорошо и полно на душе. Происходило что-то такое неиспытанное, новое. В маленькой спальне свеча горела далеко за полночь, освещая широкую двухспальную кровать, горку сундуков у внутренней стены и разное платье, развешанное по углам.

— А в самом деле, вдруг Сережка наш кончит гимназию?— повторял Петр Афонасьевич несколько раз с особенным удовольствием.— Ведь птицей будет, канальство... Пожалуй, еще накланяешься ему. Хе-хе... Знаешь, Марфуша, мне всё кажется, что сегодня точно у нас воскресенье. Ей-богу...

Марфа Даниловна не могла разделить этого радостного настроения, потому что всецело была поглощена разными хозяйственными соображениями. Вот теперь эта форма да книги засели в голову, как два гвоздя, а впереди еще сколько набежит новых забот да хлопот! Хорошо воскресенье... Да и как еще будет Сережа учиться в гимназии? Готовили его дома с грехом пополам, а ведь там нужны и катехизис, и латинский язык, и геометрия. Марфа Даниловна почему-то особенно боялась именно геометрии, представлявшейся ей вершиной человеческой мудрости, и заснула с мыслью о ней.

III

Шервож, губернский город одной из северо-восточных губерний, красиво расположился на крутом берегу большой судоходной реки Лачи, которая разливалась здесь громадным плесом. С реки вид на город был замечательно хорош: красовались городские церкви, здания разных присутственных мест, городской сад и даже большая деревянная ротонда в греческо-казарменном стиле. Эта ротонда стояла на Бую, с которого открывался великолепный вид на всю реку. Под горой вся линия берега была занята пароходными пристанями, магазинами, мастерскими и просто рыбачьими лачугами. По ту сторону реки, на низком берегу разметала свои деревянные домики Рыбачья слободка,— Лача славилась рыбой.

Как большинство русских городов, при более близком знакомстве Шервож утрачивал всякую красоту. Улицы тонули в грязи, тротуары были только в центре, а обывательская постройка заставляла желать многого. Во всем городе была

11

единственная порядочная улица Губернаторская. Она перерезывала город на две неравных половины и шла от Московской заставы к реке, упираясь в городской сад. На Губернаторской сгруппировалось всё, что было лучшего в городе: губернаторский дом, гостиный двор, духовная консистория, две гимназии, театр и целый ряд магазинов. Купеческие хоромины жались, главным образом, около Черного рынка. Параллельно с рекой тянулись семь широких улиц. По течению реки город начинался предместьем Глушки, а кончался другим предместьем Теребиловкой, гнездом нищих и жуликов. Кроме того, к городу примыкала еще Солдатская слободка, залегшая в трясине сейчас за Московской заставой. Одним словом, город, как следует быть городу, т.-е. искусственно созданный административный центр, влачивший какое-то подозрительное существование. Единственным живым местом являлась река, да и то только во время навигации, а затем город окончательно засыпал. Других отраслей добывающей и обрабатывающей промышленности не полагалось. Тон всей жизни задавался чиновничеством, ютившимся по всевозможным палатам, канцеляриям и комитетам. Купечество и мещанство кое-как кормилось около этого чиновничьего клоповника. Некоторое оживление на время было внесено земством и новым судом, но и здесь горячий период быстро миновал.

Веселая улица связывала Глушки с Теребиловкой. Летом она наполовину зарастала зеленой полянкой. Тротуаров здесь не полагалось, а проехать её из конца в конец можно было только в сухую погоду. Клепиковы всё-таки любили её, потому что их домишко стоял сравнительно недалеко от Губернаторской, значит, почти в центре. По крайней мере, в последнем был уверен Петр Афонасьевич, гордившийся своей лачужкой гораздо больше, чем купцы своими трехэтажными хороминами.

— По грошикам, по копеечкам деньги-то копил на дом,— любил рассказывать Петр Афонасьевич.— Пятнадцать лет копил, а потом женился и своим домишком обзавелся... Нельзя, живому человеку свое гнездо первое дело.

Собственно, на свое почтовое жалованье Петру Афонасьевичу никогда не скопить бы необходимой суммы, но его выручала Лача. В лето он зарабатывал рыбной ловлей средним числом около ста рублей и упорно откладывал эти деньги на покупку дома. Оставался еще небольшой долг, и Петр Афонасьевич не успел его выплатить только потому, что

Сережа поспел в гимназию, и теперь деньги были нужны на другое. Мало ли новых расходов прибавилось...

Между собой Клепиковы жили душа в душу, как живут только маленькие люди в маленьких домиках. Материальные недостатки и хозяйственные заботы делали из этой супружеской четы одно органическое целое, и они несли бремя жизни с легким сердцем. Усиленный труд вносил, вместе с известным достатком, то хорошее, бодрое настроение, какого не купишь ни за какие деньги. Жили они, правда, очень скромно, на мещанскую руку, да и то едва успевали сводить концы с концами Марфа Даниловна частенько прихватывала какую-нибудь работу в людях и успевала вышить в месяц рубля три-четыре, что составляло в хозяйственном бюджете большую "расставу", единственный расход, который позволяли себе Клепиковы, выходя из будничных рамок — были именины Петра Афонасьевича и Марфы Даниловны. Они готовы были вытянуть из себя последние жилы, только бы не ударить лицом в грязь и не показаться хуже других. Эти дни справлялись самым торжественным образом, и в маленьком домике набивалось гостей человек двадцать. Этим, впрочем, и ограничивалось всякое знакомство. Марфа Даниловна не любила шататься по гостям. Конечно, бывали случаи, когда завернет какой-нибудь непрошенный гость из своей чиновничьей братии, но всё дело ограничивалось чаем и только в крайнем случае рюмкой водки. Сам Петр Афонасьевич выпивал одну рюмку перед обедом, а в праздники позволял две.

Петр Афонасьевич, несмотря на свое очень маленькое общественное положение, был очень хороший и, главное, добрый человек. Происходил он из чиновничьей семьи, которая рано вся вымерла, и поэтому провел раннюю юность в сиротстве. Образование ограничивалось уездным училищем, а дальше началась служба с трех рублей жалованья. Двадцати пяти лет Петр Афонасьевич женился. Невесту он себе выбрал тоже сироту. Марфа Даниловна происходила из поповского звания и выросла сиротой в доме дяди, соборного протопопа в Шервоже. Можно было, конечно, жениться и на купеческой дочери, взять приданое, но Петр Афонасьевич верил в судьбу — увидел Марфу Даниловну в церкви, и очень пришлась ему по душе скромная и серьезная девушка. Значит, так уж на роду написано, чтобы вместе век вековать. И никогда он не раскаивался — лучше жены не могло и быть.

Так жила семья Клепиковых в своем домике, тихо и счастливо, в стороне от всякого постороннего взгляда. Год за годом проходил незаметно. Из этого замкнутого состояния её вывело только поступление Сережи в гимназию.

Первым вопросом явилось сооружение гимназической амуниции. Марфа Даниловна долго прикидывала и так и этак, высчитывала, соображала и кончила тем, что отправилась в одно прекрасное утро на толкучку, где и встретилась с Печаткиной.

— Вы, вероятно, насчет амуниции?— заговорила Печаткина откровенно.— И я тоже... Муж у меня получает пятьдесят рублей жалованья, не много на них расскочишься. Да и жаль шить новое этаким пузырям, как наши детишки...

По рынку Печаткина ходила в старом порыжелом бурнусе и в шляпе; на одной руке у неё болтался кожаный ридикюль. Она, как оказалось, несмотря на простоватый вид, знала рынок лучше Марфы Даниловны и помогла ей купить недорого старый гимназический "плащ" и подержаный мундир. Вот относительно шитья она смыслила уже совсем мало и предполагала приобретенное старье отдать перешить какому-нибудь портному.

— Ах, нет, испортит, непременно испортит...— горячо вступилась Марфа Даниловна, в которой сказалась опытная швея.— Да и еще сдерет втридорога... знаю я этих дешевых портных. Одну половинку испортит, а другую украдет. Уж поверьте мне... Мужу я всегда шью всё сама.

— И даже вицмундир?

— И вицмундир...

Анна Николаевна пришла в такой искренний восторг от искусства Марфы Даниловны, что последней ничего не оставалось, как только предложить свои услуги на предмет сооружения амуниции маленького Печаткина. Анне Николаевне, конечно, было совестно, и она наговорила целую кучу комплиментов своей новой приятельнице. Не откладывая дела в долгий ящик, они с рынка прямо и прошли к Печаткиным, благо было по дороге.

— Уж я так благодарна буду вам, так благодарна...— повторяла Анна Николаевна всю дорогу.— А то хоть плачь.

Печаткины жили в Отопковом переулке, в нижнем этаже полукаменного дома. Квартира была неважная, и зимой, наверно, в ней было и сыро и холодно. Пройдя темные сени и очутившись в передней, Марфа Даниловна чутьем отличной хозяйки почувствовала, что, хотя Анна Николаевна и носит шляпки и вообще очень добрая женщина, но хозяйка плохая. Это было в воздухе. Действительность оправдала такое предположение самым ярким образом. Печаткины жили даже неряшливо, и в квартире у них было всё разбросано, точно после пожара. На полу не было половиков, потолки давно следовало выбелить, обои в углах отстали, занавески на окнах приколочены криво, обивка на мебели ободралась, по столам и на подоконниках валялись вещи, которым настоящее место было где-нибудь в комоде или сундуке. Вообще, на пятьдесят рублей можно было устроиться много лучше.

— Я ведь без кухарки управляюсь, так уж вы извините...— оправдывалась Анна Николаевна, усаживая дорогую гостью на диван.— Знаете, с этими кухарками никакого способа нет, да еще они же грубят вам постоянно. Я ведь, голубушка, из столбовых дворян, а вот как привел бог жить! Только я-то не ропщу, а к слову пришлось.

Марфа Даниловна не любила прохлаждаться и сейчас же принялась за дело. Покупки были развернуты на столе и перевертывались на тысячу ладов, пока Марфа Даниловна не решила, что из большого плаща выйдет маленький, да еще можно выкроить штаны. Это опять привело Анну Николаевну в восторг, и она с каким-то благоговением следила за рукой гостьи, размечавшей мелком, как и что нужно будет выкроить. Около стола, на котором происходили эти дипломатические соображения, всё время вертелись две девочки, обе такие пухленькие и здоровые. Старшей было лет восемь, как раз ровесница Кате, а младшая была ровесницей Петушку.

— Какие прелестные у вас детки,— похвалила Марфа Даниловна, любившая всякую детвору.— И здоровенькие такие.. Младшая-то совсем красавица будет.

— Я лучше была в её годы,— не без гордости ответила хозяйка.— А у вас тоже есть девочка?..

— Есть... Только моя Катя такая худышка.

— Значит, взаперти держите, а моя Люба целый день на улице.

— Девочке это не совсем удобно, Анна Николаевна. Мало ли каких глупостей может наслушаться...

— Да, но от этого всё равно не убережешься...

Старшая девочка Люба всё время вертелась около стола к очень понравилась Марфе Даниловне. Такая полненькая да румяная девочка, точно яблоко. А большие темные глаза смотрят строго-строго... Девочка с любопытством рассматривала гостью и улыбалась с конфузливой наивностью, когда встречалась с ней глазами. Из-за перегородки выглядывала всё время золотистая головка младшей девочки Сони. У неё были такие прелестные голубые глаза, а кожа, как молоко.

— Ну, иди сюда, пухлявочка...— манила её Марфа Даниловна.

— Это баловень моего Григория Иваныча... Непременно он испортит её.

— Значит, ваш муж очень добрый.

— Да... Он вообще любит детей. Ах, знаете, что мне пришло в голову, Марфа Даниловна: вот у вас два сына и дочь, а у меня две дочери и сын — кто знает, может, и породнимся. Ей-богу, чего на свете не бывает...

Обе женщины только вздохнули и переглянулись. Марфа Даниловна посмотрела как-то особенно любовно на запачканное платье Любочки — отчего же и не породниться, если выйдет судьба? Маленькая замарашка ей очень нравилась.

Когда Марфа Даниловна кончила свое дело и собралась уходить, вернулся со службы Печаткин. Это был высокий лысый господин с большими рыжими усами. Какие-то необыкновенные гороховые штаны придавали ему вид "иностранца", как про себя назвала Марфа Даниловна нового знакомого. Он пожал руку гостьи и проговорил:

— Очень рад познакомиться... А где Гришка?

— А кто его знает, где он шатается день-денской...— в задорном тоне ответила Анна Николаевна и сейчас же смутилась, когда муж взглянул на неё и нахмурил свои нависшие рыжие брови.

"Частенько, надо полагать, промеж себя вздорят",— резюмировала про себя эту немую сцену Марфа Даниловна и прибавила, тоже про себя: — "Ну, этот иностранец, пожалуй, и голову отвернет".

— Вы куда же это торопитесь? -вежливо удерживал Печаткин, когда гостья поднялась.

— Мне пора, Григорий Иваныч. И то замешкалась...

— Может быть, Аня надоела вам своей болтовней? Уж извините, мы слабеньки насчет язычка...

— Ты вечно. Григорий Иваныч, скажешь что-нибудь такое,— обиделась Анна Николаевна.— Вы, Марфа Даниловна, не обращайте внимания на него. Он всегда такой...

— Уж какой есть,— добродушно заметил Печаткин, поймав прятавшуюся от него Соню.— Сонька, соскучилась о папке?..

Печаткин показался Марфе Даниловне очень умным человеком и настоящим хозяином в доме. Идя домой, она думала, что, пожалуй, он и прав, что держит свою столбовую дворянку в ежовых рукавицах. Вспомнив, как Григорий Иваныч назвал жену "Аней", Марфа Даниловна даже рассмеялась: у них с мужем при чужих такие нежности не допускались, да и дети подрастают, а тут — "Аня"... Первое впечатление от семьи Печаткиных получилось самое неопределенное: они и нравились Марфе Даниловне и не нравились в то же время.

IV

Несмотря на резкую разницу в жизни, нравах и характере двух семей, между ними быстро установилась очень тесная дружба. Связующим звеном явились, конечно, дети. До начала настоящих занятий в гимназии происходила самая усиленная работа по обмундировке новобранцев. Печаткина раздобыла где-то ручную швейную машинку, и это значительно ускорило работу. Попеременно работали то у Печаткиных, то у Клепиковых.

— Вот выучим наших-то болванов, тогда и свои машины заведем,— мечтала вслух Анна Николаевна, бойко делая строчку.— Без машины, как без рук...

Эта спешка доставляла известное удовольствие обеим женщинам, внося в их жизнь что-то новое, что стояло выше обычного её монотонного хода. Они говорили о детях, поверяли друг другу свои заботы, страхи и надежды и не чувствовали, как за этими разговорами спорится работа. Анна Николаевна, правда, была немножко бестолкова и лезла из кожи, чтобы поспеть за Марфой Даниловной, у которой всякое дело горело в руках. Крепкая и выдержанная Марфа Даниловна как-то вдруг полюбила новую знакомую, доброю той неистощимой добротой, которая привлекает к себе расчетливых, тугих на язык людей.

Мужья тоже сошлись между собой. Григорий Иваныч пришел как-то вечером за женой, и знакомство завязалось. Он держал себя, как хороший старый знакомый. Женщины доканчивали какую-то работу, и Григорий Иваныч прошел в мастерскую Петра Афонасьевича, где хозяин мастерил свои крючья, а старик Яков Семеныч искал лесы.

— Вот это хорошо,— полюбовался Печаткин.— Только труд делает человека истинно благородным... Ей-богу, отлично!

Скромный Петр Афонасьевич даже сконфузился от этих похвал. Он, напротив, всегда тщательно скрывал свое рыбачье ремесло, считая его унизительным для чиновника. Яков

17

Семеныч отнесся почему-го недоверчиво к новому знакомому и упорно молчал. Но Григорий Иваныч подсел к нему и заговорил:

— Вы, вероятно, в военной службе были?

— Случалось... Блаженныя памяти Николаю I прослужил тридцать пять лет.

— Уважаю таких старцев, убеленных благообразной сединой,— добродушно басил Григорий Иваныч, хлопая старика по плечу.— По-моему, кто дожил до такой бодрой старости, тот не может быть дурным человеком... Извините, я говорю всё прямо. Позвольте покурить из вашей трубочки, Яков Семеныч...

Из вежливости Клепиков хотел закончить свою работу, но Печаткин настоял, что для него именно этого-то и не нужно делать. Напротив, он очень заинтересовался. Собственно, и работа была несложная. Бралась проволока, оттачивалась с одного конца острым жалом, потом обрубалась на особой наковаленке, затем тупой конец на той же наковаленке загибался в петлю, и получался крюк. Привычная работа шла быстро, и Печаткин полюбовался на нехитрое мастерство. Затем он подробно осмотрел все рыболовные снасти: "подолы" для стерлядей, витили, мережки, сети, кибасья, поплавки из осокорей и т. д. Всё это было развешано по стенам в самом строгом порядке.

— А вот в Америке, там уже давно искусственным путем разводят рыбу,— рассказывал Печаткин, посасывая трубочку.— По-ученому это называется писцекультурой... Очень выгодная штука. Рыбы получается в десять раз больше. Рыбопромышленники арендуют озера и реки, устраивают садки, питомники и вообще заводят правильное хозяйство. У нас, извините, рыбу только истребляют, а ведь она требует такого же правильного хозяйства, как пчела, шелковичный червь, баран, корова или лошадь. Лиха беда, что мы ничего не знаем и не умеем взяться...

Он подробно рассказал, как ведется дело в Америке, и старые рыбаки могли только ахать. Вообще, Печаткин сразу подавил их своей ученостью. Говорил он степенно, не торопясь, точно сам везде был и всё видел собственными глазами. Но, разговаривая о рыбе, Печаткин незаметно перешел к своим шервожским делам и пошел чертить: тот — дурак, этот — шарлатан, третий — межеумок. Всех по пальцам перебрал, и всем досталось на орехи. Скромный Петр Афонасьевич весь съежился, слушая эти смелые речи, хотя оно, конечно, ежели рассудить правильно... Да нет, не нашего ума дело.

18

— Горд я — вот главная причина,— продолжал Печаткин, закручивая свои рыжие усы.— Конечно, я маленький человек, но свою честь отлично понимаю и никому не позволю наступить себе на ногу... Уж извините!..

— Не мало с твоей честью-то горя напринимались,— ответила из другой комнаты Анна Николаевна, любившая вмешиваться в чужие разговоры.— Честь — это хорошо тому, у кого детей нет да денег много, а бедному человеку честь-то и не по чину в другой раз...

— Женщина, умолкни!..— ворчал Григорий Иваныч, улыбаясь добродушной улыбкой.— И у зверя есть своя честь... Оскорбленный медведь поднимается на задние лапы и грудью идет на врага. А маленькому человеку вот как нужно беречь свою честь...

Никто не обратил внимания, как в мастерскую пробралась маленькая Катя и с жадным вниманием прислушивалась к разговору. Здесь еще в первый раз раздавались незнакомые слова, и её детское сердце по уверенному спокойному тону гостя верило, что именно он прав. Девочка инстинктивно всё подходила ближе и ближе к Григорию Иванычу, пока не очутилась у него на коленях. Он разглаживал её волосы своей большой сильной рукой, принимая, вероятно, за Любу, а потом с удивлением проговорил:

— Откуда взялась эта птица?..

— Я — Катя...

— Катя? А знаешь, кто была Екатерина великомученица, имя которой ты носишь?

Печаткин очень хорошо рассказал житие святой, а Катя всё время смотрела с изумлением ему прямо в рот, как это делают маленькие дети. Григорий Иваныч так хорошо рассказывал, что у неё навернулись даже слезы на глазах.

— Большая будешь — всё узнаешь,— закончил Печаткин, гладя детскую головку.— У меня вот две таких маленьких женщины есть...

— Ну и башка! — проговорил Петр Афонасьевич, когда Печаткины ушли домой.— Всё-то он знает... И как говорит: точно по печатному. Вот это человек... В самом деле — башка. Маленький человек, а всё-таки не тронь меня...

— Ты-то молчал бы лучше,— ворчала Марфа Даниловна.— В гимназию побоялся итти, а туда же...

— Нет, и мы тоже понимаем... да, Григорий-то Иваныч правду как ножом режет. Спроси хоть у Якова Семеныча...

— Правда-то правда, да только и правда хороша ко времени, а ум без разума беда... Спроси-ка Анну Николаевну, чего они не напринимались с своим благоверным: и в Москве жили, и в Казани, и в Саратове. Одни переезды чего стоят с семьей-то, а всё гордость гонит... Здесь они шестой год, а Григорий Иваныч уже шестое место занимает.

— Большому кораблю большое и плавание... А я, знаешь, согласен с ним.

— Ты?!.

— Да, я... А ты как бы думала?.. Он говорит, а я всё понимаю. И знаешь что?.. Я ведь тоже не дурак... Хе-хе! Всё могу понимать... Такой маленький чиновник почтовый — и вдруг всё понимаю. Ты-то вот только ничего не замечала...

Это было до того смешно, что Марфа Даниловна только рассмеялась. Вот поднялся-то... Куда конь с копытом, туда и рак с клешней.

Пришел Григорий Иваныч за своей Аней и в следующий раз.

Теперь Петр Афонасьевич и Яков Семеныч держали себя уже гораздо смелее и даже подняли свой вечный спор, кем лучше быть Сереже: доктором или адвокатом. Печаткин слушал, улыбаясь и покуривая папиросу.

— Доктором лучше всего быть,— сказал Петр Афонасьевич, загибая деревянным молотком совсем готовый крючок.— Доктор как поехал по больным, так, глядишь, десятка и шевелится в кармане... Вон наш Павел Данилыч по четвертному билету привозит с практики. Масленица, а не житье.

— А ежели больной помрет?— спорил Яков Семеныч.— Да меня хоть озолоти, а я в доктора не пойду. Ты его лечишь, стараешься, а он на зло тебе и помрет... А тут еще семья останется — слезы, горе. И деньгам не обрадуешься... Адвокату невпример лучше...

— И адвокатом не дурно,— соглашался Петр Афонасьевич.— Только у адвокатов что-то деньги плохо держатся. Очень уж форсят адвокаты-то...

— Оттого и плохо держатся, что легко достаются,— вставил свое словечко Печаткин.— А в сущности и доктора и адвокаты — дармоеды...

— А кто же, по-вашему, не дармоед?

— Да вот хоть вас взять... Вы себе в поте лица хлеб зарабатываете. Маленький кусок, да честный. Ну, потом учитель тоже горбом берет, инженер, если он с головой. По-моему, тяжело кормиться за счет несчастия ближнего, как болезнь или судебное дело. Тут должна быть даровая помощь, а у нас как раз наоборот: ты болен, не можешь работать, а тут плати за визит доктору, за лекарство. Несправедливо вообще...

— Так, так...— задумчиво повторял Петр Афонасьевич.— А вы куда же прочите своего Гришу?

— А это уж его дело: моя обязанность дать ему среднее образование, а там пусть уж сам выбирает. Скатертью дорога на все четыре стороны... По-моему, лучше всего быть техником, потому что техник открывает новые пути для промышленности и дает хлеб тысячам рабочих.

— Ну, уж это вы извините, Григорий Иваныч,— вступилась Марфа Даниловна.— Как же это так: учи, хлопочи, вытягивайся, а потом "куда хочешь". Мало ли они, по своей глупости, куда захотят... Надо и о родителях подумать. Не чужие, слава богу.

— Можно, конечно, посоветовать, Марфа Даниловна, но не больше... Всё равно, своего ума к чужой коже не пришьёте. Нужно всё делать по-хорошему, тогда всё и будет хорошо...

Марфа Даниловна не любила вмешиваться в чужие разговоры, а тут считала своим долгом спорить. Она боялась, что вольнодумство Григория Ивановича будет иметь нехорошее влияние на детей, да и Петр Афоыасьевич что-то начал храбриться. Происходили жаркие схватки, и каждый раз Марфа Даниловна должна была уступать поле сражения более сильному противнику.

— Разве с вами можно спорить, Григорий Иваныч?— говорила она в заключение.— Мы люди неотесанные, а вы всё знаете... Наверно, и геометрию учили. А всё-таки я права...

— Что вы правы, с этим я позволю себе не согласиться,— мягко возражал Печаткин.— Да и учился я тоже на медные деньги, хотя кой-что и знаю. Настоящего образования не получил, а так, своим умом доходил до многого...

— Вы лучше и не спорьте с ним,— уговаривала Анна Николаевна горячившуюся Марфу Даниловну.— Его не переспоришь... Он всегда прав.

— Женщина, не ропщи.

Появление Печаткина в маленьком домике Клепиковых вносило каждый раз такое хорошее оживление. Не было тех чиновничьих разговоров, как на именинах, а что-то такое совсем новое, что пугало Марфу Даниловну, выбивая её из обычной колеи. Даже старый служака Яков Семеныч — и тот был на стороне Григория Ивановича.

— Приятно побеседовать с умным человеком,— повторял старик не без ехидства.

Катя неизменно присутствовала при всех этих спорах и

проникалась безграничным уважением к лысой голове Григория Иваныча. Ведь Григорий Иваныч всё знает, Григорий Иваныч всех умнее... И какой он добрый.

— У них две девочки, мама? — спрашивала Катя мать.

— Да...

— Отчего же они к нам не придут?..

— Ну, это уж лишнее...

Катя умолкла, стараясь представить себе, какие девочки у Григория Иваныча. Наверно, славные девочки.

V

По случаю какого-то ремонта занятия в гимназии начались позже обыкновенного, именно после двадцатого августа, что совпало с получением чиновниками жалованья. Григорий Иваныч воспользовался этим случаем, чтобы устроить настоящее пиршество. Клепиковы были удивлены, с какой роскошью был устроен праздник. Конечно, Печаткин получал 50 р. жалованья, но всё-таки и ветчина, и балык, и коньяк, и кондитерский пирог для детей... Это уж было слишком, как хотите. Были приглашены вся семья Клепиковых и старый дядя Яков Семеныч. Это был первый большой праздник в жизни Кати Клепиковой, и он запал в её воспоминаниях со всеми мельчайшими подробностями.

В большой комнате квартиры Печаткиных посредине были поставлены вместе два ломберных стола, покрытые камчатной скатертью, и на них в картинном порядке были расставлены все подробности предстоявшего праздника. Печаткин посадил председателем Якова Семеныча в один конец стола, а за другим разместил детей.

— Вы, Марфа Даниловна, сядете рядом со мной,— командовал Григорий Иваныч,— а ты, Аня, с Петром Афонасьевичем. Так всегда делают в порядочном обществе... Жаль, что нет букетов для дам.

Дети, разодетые по-праздничному, с любопытством разглядывали друг друга, а девочки даже ощупали все ленточки, бантики и оборочки. Вымытые личики улыбались, глаза светились весельем в ожидании чего-то необыкновенного. На Кате было розовое барежевое платьице с красивой пелеринкой и канареечного цвета шелковый шарфик на шее; белокурые волосы были заплетены в тугую косу и на затылке перехвачены голубым бантом. Люба в своем шерстяном платьице цвета бордо походила на спелую вишню; распущенные темные волосы трепались у неё по спине, как крыло птицы. Она всё время улыбалась, крепко держала Катю за руку и постоянно что-нибудь шептала ей на ухо. Петушок и маленькая Соня сидели около своих матерей в самом праздничном виде и глупо таращили друг на друга глазенки. На Соне было надето очень кокетливое кисейное платьице с настоящими кружевными прошивками и голубыми бантами на плечах, а Петушок сидел в новой ситцевой рубашке, при каждом движении шумевшей, как бумага. Он всё время старался снять кожаный пояс и новые сапожки. Только что испеченные гимназисты, конечно, представились в своих новеньких мундирах и чувствовали себя крайне неловко, потому что им в первый раз приходилось служить предметом общего любопытства.

Григорий Иваныч находился в самом хорошем расположении духа, улыбался, шутил с детьми и даже сказал спич.

— Господа, мы сегодня кутим напропалую,— говорил он, поднимая стакан с дешевеньким красным вином.— Дети, не забывайте этого праздника... Мы, старики, празднуем ваше вступление в жизнь. Впереди вас ждут упорный труд и всевозможные лишения, но в этом всё богатство бедных людей. Бойтесь не нищеты, а богатства. Деньги — великий соблазн, и они прежде всего убивают в маленьком человеке его гордость, сознание собственного достоинства. Сережа, Гриша... будьте всегда горды честной гордостью бедняков, и да сохранит бог вашу чистую душу от золотых соблазнов. Деточки, помните, что у вас есть младшие братья и сестры, которым, может случиться, не от кого будет услышать трезвого слова... Милые мои деточки, будьте же умными, честными и добрыми людьми. Поэт сказал:

> Если бедна ты,
> Так будь ты умна...

Григорий Иваныч хотел сказать еще что-то, но у него перехватило горло, и он только бессильно махнул рукой. Со слезами на глазах он обошел всех детей и крепко расцеловал каждого, а Катю обнял крепко-крепко, потому что девочка смотрела на него такими большими, полными слез глазами.

После этого знаменательного ужина прошло много

длинных и трудных лет, а Кате Клепиковой стоило только закрыть глаза, как она сейчас же видела грубое лицо Григория Иваныча с рыжими усами, видела его большие строгие глаза, полные слез, и, кажется, чувствовала, как он целует её, маленькую Катю в барежевом платьице, и ей каждый раз опять делалось и страшно и хорошо. Детская память, как фотографический негатив, на который пал солнечный луч, сохранила до мельчайших подробностей всю эту сцену, хотя она и перепутывалась самым нелепым образом с распущенными темными волосами Любочки, с раскрытым ртом Петушка, кондитерским пирогом, гимназическими пуговицами и надоедавшим ей шопотом Любочки. Но мы забегаем вперед...

Весь ужин прошел очень весело. Григорий Иваныч был душой общества и до слез смешил детей разными фокусами: откупоривал языком воображаемую бутылку, наливал несуществовавшее вино, кричал "ура", как будто кричал кто-то на улице, представлял чухонца и т. д. Клепиков рассказывал Анне Николаевне о хитростях лачинских стерлядей и судаков, а раскрасневшийся Яков Семеныч припомнил зараз несколько анекдотов о двух генералах, ездивших на жидах. Марфа Даниловна молчала, наблюдая начинавших пошаливать ребятишек. Гимназисты уже вышли из своего парадно-оцепенелого состояния и старались стащить один другого со стула, зацепив под столом ногой. Любочка катала из хлеба шарики и бросала их в Сережу; Кате хотелось сделать то же самое с востроносым Гришей, но она чувствовала на себе строгий взгляд матери и только болтала под стулом ногами.

— А вы неладно, Григорий Иваныч, насчет богатства-то,— заметила Марфа Даниловна, когда мужчины успели заметно оживиться.

— То-есть как это неладно?

— А так... Для чего же мы детей в гимназию отдаем? Конечно, чтобы потом богато жили и нас поминали за наши труды. Это уж все так хлопочут.

— Так, так...— повторил Григорий Иваныч, потирая сморщенный лоб.— Я уж это слышал... И вы с своей точки зрения правы, а я с своей. Вот у наших детей будут богатые товарищи по гимназии, разные маменькины сынки, и наши дети, по своей детской глупости, может быть, не раз позавидуют этим счастливцам в бархатных курточках, разъезжающим на рысаках. Так?

— Зачем же завидовать, Григорий Иваныч? Кому уж что бог послал, тот тем и владей... Завидовать грешно.

— Хорошо. Допустим, что наши дети кончат и гимназию и университет и сделаются богатыми людьми. У них будут уже богатые дети, которым будут завидовать вот такие бедняки, как мы с вами... Неужели для этого стоит жить?.. Нет, есть другие сокровища, как наука, помощь ближнему, своя совесть.

— Верно!.. — подтвердил старик Яков Семеныч и даже стукнул кулаком по столу.— У нас был полковник... Когда умер, и похоронить не на что было, а провожал его целый город, потому что доброй души был человек. Его так и звали: "солдатская каша".

— Тогда вам следовало бы отдать вашего Гришу, Григорий Иваныч, не в гимназию, а к какому-нибудь сапожнику,— ядвито заметила обиженная Марфа Даниловна.— Уж, кажется, как трудятся...

— Что же, хороший сапожник лучше богатого бездельника... Вы знаете, Марфа Даниловна, прекрасный турецкий обычай: там каждый должен знать какое-нибудь ремесло, даже сам султан. А в Китае богдыхан первый пашет землю...

Обед затянулся и кончился только при огне. Маленькая Соня заснула тут же за столом, а Петушок начинал клевать носом, запачканным в вареньи.

Кате сделалось ужасно грустно, когда они вышли на улицу, где было и темно, и грязно, и холодно. Петр Афонасьевич нес на руках сонного Петушка, Сережа бежал рядом с ним, шлепая по лужам. Катя шла рядом с дедушкой Яковом Семенычем, который плохо видел в темноте. Девочке всё время представлялась ярко освещенная комната у Печаткиных, парадно накрытый стол, улыбавшаяся Любочка, непонятные разговоры больших, и она сладко жмурила слипавшиеся глаза. Как было бы хорошо, если бы вся жизнь состояла из таких праздников!.. И Катя верила, что теперь будет всё другое, потому что Сережа поступил в гимназию. А зачем Григорий Иваныч бранил богатых гимназистов и плакал, когда целовал всех детей?

— Да, это штука! — повторил захмелевший на воздухе Яков Семеныч, спотыкаясь и причмокивая.— Люблю... Ай да Григорий Иваныч: молодчина!.. Направо кругом марш, и больше никаких... Ха-ха! Ловко...

Жизнь Клепиковых вошла в новую колею.

Занятия в гимназии начались, и Сережа каждый день являлся домой с своими гимназическими новостями. Седого швейцара зовут все Сивкой, генерал "Не-мне" кричал на кого-то в коридоре и топал ногами, Гавличу поставил учитель

25

арифметики кол и т. д. Марфа Даниловна теперь знала, как зовут всех учителей Сережи: учитель русского языка Павел Васильевич Огнев, учитель арифметики Константин Игнатьевич Головин, учитель латинского языка Михаил Михайлович Бржецевич, законоучитель о. Евгений.

— Огнева у нас все боятся,— рассказывал Сережа.— Он так закричит, так затопчет ногами... Третьего дня он бросил в одного ученика книгой. А всё-таки он добрый, и его все любят...

— Какой же добрый, если кричит и книгами бросает?— удивлялась Катя.

— И сердитый и добрый...— авторитетно объяснял Сережа.— А между прочим, ты девчонка и ничего не понимаешь.

— Я сама поступлю в гимназию...

— Куда тебе!..

Вообще, поступив в гимназию, Сережа быстро усвоил себе тот задорный школьный тон, который развивается в мальчиках товариществом. Раньше он постоянно играл с Катей, а теперь точно стыдился за её существование, особенно когда к нему приходил кто-нибудь из товарищей "первоклашек". Обиженная таким явным невниманием, Катя даже плакала и потихоньку жаловалась своим куклам, глупо таращившим на неё свои стеклянные глаза. А Сережа, точно на зло, любил рассказывать о своих товарищах разные смешные истории и вообще изображал в самом заманчивом свете начинавшееся товарищество. Маленькая Катя и завидовала ему, и пряталась, когда приходили эти товарищи, и даже ненавидела совсем неизвестных ей мальчиков. Да, им весело, а у ней только куклы да Любочка, которую она видела очень редко. Вот Любочка, так та совсем иначе относилась к новоиспеченным гимназистам.

— Разважничались наши "первоклашки",— смеялась она самым задорным образом, так что у неё на розовых щеках прыгали такие смешные ямочки.— А Огнев их поросятами называет. Ха-ха!.. И боятся они его...

Любочка была смелее Кати и любила подразнить гимназистов. И даже было несколько таких случаев, когда ей приходилось вступать в рукопашную. Она раз побила какого-то растерявшегося "первоклашку", а потом сама же и расплакалась.

— Ну, это лишнее, Любовь Григорьевна,— заметил ей отец с своей суровой ласковостью.— Нужно доказывать не руками, а головой...

— Если они глупые, папа, и дразнят нас с Катей?.. Мы — девочки, с нами нужно быть вежливыми.

— Ого, какая женщина! А сама зачем дерешься?

— Я только один раз ударила, папа... Всего один разочек! Прямо по голове: чик... ха-ха!.. У него, папа, уши смешные... А он мне говорит: "все девчонки глупые". Это неправда, во-первых, а во-вторых, я-то ведь не виновата, что родилась девочкой... И если бы это от меня зависело, то я всё-таки родилась бы девочкой, на зло им всем. Да, девочка, девочка, девочка... А у этого гимназиста, папа, такие смешные уши!

Григорий Иваныч смеялся до слез над болтовней Любочки. Девочка была развита не по годам и говорила таким смешным языком, перемешивая свои детские слова с фразами и целыми выражениями больших людей. Печаткину больше всего нравилось в дочери проявление решительности,— сквозь детскую мягкость так и пробивался смелый, самостоятельный характер. Он узнавал в девочке самого себя, т.-е. то, что он уважал в себе.

Гимназист с "смешными ушами", которого Любочка "треснула" для первого знакомства, оказался тем самым поповичем Кубовым, которого отец привел на экзамен вместе с Гришей и Сережей. Любочка быстро с ним примирилась и старалась всеми мерами загладить свою мальчишескую выходку. В свои восемь лет она была гораздо умнее и находчивее десятилетних гимназистов, особенно, когда дело касалось политики.

Товарищи по гимназии с первых же дней распались на богатых и бедных. Это произошло само собой, как сортируется зерно при веянии. Товарищи Гриши и Сережи были такие же бедняки: попович Володя Кубов, чиновничьи дети Сеня Гребнев и Миша Заливкин и т. д. Аристократию первого класса составляли: Гавлич, сын пароходчика Болтин, поляк Клочковский и купчик Сигов. У богатых были свои интересы, свои знакомства и вообще свой кружок. Марфа Даниловна в первое время очень огорчилась, что Сережа заводит дружбу с голытьбой, но Петр Афонасьевич её успокоил.

— И лучше, что не лезет, куда не следует,— говорил он.— У богатых своя линия, а у нас своя. Неизвестно еще, что впереди будет... Вот этот попович Володька, он далеко пойдет. Да... Он и теперь чуть не первым. Вот тебе и голытьба... Еще посмотрим. Гриша Печаткин тоже хорошо учится. Наш Сережа из мяконьких, ни шатко, ни валко, ни на сторону... Что же, и это хорошо. Маленькое, да свое...

Вместе с гимназическими новостями Сережа приносил домой жеваную бумагу, которую и бросал в потолок с большой ловкостью. А когда готовил по вечерам уроки, то всё время жевал резинку или какую-то "смолку". Размягченная резинка служила отличной хлопушкой. Однажды с этой жвачкой Сережа принес и свою первую двойку, которую ему "залепил" Огнев. Марфа Даниловна растерялась и решительно не знала, что ей делать. Сама она не могла помочь, потому что передала Сереже уже все свои знания, а Петр Афонасьевич знал меньше, чем она. С горя она прибила Сережу и пообещала даже высечь его, если он хоть раз принесет такую двойку. Сережа горько плакал и жаловался, что совсем не понимает русской грамматики.

— Ты у меня будешь понимать! — кричала на него Марфа Даниловна, подавляя в себе невольное чувство жалости к неразумному детищу.— Я выколочу из тебя леность... Бумагу жевать умеешь, а грамматику не понимаешь? Как же другие-то учатся? Вон у Володи Кубова все пятерки по русскому языку. Я сама попрошу директора отодрать тебя.

Петр Афонасьевич для проформы тоже покричал на Сережу, но толку от этого было мало.

— Надо будет к Григорию Иванычу толкнуться...— решил дядя Яков Семеныч, бывший свидетелем этой сцены.— Он всё знает и устроит как-нибудь...

— Ну, уж это ни за что!— сказала Марфа Даниловна.— Печаткины еще загордятся... Мы уж лучше сами как-нибудь.

Марфа Даниловна немножко сердилась на Григория Иваныча после своего разговора о богатстве. Выручил старый дядя, который сам вызвался отвести Сережу и переговорить с Печаткиным.

Сережа плакал всё время, пока шел с Яковом Семенычем к Печаткиным. Мальчику было и совестно, и, вместе, он почему-то боялся Григория Иваныча. Старик пожалел мальца и по-своему утешал его.

— Ну, чего ты ревешь? Слава богу, не замуж выдаем. Дело житейское. А вот отдать бы тебя в военную службу, так там, небойсь, выучили бы... Перестань хныкать. Говорю: нехорошо.

— Я боюсь, дедушка...

— Глупости... Бойся бога, а людей нечего бояться.

На счастье Григорий Иваныч оказался дома. Он внимательно выслушал объяснения Якова Семеныча, по своей привычке хлопнул его по плечу и разрешил всё дело:

— Пустяки... Вон у меня Гришка по арифметике хромает. Ничего, выправим. Вы его посылайте ко мне... Эх, мальцы, мальцы!.. Просто, не умеет за книгу взяться. Это бывает... Ну, что, как Петр Афонасьевич?

— Да ничего... Служит, а по вечерам снасти свои готовит.

— Так, так... гм... да. А девочка эта... ну, Катя, учится она?

— Грамоте мать учит...

— Мало одной грамоты... Надо в гимназию отдавать, дедушка. Человеком потом будет...

— Уж и не знаю, право, Григорий Иваныч, как этому делу быть... Оно даже и не под силу, пожалуй, будет двоих-то зараз полнимать, а там Петушок растет.

— Бог даст день — даст и хлеб... Вздор!

— Ведь девочка, Григорий Иваныч... Велико ли девичье ученье!

— Ну нет, старина: девочке-то и нужно ученье. Не такое время... А я вам вот что скажу: пусть Марфа Даниловна посылает ко мне эту Катю... Мне ведь всё равно готовить же свою Любку, ну, и та по пути выучится. Да и девочка-то серьезная... После вот какое спасибо скажет нам с вами.

Благодаря Печаткину, вышло как-то так, что Якову Семенычу самому пришлось уговаривать Клепиковых относительно Кати Петр Афонасьевич вперед был согласен, потому что очень любил дочь, а Марфа Даниловна поломалась, прежде чем согласиться.

— Нехорошо даром обязываться тому же Григорию Иванычу...— спорила она, раздумывая.— Он-то любит детей, это хорошо, а нам навязываться неудобно.

— А если он сам предложил?— спорил Яков Семеныч.

— Я ему такую рыбину заловлю в Лаче! — хвастался Петр Афонасьевич, потирая руки.— Вот и будем квиты... Верно, дедушка?..

Сережина двойка решила судьбу Кати. Она стала ходить к Печаткиным каждый день после обеда. Григорий Иваныч занимался по-своему. Он после обеда укладывался на диван с длинной трубкой, обе девочки подсаживались к нему, и занятия начинались. Они рассказывали свои уроки, Григорий Иваныч поправлял ошибки, объяснял и каждый раз рассказывал девочкам что-нибудь интересное. Катя была в восторге от этих занятий и отлично готовила свои уроки. Любочка иногда подленивалась, и Григорий Иваныч ласково журил её.

— Женщина Любочка, леность есть мать всех пороков... Нехорошо. Я буду старый и седой, и мне будет стыдно, что у меня ленивая дочь.

— А если мне спать хочется, папа?— откровенно сознавалась Любочка.

— А ты поменьше кушай... Вон Катя отлично всё знает.

Любочка не раз дулась на Катю, а потом забывала свой

гнев и ждала каждый день приятельницу с нетерпением. Главное затруднение заключалось в том, что зимой темнело скоро, и Кате неудобно было ходить по глухим улицам одной.

К Печаткиным она еще кое-как пробиралась засветло, а обратно приходилось брать провожатого. Сначала её провожал Сережа. Но он скоро поправил свою двойку, и Катя осталась одна.

Григорий Иваныч посылал теперь провожать Гришу. Исполненный мальчишеского задора, "первоклашка" терпеть не мог таких проводов какой-то девчонки, которая шляется, не зная зачем... Несколько раз он незаметно заводил свою даму куда-нибудь в снежный сугроб или просто убегал от неё, оставив её на произвол судьбы. Катя всё переносила и ни разу не пожаловалась на злого мальчишку. Она не пожаловалась даже и тогда, когда Гриша прибил её и очень больно прибил. Девочка несколько времени сидела на снегу, сдерживая душившие её рыдания. Домой она вернулась с помертвевшим личиком, но никому не выдала своей маленькой тайны: она понимала, что, если пожалуется, то её не будут пускать учиться к Григорию Иванычу, другими словами — она не поступит в гимназию вместе с Любочкой. Однако Петр Афонасьевич что-то заподозрел и спросил:

— Что с тобой, Катя? будто ты того... нездорова.

— Я замерзла, папа... холодно.

Это ничтожное само по себе происшествие имело громадное значение для Кати, именно — с этого момента она почувствовала ту невидимую стену, которая навсегда отделила её детство от такого же детства мальчиков. Зачем Гриша прибил именно её? Если бы она была мальчиком, так он этого не сделал бы без всякой причины. Вообще все мальчишки такие глупые и злые. В маленькой девочке с мучительной болью просыпалась женщина... "Тебе этого нельзя: ты — девочка",— эта фраза повторялась постоянно Марфой Даниловной на всевозможные лады, но до сих пор оставалась пустым звуком, потому что Катя играла с мальчиками во всякие игры, бегала с ними даже на реку и не чувствовала отделявшей её от них разницы. Теперь другое дело: её отталкивали, обижали, дразнили.

"Злые... гадкие!— думала про себя Катя и давала себе слово не связываться с ними, несмотря ни на какие соблазны.— Пусть свою резинку жуют и получают двойки из грамматики и арифметики. Так им и нужно... Скверные!.."

Здесь же Катя заметила разницу, существовавшую между семьями. Не раз она думала про себя, что если бы её матерью

30

была Анна Николаевна, то ей всё можно было бы рассказать и Григорию Иванычу тоже. А вот маме она не решалась говорить многого. Папа, конечно, добрый, но он всё делает, как того хочет мама. В семье Клепиковых недоставало той непринужденной доброты, какая царила у Печаткиных. Катя очень любила мать и вместе боялась её. Это последнее чувство являлось роковым порогом, через который никак не могло переползти детское сознание. Мысль работала сама по себе, в своем маленьком уголке, и работала с неустанной самостоятельностью.

VII

Так складывалась жизнь двух семей, закинутых в далекую провинциальную глушь: маленькие люди, маленькие интересы, маленькие радости и большие заботы.

Зима промелькнула незаметно. Пошли ростепели, тронулся зимний снег, по Лаче пошли желтые наледи, точно самый лед проржавел. К пасхе прилетели скворцы, а сейчас после пасхи прешла и Лача. Для Петра Афонасьевича и Якова Семеныча это время было настоящим праздником, потому что открывался сезон рыбной ловли. Первая "рыбалка" составляла целое событие. Рыбаки служили молебен и в ночь выезжали в первый раз в свою Курью. У них были свои рыбацкие приметы: снег глубокий — рыбы будет много, на Благовещенье играли весенние зори — "жор" будет хороший. Сейчас после вскрытия реки отлично "шла" щука в витили, она же хватала всякую приманку, вообще, у щуки был "жор". Хорошо идет также налим, которого ловят ночью.

Клепиков с дядей выехали во вторник на Фоминой неделе, пропустив понедельник, как тяжелый день. Снасти были готовы, лодка — тоже, одним словом, всё. Яков Семеныч всегда веселел в этот день, а нынче чувствовал себя особенно торжественно, потому что от рыбного сезона зависело благосостояние целой семьи.

— Как-то господь украсит наше лето рыбкой,— говорил старик, укладывая снасти в лодке.— Кабы устроил господь...

По примете никто не должен был провожать рыбаков, особенно женщины,— рыба не любит баб. И вообще отправление на рыбалку обставлялось некоторой тайной, чтобы соседи, боже сохрани, не видали. Как раз еще сглазят.

— Не видать бы вам ни рыбьего пера, ни чешуи,— говорила Марфа Даниловна на проводинах, повторяя заказную фразу, гарантировавшую успех.

Петр Афонасьевич успокоился только тогда, когда лодка отвалила от берега. Ничего, всё сошло благополучно: соседи не видали, и из знакомых никто не встретился на дороге. Лача была мутная, кой-где подхватывал сердитый ветерок. Яков Семеныч сидел обыкновенно на корме с рулевым веселком, а Петр Афонасьевич работал распашными веслами. Лодка была небольшая, едва поднимала человек пять, но в Курье большая и не годилась — как раз застрянет в камышах или где-нибудь на мели, а эта везде пройдет.

Когда лодка выехала на середину реки, Яков Семеныч отыскал глазами Никольскую церковь и начал широко креститься: Никола угодник — рыбачий бог. Он это делал каждый раз с особенным усердием. Петр Афонасьевич, прищурившись, любовался красиво раскинувшимся по высокому берегу городом. Ничего, город отличный, особенно высокий мыс направо, где приютилась женская община: какой бор сохранился у монашек, а из-за сетки деревьев мелькали такие уютные, беленькие, чистенькие монастырские здания с большой Никольской церковью посредине. Общину в хорошие дни отлично было видно из Курьи. Хорошее, угодливое местечко выбрали сестры. В Курью передний путь от Шервожа был вниз по реке, и лодка летела стрелой: какой-нибудь час,— и дома. Глубокая Лача шла быстро и даже в тихую погоду не была спокойна, а постоянно взбуривала водяными вихрями. Свежий весенний ветерок так и бодрил, заставляя молодеть даже Якова Семеныча. Ах, и хороша кормилица Лача...

Курья — небольшой глубокий залив, вдававшийся в левый берег — с Лачи была почти незаметна и по внешнему виду ничего особенного не представляла. Выдававшаяся в реку коса в половодье заливалась вешней водой, так что устроенная на ней рыбачья избушка была укреплена сваями и тяжелыми камнями. Бывали годы, когда вода заливала и самую избушку. Сейчас за Курьей начинался смешанный лес и заливные луга. Вообще местечко было красивое, и Петр Афонасьевич ежегодно выплачивал за него в Рыбачью слободку около пятидесяти рублей арендной платы. Подъезжая в первый раз к Курье, рыбаки испытывали тревогу за свою избушку: не разорили ли, не сожгли ли. Мало ли по реке лихих людей и просто озорников. Пустяковая постройка, да время дорого.

— Вон она!— крикнул Яков Семеныч с кормы, когда лодка огибала косу.— Целехонька наша голубушка...

Вот и причал. Слава богу, всё в порядке. Снасти разложены на берегу, разобраны, еще раз пересмотрены и потом уже в полном порядке перенесены в избушку. Первым делом закурился веселый огонёк на берегу, а потом задымилась и самая избушка.

— Хорошо...— повторял в умилении Яков Семеныч, вдыхая свежий воздух.— Лет двадцать с плеч долой.

Весенний день невелик, и засветло едва успели управиться. Первые жерлицы на щук ставил в Курье всегда Яков Семеныч: рыба лучше дается старикам, как и пчела. Работа шла молча, да и некогда было разбалтывать. Первая ночь всегда задавалась тяжелая: и от работы за зиму отвыкли и дела много. Петр Афонасьевич так и не сомкнул глаз во всю ночь, а Яков Семеныч прикурнул в избушке чуть-чуть: один глаз не спит, а другой видит. Петр Афонасьевич успел в это время заудить несколько налимов — эта рыба только ночью и берет. По первому улову у рыбаков своя примета: хорошо пойдет рыбка, так и всё лето будет хорошее.

— Вот, дедка, какой староста попался!— будил Петр Афонасьевич дядю ранним утром.— Гляди-ка, какой налимище... Я его Григорию Иванычу предоставлю. Пусть и от наших трудов отведает...

— Форменно!..

Ночь вышла удачная, и Петр Афонасьевич рано утром отправился в город с хорошей добычей; десятка полтора щук да столько же налимов. Рыбу у него обыкновенно покупали городские торговки на берегу, где причаливала лодка. Знаменитый налим был отправлен Григорию Иванычу с Сережей.

— Ого, какое произведение природы!— похвалил Печаткин.— Этакую рыбину, пожалуй, и губернатору не стыдно съесть.

Рыболовный сезон пошел своим ходом. Клепиков день был на службе, обедал дома, а вечером отправлялся в Курью. Ему не приходилось спать первые ночи напролет, пока устанавливались снасти и заводился весь порядок. А потом уже было легче: спали поочередно.

— Выспимся зимой, дедка...

— Успеем.

А как были хороши эти весенние ночи! Рыба в воде играет, утки плещутся, по песочку кулики суетятся, в осоках и по камышам гнездится водяная курочка, гоголи и всякая другая болотная птичка. Сколько хлопот, шуму, суеты, веселья... Яков Семеныч по целым часам прислушивался к этой кипучей жизни и только вздыхал от умиления. И днем тоже хорошо. По реке вереницами плыли барки, нагруженные лесом, медленно ползли плоты из бревен, мелькали косные лодки; изредка с шумом пробегал пароход. Старик не любил пароходов: они только рыбу пугали.

Работа кипела, и время летело незаметно. Рыбаки, несмотря на тяжелую работу, чувствовали себя прекрасно

Раз под вечер они сидели около огонька за походным чайником, как послышалось шлепанье весел на реке, и к самой избушке причалила лодка.

— Гей, мир на стану!— крикнул сильный мужской голос.

— Батюшки, да ведь это Григорий Иваныч...

Удивлению не было конца, когда из лодки за Григорием Иванычем вышли Любочка и Катя. Девочки кинулись на шею к Якову Семенычу, которого давно уже не видали. В сущности, это движение служило только выражением переполнявшей их радости.

— Дедушка, миленький, мы на охоту приехали!— объясняла Любочка.— А как у вас здесь хорошо... Папа добрый и ходил отпрашивать Катю. Марфа Даниловна долго не соглашалась, а папа её уговорил... Мы гребли веслами, дедушка, и нашу лодку так качало, когда шел мимо пароход. Ах, как хорошо...

— Ну, чудеса, как это Марфа-то Даниловна расступилась!— удивлялся Яков Семеныч, лаская девочек.— Ах, вы, стрекозы...

Катя была в Курье в первый еще раз и с особенным вниманием рассматривала всё кругом, онемев от восторга. Боже, как здесь хорошо... какая избушка малюсенькая... и лес совсем близко, и огонек так весело горит, и кругом вода, а город там далеко, назади и чуть брезжит. Зеленая травка едва еще только пробивалась, а березы и прибрежные кусты стояли совсем голые, но это ничего не значит — кругом разливалась какая-то неудержимая воля, простор и счастье. Петр Афонасьевич был очень рад гостям и тоже удивлялся, что Марфа Даниловна отпустила Катю.

— Я словечко такое знаю,— шутил Григорий Иваныч.— Что же в самом-то деле, девочка трудилась целую зиму, можно и отдохнуть один-то денек. Я сегодня вальдшнепов попугаю на заре, а утром какого-нибудь селезня ушибу... Бывает и свинье праздник, а я теперь вольный казак. С земством я кончил... Дело хорошее, да председатель управы у нас дрянь, а я гнуться не умею.

Клепиков и Яков Семеныч только переглянулись: другой бы голову повесил с горя, что место потерял, а этот радуется и отдыхать хочет. Григорий Иваныч понял их мысль и проговорил со своей улыбкой:

— Ничего, свет не клином сошелся... А я устал. Ах, вы, чиновники: всего-то вы боитесь!.. Ну, да это дело десятое, а вот мы выпьем для новоселья.

Гость привез с собой охотничью флягу, и рыбаки были рады пропустить "по единой", благо и закуска своя.

— Девочки, заваривайте уху!— командовал Печаткин.— Чтобы всё было готово, когда я вернусь с охоты...

— Слушаю-с!— бойко ответила Любочка, делая по-солдатски под козырек, а потом бросилась к отцу на шею.— Милый... миленький... милюсенький... ах, как хорошо!.. Катя, а ты что же стоишь? Ведь, если бы не папа, сидела бы теперь дома... Папа, а ты возьмешь нас с Катей на охоту?

— Ну, этого я вам не обещал, деточки... Вы посидите здесь, а я схожу один.

Яков Семеныч перевез Григория Иваныча на лодке через Курью, и охотник скрылся в лесу. Светлого времени оставалось всего какой-нибудь час, и Петр Афонасьевич повез девочек осматривать настороженные снасти. Любочка была в восторге, а Катя только морщилась, когда в воде трепетала рыба, попавшая на железный крюк. Она закрывала глаза, когда отец осторожно подхватывал отчаянно метавшуюся в воде рыбу особым сачком и выбрасывал в лодку.

— Папа, ведь ей больно?..

— У рыбы холодная кровь... Она не чувствует.

— Отчего же она так бьется?..

— Гм... А кто её знает. Ну-ка, сколько сегодня попалось на ваше счастье...

Кате правилось больше всего хозяйничать на берегу. Она забралась в избушку и привела здесь всё в порядок, даже подмела пол.

— Я бы согласилась всегда жить в такой славной избушке... всю жизнь!— фантазировала восторженно настроенная Любочка.— Только неприятно, когда живую рыбу снимают с крючков. Даже кости хрустят... Потом у рыбы такие страшные глаза. И знаешь, отчего? Потому что у рыбы нет бровей и ресниц. А тебе нравится здесь?

— Очень...

Катя больше молчала, потому что привыкла сдерживать свои чувства. Ей всё казалось, что вот-вот чем-нибудь нарушится этот блестящий праздник. Давеча ей тоже хотелось броситься на шею к Григорию Иванычу, но она удержалась, как удерживалась и сейчас откровенно выражать свой восторг.

— Нам двоим совершенно достаточно такой избушки,— продолжала свою мысль Любочка.

— В лесу одним жить страшно, Любочка. А вдруг разбойники?

— А я возьму у папы ружье — и паф!..

В этот момент в лесу прокатилось громкое эхо выстрела, и Любочка с ужасом закрыла глаза. Катя вся вздрогнула. Зачем Григорий Иванович стреляет? Неужели ему не жаль бедную птичку? И кровь у птички горячая... Мысль об убитой птице на целый вечер запала в голову Кати, и, когда Григорий Иваныч вернулся, она с удивлением посмотрела на него, точно это был другой человек. Зато Любочка была в восторге от пары убитых вальдшнепов и уверяла, что, когда вырастет большая, непременно будет ходить сама на охоту.

Всё-таки вечер прошел замечательно весело. Яков Семеныч развел громадный костер, не жалея заготовленных дров. Это была иллюминация "по случаю дорогих гостей".

— Ну, женщины, всё готово?— строго командовал Григорий Иваныч.

Варить уху, да еще прямо на костре — дело нелегкое, и девочки хозяйничали под руководством Якова Семеныча. Вероятно, еще никто в мире не ел такой вкусной ухи из молодых налимов... Вальдшнепов Григорий Иваныч приготовил сам и зажарил прямо в горячей золе, как делают охотники. Этот роскошный ужин продолжался чуть не до полночи. Ночь была такая теплая, хотя с реки и потягивало резким холодком. Катя проводила еще первую ночь в лесу и превратилась в одно внимание. Ей казалось, что Шервож далеко-далеко и что они никогда не вернутся в него. А как весело горит огонь, какие все хорошие, и как, вообще, хорошо жить на свете, когда есть такая хорошая река, как Лача, такой хороший дедушка, как Яков Семеныч, и папа, Григорий Иваныч — и все и всё хорошее!

— Григорий Иваныч, зачем вы птичек застрелили?— тихо спрашивала Катя, глядя ласковыми глазами на учителя.— Им больно...

— Да, это жестокое удовольствие, деточка...— ласково отвечал Григорий Иваныч, подсаживая Катю к себе.— Видишь ли, было время, когда люди существовали одной охотой. Это была необходимость...А теперь остался охотничий инстинкт. Да... В каждом удовольствии, деточка, скрыта какая-нибудь жестокость.

Дальше для Кати всё покрылось каким-то сладким туманом: она и видела и не видела сидевших пред огнем людей, слышала их разговоры и собственные мысли, и кому-то улыбалась, и чувствовала, как чья-то любящая сильная рука заботливо прикрывала её теплым пальто, а потом она точно унеслась. Из этой дремоты её вывел страшный звук: по реке точно ползло какое-то чудовище, отпыхивая и тяжело шлепая громадными лапами.

— Это пароход...— объяснил какой-то голос, указывая на зеленые и красные огни, мелькавшие в темноте.— Ночью все звуки усиливаются.

Заснувших девочек Григорий Иваныч на руках перенес в избушку и уложил на рыбачьих нарах. Он любил детей и теперь долго любовался детским крепким сном. Какие милые девочки и как они хорошо спят: так и распускаются на руках!

— Что-то вас ждет, маленькие милые женщины?— вслух подумал Григорий Иваныч и нахмурился.

Огонь догорал. Григорий Иваныч растянулся на земле и наслаждался тем ощущением полноты, какое дает одна природа. Клепиков отправился в Курью осматривать снасти. Яков Семеныч дремал, сидя на обрубке дерева и посасывая свою трубочку.

— А ведь мы скверно живем, дедушка...— заговорил Григорий Иваныч, вздыхая всей грудью.— Очень скверно... То-есть собственно — и не живем, а только платим за квартиру, в мелочную лавочку, портному, дровянику, мяснику. У нас искусственная жизнь, интересы, удовольствия, радости, и за это мы платим тяжелым разочарованием... Мне вот сейчас так жаль девочек: что-то их ждет впереди? Сейчас они спят так беззаботно, а там где-то впереди уже зреет и горе, и слезы, и неприятности.

— Без этого не проживешь, Григорий Иваныч...

— А мне всё-таки жаль! Вот сейчас я чувствую себя таким сильным, гору, кажется, своротил бы, а вместе с тем, ничего не поделаешь: может быть, они вспомнят десять раз Григория Ивановича, а его уже нет. В трудную минуту дорого хорошее теплое слово, а его-то и не будет... Так я к тому говорю о девочках, что на женщине всего сильнее отзывается всякая несправедливость и фальшь. Нужно жить просто, уметь ограничить себя в каждой мелочи, и только тогда человек делается полным хозяином самого себя, когда он ни от кого не зависит.

— Уж это, конечно...— соглашался Яков Семеныч.—

Прежде-то куда проще жили. Это вы правильно, Григорий Иваныч...

— Счастье не в том, что у меня будут и дорогие ковры, и мебель, и свои лошади, и много прислуги,— нет, не в этом... Ведь я не съем вчетверо больше, не буду спать вдвое больше... Счастье там, в глубине собственной совести... в сознании... в правде...

Эти душевные простые речи слушало чуткое детское ухо, и они глубоко западали в детскую душу, как хорошее, полное зерно, которое сеятель бросал на хорошую землю. Любочка спала мертвым детским сном, а Катя лежала с открытыми глазами. Ей хотелось плакать и обнимать Григория Иваныча, и, вместе, она боялась проявить свои детские чувства.

VIII

Потеряв место в земстве, Печаткин не унывал, хотя найти новое в провинциальном городе и было трудно. Во всех присутственных местах уже знали его неуживчивый, строптивый характер, и везде получался вежливый отказ. Григорий Иваныч мрачно улыбался, крутил свои рыжие усы и, сделав несколько дней передышки, писал новое прошение, чтобы получить новый отказ.

— Надоест когда-нибудь им отказывать,— шутил он.

А дома уже начала теснить нужда. И то нужно и это нужно, а денег не было. Ужасное это слово: нужда... Анна Николаевна крепилась, не жаловалась и колотилась, как рыба об лед. Всё, что можно было заложить, было заложено, кое-что продано, а нужда всё росла... Когда приходилось особенно тошно, Анна Николаевна отправлялась к Клепиковым, чтобы отвести душу с Марфой Даниловной. Всё же на людях как будто и легче.

— Не понимаю я вашего Григория Иваныча,— повторяла Марфа Даниловна, покачивая головой.— Уж, кажется, умный мужчина, а вот с гордостью своей не может поправиться... И всё от гордости. Вы бы поговорили ему, Анна Николаевна. Ну, пошел опять в земство, извинился, а повинную голову и меч не сечет. Ведь надо жить как-нибудь, а у вас трое детей на руках...

— Прямо сказать, Марфа Даниловна: есть нечего. Вчера за ужином один черный хлеб...

— Вчуже страшно... Что же он-то?

38

— Всё то же: пишет свои прошения.

Анна Николаевна, несмотря на свою бедность, ни разу не пожаловалась на мужа: она верила в него. Да и не в первый это раз... Марфа Даниловна могла только удивляться её терпению. Нахлынувшая на Печаткиных беда на время охладила отношения семей между собой. Клепиковы и помогли бы, да самим было до сопя: едва сводили концы с концами. А дать пустяки совестно... Это была жестокая проза, от которой делалось жутко всем.

А время шло. Наступало лето. Григорий Иваныч ходил в грязных крахмальных сорочках и в одном сюртуке. От недавнего довольства не осталось и следа, точно оно растаяло. Даже Анна Николаевна приходила в отчаяние, главным образом за ребятишек, которые и голодали, и обносились, и выглядели такими жалкими. Только в середине лета Печаткин нашел какое-то место в пароходной компании "Ласточка", но и здесь прослужил всего недели две. Он не мог выносить канцелярских плутней и вообще хамства. Впереди оставалась одна нищета. Катя теперь реже бывала у Печаткиных, но своими глазами видела, что такое бедность и нищета.

— Мама, у них нет ни чаю, ни сахару...— рассказывала она матери.— Я буду отдавать свой сахар маленькой Соне.

— Перестань вздор говорить, а впрочем, как знаешь. Еще обидятся на тебя же... Ведь не нищие, чтобы кусочками принимать. Конечно, беда со всяким может стрястись, а и их тоже нельзя похвалить: он — гордец, она — не хозяйка.

— Нехорошо осуждать людей в несчастии,— строго вступился случившийся дома Петр Афонасьевич.— Все под богом ходим... Сегодня сыты, а завтра неизвестно. Чужую беду руками разведу, а к своей ума не приложу...

— Да ведь я так...— смутилась Марфа Даниловна.— К слову сказала. Не нашего ума дело.

— Вот так-то лучше, мать... А ты, Катя, делай, как знаешь.

Петр Афонасьевич потихоньку от жены пе раз помогал Печатакиным и деньгами, вырученными за рыбу, и натурой, т. е. той же рыбой. Самому ему было неловко являться благодетелем, и он посылал обыкновенно Якова Семеныча. На старика не могли обидеться, да он и сам умел устроить всё так, что никто не замечал благодеяния.

— Мало ли что бывает, Анна Николаевна,— уговаривал старик горевавшую столбовую дворянку.— Нужно терпеть,— даст бог, и справитесь...

— Ох, и не говорите, Яков Семеныч! Добрых людей стыдно...

Да, беда не только постучалась в дверь, но вошла в дом и заглянула в каждый угол. Маленький Гриша почти целое лето перебивался в Курье, где помогал рыбакам в их работе вместе с Сережей и таким образом пропитывал себя своей работой. Мальчикам ужасно полюбилась эта жизнь в лесу. Они загорели, поздоровели и заметно выросли за одно лето. Раз в Курью приехал Григорий Иваныч, такой задумчивый и молчаливый. Он ужасно похудел, осунулся и точно сделался еще выше. Старый Яков Семеныч долго вглядывался в него, хмурился и бормотал что-то про себя, а потом не выдержал и заговорил:

— Нехорошее у вас на уме, Григорий Иваныч...

Печаткин даже вздрогнул и посмотрел на старика округлившимися от испуга глазами: Яков Семеныч точно подслушал его отчаяние.

— Дедушка, тошно мне...— тихо ответил Григорий Иваныч, хватая голову руками.— Ах, как тошно... И за что?.. Кому я сделал зло? Не умею быть хамом — вот вся моя беда. Не люблю подслуживаться, говорю правду, не даю другим подличать... Да. Что же делать, если я не могу иначе... И семьи жаль, и себя, и тошно мне... Лег бы — и умер.

— Устроится всё понемножку. Не кто, как бог...

Разговорил старик горевавшего, успокоил, пожурил и отправил домой сам. А у Григория Иваныча, действительно, было нехорошее на уме: хотел он броситься в воду. Горе сломило и его. Не мог он видеть голодавшей из-за него семьи.

— Ну, спасибо, старина,— благодарил Печаткин, когда они подплывали к Шержовужу.— В некоторое время, может быть, и я пригожусь.

— Богу нужно молиться, Григорий Иваныч... Оно и полегчает, и еще как. Со слезами нужно молиться. Есть несчастнее нас, а вы о детях думайте.

— Да, да. Спасибо...

Простившись со стариком, Печаткин поднялся на гору, посмотрел на широко разливавшуюся Лачу и вздохнул свободнее. И небо точно выше, и пароход снизу так весело бежит, и лодочка-скорлупка Якова Семеныча там внизу чуть виднеется... Печаткину сделалось вдруг страшно за самого себя. Что он мог наделать... Точно туман какой в голове стоял, в груди тяжесть и такая злоба против всех. Даже детей своих как-то сделалось не жаль: что жалеть, когда ничем помочь не может! Да еще хвастался раньше: я — то, я — другое... Нет, это была минута ужасного сумасшествия.

Дело было к вечеру, и Печаткин зашел в старинную

приходскую церковь, где шла служба. Богомольцев было немного. Всё больше старушки да какие-то сомнительные субъекты. Григорий Иваныч стал в уголок и наблюдал. Он давно не бывал в церкви. Всё как-то некогда... Служил один священник без дьякона. На клиросе пел один псаломщик. Церковь была небогатая и освещена мало. Последнее придавало какую-то особенную торжественную таинственность. Сначала Григорий Иваныч не мог молиться. Что-то его удерживало. Какой-то таинственный голос шептал ему: "Тебе было хорошо, и ты забывал церковь, а стало худо — и пришел"... А как здесь всё знакомо: и возгласы священника, и церковные мотивы, и молитвы — с детства знакомо. И везде одно и то же, по всей России, от одного океана до другого... Стомиллионный русский народ несет свое горе и радость вот сюда, и будут читать те же молитвы, будут раздаваться те же церковные мотивы, когда и Григория Иваныча не будет на свете. Печаткин почувствовал вдруг себя таким маленьким и таким виноватым, как напроказивший ребенок. И тепло какое-то почувствовалось, и надежда, и, главное, спокойствие.

— Ах, я безумец, безумец!— шептал Григорий Иваныч, чувствуя, как начинает оттаивать; вероятно, замерзавший человек, которого внесли в теплую комнату, испытывает подобное же чувство.— Господи, прости меня...

Он забылся в горячей молитве и не чувствовал слез, катившихся по лицу. Когда он опомнился, рядом с ним очутился какой-то мещанин в пиджаке. Этот богомолец стоял на коленях и с каким-то ожесточением откладывал земные поклоны, встряхивая свешивавшимися на глаза волосами. Григорий Иваныч видел только, что это очень здоровый мужчина, с такими сильными руками и крепким затылком.

"Должно быть, у него тоже есть горе..." — подумал он невольно.

Служба кончилась. Григорий Иваныч вышел на паперть и столкнулся с тем же мещанином, который стоял в раздумье. Они только теперь взглянули друг на друга и поняли без слов общее настроение.

— Что, брат, плохо?— спросил Григорий Иваныч.

— Хуже не бывает...— глухо ответил мещанин.

Оба замолчали и пошли вместе. Незнакомым людям, конечно, трудно разговориться сразу, а Григория Иваныча так и подмывало узнать, в чем дело. Они молча дошли до пароходных пристаней. Мещанин остановился у одной конторки и бесцельно смотрел на суетившуюся толпу,— только-что пришел снизу пароход, и набережная кишела народом. Григорий Иваныч закурил папиросу.

— Ведь этак-то живого человека можно и живота лишить...— заговорил вдруг мещанин, не обращаясь собственно ни к кому. — Брат и говорит мне: "твоя расписка, тебе и отвечать". И я гляжу: моя... А не писал, то-есть не я её писал. Ну, теперь на окружной суд за подлог, а моей причины никакой нет... У меня тоже семья, детишки...

Он говорил быстро, таким тоном, точно все должны были знать про его мещанское горе. Сначала дичился чужого человека, а тут прорвало: хоть и чужой человек, а всё же как будто и легче, когда выговоришься.

— Так, так...— повторял Григорий Иваныч, вслушиваясь в бессвязную речь своего собеседника.

— Главное: зачем брат меня обидел, господин? Ну, вышла такая моя ошибка, ну, беда навалилась, а он на меня же... Хуже чужого. Ведь мне теперь разор... Всё прахом пойдет. На подсудимую скамью посадит... срам... Ну, суди: весь тут. Дома ничего не осталось... А вот брат...

— Вот что я скажу тебе, милый человек: брат тут не при чем. А ты приходи завтра утром ко мне, и мы всё это дело разберем. Я теперь свободен и ничего не возьму с тебя...

Мещанин отнесся недоверчиво к этому предложению, заподозрив в Печаткине одного из тех мелких ходатаев по делам, которые ловят своих клиентов прямо на улице. Но, подумав немного и тряхнув головой, он согласился.

— Отчего же не притти — приду. Хуже всё равно не будет.

— Там увидим.

Григории Иваныч простился с ним и быстрыми шагами направился домой. Он ужасно торопился, точно боялся не донести того хорошего настроения, которым был переполнен. А если Анны Николаевны нет дома? Ему хотелось видеть сейчас именно жену, чтобы поделиться с ней охватившим его чувством.

К его счастью, Анна Николаевна была дома. Маленькая Соня уже спала, а Любочка сидела за книжкой — девочка очень любила читать.

— Что с тобой?— испуганно спрашивала Анна Николаевна, оглядывая мужа.— На тебе лица нет.

— Ах, Аня, Аня...

Он обнял её, крепко расцеловал и, усадив рядом с собой на диван, принялся рассказывать всё, что с ним случилось. Он ничего не скрыл, и Анна Николаевна горько разрыдалась, когда узнала, как близко было непоправимое несчастье. А

42

какой хороший дедушка: даже она ничего не заметила, а он заметил.

— Теперь всё другое будет, Аня... Снова заживем, и еще как заживем!

Дальше следовал рассказ о том, как Григорий Иваныч зашел в церковь, как молился мещанин, как они разговорились с ним на пристани. Анна Николаевна ничего не могла понять. Ей казалось, что муж сошел с ума.

— Не понимаешь?— нетерпеливо спрашивал Григорий Иваныч.

— Нет... Мало ли дел у мещан бывает? Нам-то какая забота...

— Ах, Аня, Аня... Да понимаешь ли ты, что говорю я с мещанином, а сам соображаю, как ему помочь. Ведь я эти законы знаю... Ну, и вдруг мне мысль: отчего я не сделаюсь частным поверенным? Понимаешь? И ведь не пришло раньше в голову... Правду сказать, не люблю я этих кляуз, да ведь от меня будет зависеть, какие дела брать. И полная независимость... Понимаешь? Чорту не брат... И как это раньше мне не пришло в голову! А сколько можно добра сделать... И, главное, ведь это мое дело. Ах, какой я дурак был! Правду говорит пословица: век живи, век учись, а дураком умрешь.

Анна Николаевна всё-таки не поняла мужа и отнеслась к его радости с большим недоверием.

Ровно через месяц на воротах дома, где квартировали Печаткины, появилась небольшая вывеска: "Ходатай по делам Г. И. Печаткин". Первым клиентом был тот самый мещанин, с которым Григорий Иваныч встретился в церкви — его дело было выиграно. За ним появились другие, главным образом разная беднота. Григорий Иваныч брал всякое чистое дело, не спрашивая о вознаграждении. Бедный и благодарный люд разнес молву по всему городу о новом адвокате. Дела Печаткиных быстро поправились, так быстро, что все знакомые только удивлялись.

— Молодчина, Григорий Иваныч,— хвалил Петр Афонасьевич, искренно радуясь успеху Печаткина.— Давно бы ему в адвокаты пойти... Ведь золотая голова.

Странно, что Марфе Даниловне точно было неприятно, что Печаткины так быстро поправились. И всю новую мебель завели, и ребятишек приодели, и заложенные вещи выкупили — одним словом, разжились.

IX

Катя и Любочка поступили в гимназию, когда братья перешли уже в третий класс. Девочки превратились, в свою очередь, в "первоклашек". Их поступление уже не было событием, и на него смотрели, как на дело самое обыкновенное: ну, что же такого особенного — поступили и будут учиться, пока достатку хватит. Это ведь совсем не то, что Сережа и Гриша. Какое девичье ученье... Тоже вот и относительно формы небольшая забота: коричневое люстриновое платье, люстриновый черный передник и белый парадный — вот и всё.

— Сколько поучишься, а там увидим,— говорила Марфа Даниловна, довольно равнодушно оглядывая дочь в новой гимназической "форме".— Вот только бы Сережу поднять на ноги, а там...

Обыкновенно Марфа Даниловна не договаривала, что будет в этом таинственном там. Теперь обе семьи жили надеждами на будущее, и это будущее воплощалось для них в двух гимназистах третьего класса. Собственная жизнь, с её мелкими заботами, дрязгами и неустанным трудом, как-то отходила на задний план. Девочки поневоле усваивали себе этот же взгляд и смотрели на самих себя, как на какое-то косвенное дополнение к братьям.

Начальницей женской гимназии в Шервоже была очень добрая, немножко сгорбленная старушка Анна Федоровна Чемезова, которая пользовалась большим уважением со стороны своих воспитанниц. Встречаясь с начальницей в коридоре, Катя делала ей реверанс с особенным удовольствием, как проделывала и вообще все маленькие церемонии своей новой обстановки, придававшие ей некоторое официальное значение. "Екатерина Клепикова, завтра ваша очередь быть дежурной в классе",— говорила ей полная классная дама Поликсена Карловна. И Екатерина Клепикова переживала каждый раз какое-то особенное волнение, сознавая громадность возложенной на неё ответственности. В следующем, втором классе классной дамой была Евгения Александровна, совсем высохшая, как щепка. Вообще все классные дамы делились на очень полных и очень худеньких. Катя и Любочка, конечно, поместились на одной парте и в несколько дней до мельчайших подробностей усвоили все порядки своей гимназии. Девочки, вообще, жили очень дружно и перенесли свою детскую дружбу в стены гимназии. Отец давал Любочке каждый день "священный пятачок" на булку в большую перемену, и Любочка делилась своим завтраком с Катей, которой денег не полагалось.

Любочка была такая смешная в своей форме. Полное круглое лицо так и дышало каким-то задорным здоровьем. Она была неизменно весела и часто платилась за это. Белокурая Катя рядом с ней казалась такой тоненькой и всегда сидела так прямо, точно восковая куколка. Поликсена Карловна постоянно ставила m-lle Клепикову в пример m-lle Печаткиной, когда последняя во время класса наваливалась грудью на парту, горбилась или начинала болтать своими толстыми ногами. Наконец m-lle Печаткина иногда, заслушавшись, сидела с раскрытым ртом, что превращало Поликсену Карловну в телеграфную станцию, потому что ей приходилось, не прерывая урока, обратить на себя внимание зазевавшейся ученицы разными телеграфными знаками. Раз Любочка даже заснула самым бессовестным образом, за что ей очень досталось.

— Это всё из-за тебя!— обвиняла Любочка Катю за все свои злоключения.— Я не виновата, что ты умеешь сидеть, как замороженная рыба. Непременно перейду на другую парту...

Первым предметом для внимания новичков были, конечно, классные дамы, о которых Марфа Даниловна и Анна Николаевна получили самые точные сведения.

— Худенькая сердитее,— объясняла Катя.

— Да вы хоть кого сведете с ума,— ворчала Марфа Даниловна.— Разве это хорошо, что вы, девчонки, называете классных дам синявками?

— Это, мама, уж всегда так бывает, потому что все классные дамы ходят в синих платьях... Мы не виноваты.

— И всё-таки глупо!..

— А если они сердятся — ну, и выходят синявки!

— Перестань глупости болтать.

С гимназистами у девочек шёл нескончаемый спор относительно начальницы: гимназисты отстаивали своего генерала "Не-мне", а девочки Анну Федоровну.

— Она добрая, добрая, добрая!..— выкрикивала Любочка с азартом.— Войдет в класс всегда тихонько... Ласковая такая, вежливая, а ваш "Не-мне" кричит, как индейский петух, бранится и даже ногами топает.

— Ну, это пустяки,— спокойно возражал Сережа, усвоивший себе некоторые солидные привычки.— Что из того, что старик немножко погорячится? Зато он никого не выгоняет из гимназии и всегда за нас... Только нужно всё говорить ему откровенно.

— И у нас откровенно!..

— Перестань, Сережа,— останавливал Гриша.— Разве девчонки могут что-нибудь понимать?

Как крайнее средство для доказательства превосходства своего генерала "Не-мне", гимназисты пускали в ход его звезду.

— Ну-ка, где у вашей Анны Федоровны звезда?.. То-то вот и есть, а туда же, спорите...

Девочки смущались, не знали, что сказать, и только раз Любочка нашлась:

— Я видела как-то вашего "Не-мне" в полной форме: настоящий иконостас.

Между мужской и женской гимназиями существовала органическая связь, начиная с того, что там и здесь встречались одинаковые фамилии. Так, в первом классе женской гимназии училась Болтина, дочь богатого пароходчика, и красавица Клочковская, а в старших классах Гавлич. Только здесь богатые и бедные ученицы стояли еще дальше друг от друга, чем в мужской гимназии. У мальчишек слишком много всеуравнивающей драчливости и общемальчишеских глупостей, что в школьный период до некоторой степени сглаживает разницу общественного положения. Девочки, наоборот, сторонились инстинктивно, благодаря более раннему развитию, чуткости и наблюдательности. Замкнутое комнатное воспитание развивало известную мелочность характера, и самые маленькие "приготовишки" отлично понимали эту разницу. Каждая пуговка, каждая ленточка, каждая новая тетрадка были на счету. Притом девочки из богатых семей сторонились от "дочерей кухарок и прачек", по строгому наказу своих maman, гувернанток и бонн — они не должны были смешиваться с этой безличной толпой и в гимназии являлись дорогими гостями.

— Женя Болтина съедает в большую перемену три бутерброда и целую французскую булку,— откровенно завидовала Любочка, страдавшая прекрасным аппетитом.— Если бы я была богатая, так я уплетала бы по две булки...

Главную зависть в бедных гимназистках возбуждало то, что богатые приезжали в гимназию на собственных прекрасных лошадях. Да и как было не завидовать, особенно осенью, когда приходилось шлепать по непролазной грязи откуда-нибудь из дальних улиц!

Из учителей были тоже старые знакомые, как Павел Васильич Огнев, известный гимназисткам по рассказам братьев.. Он в младших классах преподавал русский язык, а в старших — словесность. Катя сначала ужасно его боялась, а потом убедилась, что в нем не только не было ничего страшного, а напротив, это был очень добрый человек по натуре. Он был высокого роста, с немного одутловатым лицом и близорукими, выпуклыми глазами, придававшими ему сердитый вид; длинные белокурые волосы редко были причесаны гладко, и синий бархатный воротник мундира всегда был засален. Огнев душой любил свой предмет, постоянно горячился и терпеть не мог плакс. Гимназистки потихоньку подсмеивались над засаленным воротником его мундира, над его красными руками и произношением на "о", но за всем тем Огнев пользовался большим авторитетом, как человек справедливый, не мирволивший богатым ученицам, которых он называл "тепличными растениями". В обеих гимназиях он почему-то был известен под названием "Бедной Лизы"; когда и кто дал это глупое название — неизвестно, но оно неизменно переходило от одного курса к другому. Незадолго до поступления наших девочек в гимназию у Огнева умерла жена, и он пользовался особенным вниманием всех женщин, маленьких и больших. На время были позабыты и его засаленный воротник, и нечесаные волосы, и красные руки, и несчастная буква "о".

Огнев славился, как хороший чтец. С младших классов он читал своим ученицам стихи любимых авторов и производил известное впечатление.

— Есть мысли и чувства, которые не укладываются в будничные фразы,— ораторствовал Огнев в первом классе.— Есть явления природы, которые поражают нас, и мы можем говорить о них только стихами, чтобы вполне выразить наше настроение. Например, вот как поэт описывает Волгу:

> Как слезу любви из ока,
> Как холодный пот с чела,
> Волгу-матушку глубоко
> В море Каспий пролила!..

Кате ужасно нравились всякие стихи, а эти она относила прямо к родной Лаче, вспоминая свою поездку с Григорием Иванычем в Курью.

Но всех больше Кате нравился батюшка о. Евгений. Это был среднего роста худенький священник с редкой рыжей бородкой и печальными голубыми глазами. Он приходил в класс в такой старенькой ряске и должен был отдохнуть, прежде чем мог начать урок. Голос у него был слабый и глухой. Все знали, что у о. Евгения чахотка и что он скоро умрет. На его уроках стояла мертвая тишина, потому что никто не умел рассказывать так трогательно, как о. Евгений. Любочка часто плакала, да и сам о. Евгений говорил со слезами на глазах. Он никогда не сердился и всем ставил хорошие баллы. Катя с первого раза прониклась к нему каким-то чувством благоговения и перед каждым уроком терпеливо ожидала его где-нибудь в коридоре, чтобы подойти под благословение. О. Евгений благословлял её, гладил по головке и так хорошо смотрел своими голубыми глазами.

Вообще, поступив в гимназию, Катя разделила всех людей на две неравных половины: на одной стояли гимназические учителя, классные дамы и Анна Федоровна, как что-то особенное, а на другой — все остальные. Это чувство прошло с ней через всю гимназию, и после гимназии она долго не могла освободиться от него.

X

В жизни все явления и все люди связаны между собой невидимыми для глаза нитями. Эта внутренняя глубокая связь раскрывается только при исключительных случаях, когда точно обнажается внутренний остов этих отношений. Например, что проще рождественской ёлки, а между тем в жизни маленькой Кати и такой же маленькой Любочки первая такая елка, устроенная в гимназии, являлась целым событием. Много было потом других елок, а первая была одна.

— Мама, мама, у нас в гимназии будет елка!..— еще за две недели до рождества объявила Катя матери.— Большая елка... И всем будут подарки. Будет музыка, большие гимназистки будут танцовать... Ах, мама, мама, как будет весело!..

— Напрасно только балуют девчонок,— сухо заметила Марфа Даниловна, не любившая пустяков.— Елки только для богатых устраиваются...

У Клепиковых никогда не устраивалось елки и у Печаткиных тоже, поэтому две девочки ожидали наступления рокового вечера с замиранием сердца. Что-то будет... ах, что будет! Гимназисты втайне им завидовали, но старались показать, что такие пустяки их совсем не интересуют.

— Это телячьи нежности!— угрюмо заметил Сережа.

— Да ведь там все будут, Сережа,— задыхаясь от радости, объясняла Катя.

— Все вы глупые, вот и радуетесь...

Торжество было устроено на второй день праздника. В актовой зале стояла громадная елка, украшенная горевшими свечами, золочеными орехами, дешевенькими подарками и разной мишурой. Маленькие девочки в белых передниках были вне себя от радости. Это какой-то волшебный вечер... И все такие добрые, решительно все. А как хороши эти разноцветные фонарики, бонбоньерки, пакетики с сюрпризами, большие конспекты... Катя и Любочка были точно в чаду и всё время ходили обнявшись. Учитель географии, чахоточный господин, играл на рояли что-то необыкновенно хорошее, потом пел хор гимназисток, потом села за рояль худенькая Евгения Александровна, и начались танцы. Нет, всё это было ужасно весело, и можно только пожалеть, что такие вечера не повторяются.

— Тебе весело, крошки? — спрашивала начальница Анна Федоровна, передавая Кате зеленую бонбоньерку.

— Ах, очень, очень весело,— ответили в один голос Катя и Любочка.

Маленьких девочек угощали сластями, потом был чай с кондитерским печеньем, фрукты — одним словом, происходило нечто совсем волшебное.

— Знаешь, Катя, я их всех ужасно люблю! — откровенничала Любочка на ухо Кате.— Ведь, если разобрать, так и наша Поликсена Карловна очень добрая... Все добрые!.. И мне хочется всех расцеловать, даже швейцара Воронка!..

Катя чувствовала то же самое, хотя больше всех любила Анну Федоровну. Начальница несколько раз подходила к ней, гладила по голове и расспрашивала, где она живет, есть ли у неё братья, где служит отец. А там в передней и в коридоре ждали с шубами в руках горничные, какие-то старушки и Петр Афонасьевич. Маленьких раскрасневшихся девочек заставляли сначала ходить по коридору, чтобы они немного прохладились, потом закутывали в шубки и теплые платки и развозили по домам. Гимназистки старших классов оставались дольше: у них только что начинались настоящие танцы, для которых были приглашены гимназисты и реалисты тоже из старших классов. Кате и Любочке не хотелось уезжать в самый разгар праздника, но приходилось повиноваться. Петр Афонасьевич сам одел обеих девочек и повез их на извозчике по домам,— это, кажется, было в первый раз, что он ехал на извозчике. Всю дорогу девочки щебетали, как воробьи, и всё выпрастывали голые ручонки, чтобы показать полученные подарки.

— Ну, шабаш, я больше вас не повезу на бал... — добродушно ворчал Петр Афонасьевич, заразившись этим маленьким счастьем.— Еще носы себе отморозите, шалуньи.

Катя до боли хорошо чувствовала, как её любит отец, и ласково прижималась к нему всем своим маленьким тельцем, точно пригретый котенок.

Разговоров о рождественской елке хватило на целый месяц, и девочки припоминали всё новые подробности, ускользнувшие в общем вихре впечатлений. Благодарная детская память удержала всё. Катю огорчало только равнодушие матери, относившейся скептически к её детским восторгам. Другое дело Григорий Иваныч — тот сам готов был прыгать со своими любимицами. Катя просто бредила начальницей гимназии, и в ней всё ей нравилось, начиная от её темносинего платья и кончая тихим голосом и неслышной старческой походкой. Старушка и улыбалась так хорошо своей сдержанной, немного печальной улыбкой. Катя старалась учиться изо всех сил и скоро была в числе первых учениц.

— Учиться хорошо следует, милочка, только не следует увлекаться отметками и наградами,— объясняла ласково Анна Федоровна.— Ты такая худенькая, крошка, а здоровье нужно беречь. Всякий должен трудиться по своим силам.

Любочка поленивалась от избытка здоровья и обвиняла в своих неудачах Катю. В самом деле, не вылезти же из своей кожи Любочке, когда навяжутся такие зубрилки, как m-lle Клепикова. Рассердившись, Любочка всегда навеличивала подругу "mademoiselle".

Катя быстро подрастала и "выравнивалась", как говорила Анна Николаевна. У неё уже образовался свой детский мирок, в котором она жила своею маленькой жизнью. Самым любимым удовольствием для неё было ходить в женскую общину по субботам ко всенощной. В субботу заканчивалась трудовая гимназическая неделя. Катя складывала свои книжки и тетрадки в строгом порядке, прибирала комнату, осматривала; свое платье и с нетерпением начинала ждать дедушку Якова Семеныча, который приходил по субботам ровно в пять часов. Они пили чай, а потом отправлялись.

— Ну, Катя, идем богу молиться,— говорил старик каждый раз одну и ту же фразу, натягивая на себя шубу.— Шесть дней делай, а седьмой господу богу твоему.

Когда они выходили на улицу, было уже совсем темно,— зимой рано темнеет. Веселая улица едва освещалась редкими фонарями. Кате нравилось итти именно в этой темноте, хотя она и боялась большой и пустынной площади, которая отделяла собственно город от общины. Зато каждый раз она испытывала такое хорошее, теплое чувство, когда подходила, с дедушкой ксвятым воротам. Вот и фонарик тлеет золотой искоркой, и сестра-вратарь встречает их низким поклоном, а дедушка опускает свою стариковскую копеечку в монастырскую кружку. Из святых врат, расписанных сплошь деяниями угодника и святителя Николая, теплый коридор вел в маленькую зимнюю церковь-теплушку. В главном соборе служили только летом. Какое-то особенное чувство охватывало Катю, когда она попадала под эти низкие каменные своды, в толпу богомольцев. Маленькая церковь была такая чистенькая, монахини ходили неслышными шагами, как черные тени, а там, вместе с синеватым дымом, поднималось такое стройное пение. Яков Семеныч всегда надевал военный мундир и всё время службы стоял, вытянувшись в струнку. Катя становилась рядом с ним и усердно молилась хорошей детской молитвой. Маленькие послушницы в островерхих бархатных черных шапочках ходили мимо такими же неслышными шагами, как большие монахини, и на ходу низко опускали глаза. Кате особенно нравилась одна, которая на средине церкви читала шестопсалмие таким чистым и звонким голосом. И лицо у неё было такое красивое, бледное-бледное, с удивительными серыми глазами — это был какой-то черный ангел. Катя заочно полюбила красавицу-послушницу и испытывала приятное чувство, когда та проходила мимо. На клиросах мелькали десятки таких островерхих шапочек, и Катя про себя жалела маленьких черничек. Она слыхала от матери, что эти девочки — круглые сироты и что им очень тяжело, особенно в великий пост, когда служба такая длинная. Служил всегда о. Евгений своим глухим голосом, и Кате казалось, что кругом неё делается что-то неземное. Жизнь с её заботами и суетой оставалась там, за каменной монастырской стеной, а здесь творилось что-то особенное, что делает всех и лучше, и справедливее, и добрее. Не любила она только монастырского дьякона, который портил впечатление и своей громадной неуклюжей фигурой и страшным басом. Иногда он заходил на клирос, и дьяконский бас перекатывался под низкими сводами с глухим рокотом. К довершению всего, этот ужасный человек оказался знакомым Якова Семеныча. Он раз подошел после службы к старику, хлопнул его по плечу и на всю церковь спросил:

— Ну, как поживаешь, служба?..

— Он добрый, этот дьякон,— объяснял Яков Семеныч.— Только вот голос у него — как из пушки выстрелит...

В следующий раз Катя внимательно рассмотрела некрасивое дьяконское лицо и убедилась, что он, действительно, добрый — глаза добрые и улыбается так, хорошо. Но всё-таки Катя продолжала его не любить: зачем он такой большой и говорит так громко?

Возвращались домой в такой же темноте. Дедушка иногда брал с собой фонарик, но редко доносил огонь до дому: одно стекло было с изъяном, и ветер гасил свечу. Старик четвертый год собирался вставить новое стекло, да всё как-то руки не доходили.

В воскресенье Катя ходила с дедушкой в ту же общину к обедне. Днем служба не производила на неё такого впечатления. Раз, выходя из монастырской церкви, Катя неожиданно встретилась с Анной Федоровной в коридоре. Начальница разговаривала с какой-то пожилой "манатейной" монахиней. Катя сделала реверанс.

— Ах, это ты, крошка? — удивилась старушка, раскланиваясь с Яковом Семенычем, сделавшим ей по-военному под козырек.— А это твой папа, если не ошибаюсь?..

— Никак нет-с, ваше превосходительство! — ответил старик тоже по-военному.— Дедушкой прихожусь...

— Очень приятно, очень... Мы выйдем вместе. До свидания, Агнеса Александровна... Виновата: сестра Агапита.

Пожилая монахиня чуть-чуть покраснела при этом мирском имени и печально улыбнулась. Катя заметила только, что у Агнесы Александровны лицо точно восковое и такие же руки, а глаза темные-темные и большие-большие.

— Так это ваша внучка? — спрашивала монахиня, наклоняясь к Кате и как-то необыкновенно пристально вглядываясь в её лицо своими живыми темными глазами.— Я вижу её, Анна Федоровна, за каждой всенощной... Она так усердно молится.

Кате вдруг сделалось страшно, и она ухватилась обеими руками за дедушкину шубу, а сестра Агапита тяжело вздохнула, и Кате показалось, что у неё на лице выступили слезы. Анну Федоровну ждала лошадь, но старушка пошла пешком, немного прихрамывая на ходу — ей прописан был моцион. День был морозный, но без ветра. Катя раскраснелась на ходу, и Анна Федоровна ласково потрепала её по розовой щеке.

— Это хорошо, что ты любишь молиться,— говорила старушка.— В молитве великая сила... Особенно нам, женщинам, нужно уметь молиться.

Катя почувствовала себя необыкновенно хорошо, точно Анна Федоровна была своя, родная. Ей ужасно хотелось рассказать ей и про Сережу, и про маленького Петушка, и про Курью, и про Григория Иваныча, но Анна Федоровна устала и подозвала следовавшие за ней сани.

— Ну, до свидания, крошка...— говорила старушка, усаживаясь в экипаж при помощи Якова Семеныча.— Я отлично прошлась.

— До свидания, ваше превосходительство!..— еще раз по-военному ответил Яков Семеныч, опять делая под козырек.

— Дедушка, ты зачем называешь Анну Федоровну её превосходительством?— смеялась Катя, когда сани уехали.

— А то как же? Конечно, генеральша... Вообще, отличная, дама. И какая простая... Да ей бы, по её доброте, княгиней следовало быть...

Яков Семеныч был в восторге, что познакомился с самой начальницей, и, встречая где-нибудь на улице её сани, издали раскланивался и каждый раз повторял: "Ну, конечно, генеральша... Сейчас видно!.."

Через несколько времени Катя познакомилась и с монастырским дьяконом, которого встретила у Печаткиных. В маленькой квартире он казался еще больше, а дьяконский бас гудел, как медная труба. Любочка хохотала в соседней комнате до слез и несколько раз выскакивала посмотреть на чудовище.

— Мадемуазель, парле ву келькешоз...— гудел о. дьякон, пугая любопытную гимназистку.— Ле сюкр мон рьень розсюреву...

Смеялся и Григорий Иваныч над этим коверканым французским языком. Сначала о. дьякон пришел по какому-то делу, а потом завертывал просто так, на огонек, как заходят в гости в провинции. Все к нему как-то сразу привыкли, и Любочка прозвала его: отец Келькешоз.

— Силянс, мадемуазель,— добродушно басил добродушный богатырь.— Сивупле пардон...

Григорий Иваныч как-то особенно полюбил монастырского дьякона и целые вечера проводил с ним в бесконечных разговорах. Очень уж прост был дьякон, и сердце у него золотое.

Всего забавнее были их споры, чисто-русские споры — до хрипоты и полного изнеможения. Анна Николаевна почему-то невзлюбила дьякона и никак не могла понять, что в нем находит Григорий Иваныч. Трудно было себе представить два настолько противоположных характера.

— Необразованный он человек,— ворчала Анна Николаевна.— И, наверно, водку пьет...

— Ну, это не наше дело, Аня... А я его люблю, просто так люблю. Как-то веселее на душе делается, когда он в комнату войдет... Бывают такие особенные люди.

XI

Мы не будем описывать жизнь наших героев день за днем, потому что наступил длинный пробел, в течение которого ничего особенного не случилось. Первые впечатления от гимназической жизни улеглись, и всё пошло своим чередом, как заведенные часы. Петру Афонасьевичу вышла прибавка жалованья в пять рублей, но эта прибавка не покрывала всё нараставших расходов. У Григория Иваныча дела шли хорошо, но он не умел беречь нажитые деньги, да, кроме того, потихоньку от всех, часто помогал неимущим клиентам. Лучшим временем для обеих семей было лето, когда все отдыхали и Курья являлась чем-то вроде дачи. К прежней компании присоединился теперь монастырский дьякон, просиживавший с удочкой где-нибудь на берегу целые дни.

Марфа Даниловна и Анна Николаевна по обыкновению оставались дома и часто сходились вместе, чтобы провести время за бесконечными женскими разговорами.

— Когда и время прошло...— удивлялась иногда Анна Николаевна.— Давно ли, кажется, мы с вами, Марфа Даниловна, своих-то угланов в гимназию привели?.. Ох-хо-хо... А уж теперь в шестом классе. Оглянуться не успеешь, как совсем большие вырастут. Хоть одним бы глазком посмотреть на них, на больших-то. Мне всё кажется, что я не доживу... Этак раздумаюсь-раздумаюсь, и даже точно страшно сделается.

— Перестаньте, Анна Николаевна... Прежде смерти никто не умрет. Тогда-то и пожить, когда дети большие вырастут. Должны же они чувствовать нашу заботу... На старости лет покоить будут.

— Ох, и не знаю, Марфа Даниловна, как это будет... Ученые-то будут, пожалуй, и не узнают нас. Вон мой-то Григорий Иваныч что говорит: "Аня, всякому до себя, а я ничего не требую от детей... Воспитывая их, мы только платим

54

долг". Вот и поговори с ним. Отец должен страх внушать и почтение, а он вперед говорит: "ничего не требую".

Марфа Даниловна только качала головой.

— Всё женихи растут,— думала вслух Анна Николаевна, перебирая по пальцам Гришиных товарищей.— Выучатся, и женить надо... Бьешься-бьешься, а тут еще какая жена попадет.

— Нас не спросят по нынешнему времени, Анна Николаевна. Ну, да о мальчиках не забота: не хитрое дело невесту найти. вот с девчонками побольше заботы... С богатым приданым сколько невест-то у окошечка сидит, а тут еще наши бесприданницы. Даже и подумать страшно.

— Прежде проще было, Марфа Даниловна...

— Куда проще!..

Будущие бесприданницы были еще только в четвертом классе. Любочка оставалась всё такой же пухлой и розовой, а Катя была выше её ростом и казалась такой жиденькой. У девочек давно проявилась разница характеров, а теперь эта разница иллюстрировалась всё сильнее разными мелочами. Так, в четвертом классе Любочка проявила необыкновенную страсть рядиться. В гимназии стесняла форма, и Любочка ограничивалась тем, что с каким-то ожесточением завивала накаленной шпилькой себе волосы на лбу. Ей частенько приходилось платиться за это невинное занятие, потому что от зоркого глаза Поликсены Карловны ничего не ускользало. Раз Любочка даже была оставлена без обеда, потому что имела неосторожность сжечь на лбу половину волос. Впрочем, Любочке часто приходилось переносить несправедливость.

— Для кого ты рядишься-то, Любочка?— спрашивала Катя, чтобы подразнить подругу.— Если бы еще большие гимназисты обращали на тебя внимание...

— Гимназисты? Очень нужно...— ворчала Любочка.— А просто, мне нравится, и буду завивать волосы, буду носить бантики... Да, нравится, и только. Никому нет дела... А гимназистов я ненавижу. Гимназисты только и знают, что свои уроки, а нас везде дергают: "Любочка, вымой чайную посуду! Любочка, сходи погулять с Соней! Любочка, выгладь себе воротнички..." Мы так же учимся, а тут изволь всё делать.

Дело доходило до открытого сопротивления родительской власти, особенно когда приходилось пришивать какую-нибудь пуговицу к мундиру Гриши или поправлять отставшую подкладку у гимназической шинели.

— Пусть сам пришивает,— отказывалась Любочка, надувая губы.— Это какое-то рабство, мама.

— Люба, как ты матери-то отвечаешь?

— Мамочка, да ведь я же не прошу Гришу пришивать мне тесемки да крючки?..

— Ах, какая ты непонятная: Гриша — мальчик...

— Я сама мальчик! Вот придумали...

У Кати тоже разыгралось несколько историй на эту тему, и она даже была посажена на целый вечер в кухню. Девочка не плакала, но затаила в себе тяжелую ненависть по отношению к мальчишкам, на которых все должны работать. Очень нужно...

Впрочем, Катя скоро одумалась: ведь маме не ослепнуть за работой — она одна обшивала всю семью. Скрепя сердце, она помирилась со своими сестринскими обязанностями и без приглашения пришивала пуговицы и клала заплатки, причем вымещала свое неудовольствие уже на мундире или шинели, швыряя их куда-нибудь в угол. Смутное сознание каких-то особенных обязанностей девочки в семье еще не укладывалось в полудетском понимании.

А гимназисты, между тем, выросли как-то незаметно. Период бабок, бумажных змеев, жеванья резинки, катанья на салазках и драки с "козлишками" миновал навсегда, уступив место другим удовольствиям, интересам и заботам. Сережа вытянулся, сделался таким серьезным и по вечерам любил читать книги, которые приносил из гимназии.

— Что ты читаешь, Сережа? — приставала Катя к брату, когда тот забирался с книгой куда-нибудь в уголок.

— Отстань... Ты еще мала. Читай вон Майн-Рида или Купера.

У Гриши на верхней губе пробивался черный пушок, что доставляло Любочке неистощимую тему для разных выходок. Она любила ходить по комнате и щипать верхнюю губу, чтобы Гриша это видел. Впрочем, рассердить Гришу было довольно трудно. Из задорного драчуна-мальчишки он превратился в добродушного молодого человека и относился к Любочке с самой обидной снисходительностью.

— Скажите, пожалуйста, какой новый ученый открылся! — язвила иногда Любочка, перебирая книги на столе Гриши.— Ученые книжки только для важности читают... Давно ли резинку жевали и с сапожничьими детьми дрались, а теперь "История цивилизации Европы" началась.

В сущности, Любочка завидовала Грише, особенно когда он начинал о чем-нибудь спорить с отцом. Откуда он успел набраться разных умных слов? О, она перечитает все умные книжки и тоже будет спорить. Непременно... Только вот ужасно спать хочется по вечерам, когда Гриша читает. Ну, да ничего, до шестого класса еще далеко.

У гимназистов уже сложилось товарищество, переходившее из класса в класс. На первом плане стоял Володя Кубов, не потому, что он был первым учеником, а потому, что отличался большой начитанностью и умением спорить. Память у поповича была громадная. Он мог цитировать целыми страницами наизусть. Городские гимназисты, как Сеня Заливкин или Миша Гребнев, могли только удивляться. Впрочем, это превосходство не переходило за границы ученических табелей. Гимназисты теперь часто собирались у Печаткиных, где чувствовали себя совсем свободно. У Клепиковых все как-то стеснялись. Эти собрания отличались большим шумом, потому что вечно завязывались горячие споры.

— А всё это попович затевает,— ворчала Марфа Даниловна.— Натащит каких-то толстых книг... Ну, и дерут горло.

— Ну, пусть их... — добродушно отстаивал Петр Афонасьевич.— Молодо — зелено... Перемелется — мука будет.

— То-то вот, как на мельнице.

В этих дебатах принимали участие даже дедушка Яков Семеныч и монастырский дьякон. Последний отличался трогательным невежеством. Он был, например, глубоко уверен, что "бобер" пьет хвостом, что стекло делают из соломы и т. п. Впрочем, он ухитрялся иногда подшутить над Яковом Семенычем насчет гимназистов.

— Они, эти самые гимназеры, и человека от обезьяны производят,— уверял дьякон совершенно серьезно.

Яков Семеныч почему-то каждый раз ужасно сердился, сердился до того, что краснел и начинал кашлять. Всё это выходило очень смешно.

— Терпеть я не могу эту самую обезьяну! — бранился старик.— Я их, обезьян, насмотрелся... тьфу! ты мне лучше и не говори о них, дьякон. Мерзость... тьфу! тьфу!..

Монастырский дьякон хохотал во всё горло, когда Яков Семеныч начинал плеваться, а потом пробовал припомнить что-нибудь из семинарского курса философии, но в его памяти сохранились только обрывки отдельных фраз. Он спорил громче всех и каждый раз закрывал глаза, когда хотел поразить противников каким-нибудь философским определением или семинарской "хрией".

— Нет, ты постой... подожди...— повторял он, напрягая свои умственные способности.— Постой...

Затем дьякон закрывал глаза и как-то залпом выстреливал:

— Фихте, замкнувшись в свое я, разорвал всякую связь с

действительностью... Что, каково? Ну-ка? А то: поцелуй есть уничтожение количественной разности между субъективным объектом и объективным субъектом... тьфу! Совсем не то... Постой, я тебя по Канту шарахну... Про антимонии слыхал? То-то вот и есть...

В трудных случаях, когда стороны слишком уже горячились и даже начинали говорить дерзости, обращались за разрешением к Григорию Иванычу, который должен был знать всё.

— Ну-ка, Григорий Иваныч, утри нос молокососам! — подстрекал дьякон, хлопая Печаткина своей десницей по плечу.— Я-то немножко того... ну, забыл. Отец ректор прямо сказал: "Ты, Семен Истолбин, древоголов в науках"... У нас ректор был ученый...

Григорий Иваныч, к общему удивлению, пасовал по части философии и как-то даже смущался. Это сердило и Якова Семеныча и монастырского дьякона, которые были уверены, что он просто не хочет поддержать их сторону. В сущности Григорий Иваныч был очень рад, что молодые люди занимаются умными вопросами и читают ученые книги. Положим, понимали они из пятого в десятое и толковали прочитанное вкривь и вкось, но это ничего не значило. Молодое пиво бродило...

Одним словом, всё шло хорошо, по-молодому, пока неожиданно не налетела гроза. Попович Кубов нагрубил в чем-то инспектору, и разыгралась гимназическая история. Генерал "Не-мне" потребовал, чтобы Кубов извинился пред инспектором на глазах у всего класса; но попович не захотел. Старик-директор топал на него ногами, кричал — ничего не помогало. В этой истории приняли участие все; Григорий Иваныч, Петр Афонасьевич, Яков Семеныч и даже монастырский дьякон. Всякий уговаривал упрямого поповича по-своему, но тот остался при своем.

— Главное, в университет не попадешь,— уговаривал Печаткин.

— Что же делать, не всем в университете кончать,— возражал Кубов.— Я пойду в народные учителя...

— Быть учителем хорошее дело,— соглашался Печаткин,— да только гордость свою нужно уметь смирять... Ведь всё дело, Володя, в гордости. Не хочешь покориться...

— Не хочу...

— За гордость пострадал сатана и бысть свержен в бездну,— доказывал дьякон, размахивая руками.

Так Кубов и оставил гимназию, что огорчило всех

58

знакомых. Марфа Даниловна сразу переменила свое обращение с исключенным гимназистом. Раньше она всегда ставила Кубова в пример другим, а теперь точно не замечала его. Это особенно огорчало Катю. Она отлично помнила, как Володя Кубов пришел к ним в первый раз не гимназистом, а в штатском платье. Он точно сразу сделался чужим, хотя гимназисты всячески и старались показать ему свое внимание. И сам Кубов это чувствовал, но не унывал и старался казаться веселым, точно ничего особенного не случилось.

Всех лучше и проще отнесся к Кубову монастырский дьякон. Он потрепал его по плечу своей медвежьей лапой и с грубоватой ласковостью сказал:

— Вот что, Володька.... Ты того, надурил, после покаешься, а теперь пока переезжай ко мне. Отец-то не будет тебе денег посылать, а жить надо... Ну, пока что, живи у меня. Моя дьяконица хоть и сердитая, а кусков не будет считать. А я тебя, брат, на гласы выучу петь... В псаломщики определишься.

Хотя на гласы петь Кубов и не стал, но поселился пока у дьякона. Они приходились какими-то дальними родственниками.

Любочка и Катя не могли хорошенько понять всей этой истории, но почему-то прониклись особым уважением к Кубову, который в их глазах сделался совсем большим человеком, не то, что другие гимназисты, остававшиеся попрежнему просто мальчиками.

XII

Дела у Печаткиных шли "ни шатко, ни валко, ни на сторону". Григорий Иваныч зарабатывал гораздо больше, чем когда-нибудь раньше, но явились и лишние расходы, а главное, проявилось в полной форме неумение жить. Зарабатывая втрое больше, чем Клепиков, Григорий Иваныч постоянно жил "в обрез" и не раз перехватывал у Петра Афонасьевича мелочью. В квартире Печаткиных теперь появлялись каждый день новые лица: какие-то забвенные старушки, которых обижали дальние родственники, ссорившиеся наследники, запутавшиеся в делах городские мещане, мужики из окрестных деревень, не понимавшие ничего в делах вдовы, малолетние сироты и т. п. Печаткин не отказывался ни от одного чистого дела — это было его принципом. Иногда приходилось ему самому вносить и судебные пошлины и оплачивать гербовые марки, а погашение этих расходов предполагалось потом, когда дело будет выиграно. Не раз случалось так, что даровой клиент, выиграв процесс, скромно исчезал.

— Вот ты всегда так, Григорий Иваныч,— корила Анна Николаевна.— Тебя и клиенты не будут уважать, зачем дешево берешь. Вон другие адвокаты на своих лошадях ездят, дома наживают.

— Что же, всякому свое, Аня. Я не умею драть с живого и мертвого... Такой уж характер. Ты могла бы упрекать меня, если бы я кого-нибудь обманул, а если меня надувают, так это еще ничего... Я честно исполняю свой долг. Да...

— Толку-то от этого мало, Григорий Иваныч. Другие-то...

— Женщина, перестань... Пренебреги.

В сущности, Анна Николаевна мало знала положение дел мужа, как это было и раньше. Григорий Иваныч не любил, чтобы его расспрашивали, и всё делал по-своему. Он всегда был доволен настоящим, а теперь в особенности. Всего откровеннее Печаткин был с посторонними, как дедушка Яков Семеныч или Володя Кубов. Последний теперь заходил довольно часто и подолгу разговаривал с Григорием Иванычем.

— Странная вещь наша жизнь, Володя,— часто говорил Печаткин в каком-то тяжелом раздумье.— Живешь-живешь, а всё равно еще и не начинал жить. Всё чего-то ждешь... Вот завтра это настоящее начнется, а сегодня это только так, между прочим. Тебе это странно слышать, Володя, а когда будет сорок лет, тогда и поймешь. И с работой тоже... Я всю жизнь проболтался ни за грош и только теперь вышел на настоящую дорогу, а прежней-то силы и нет. Сам чувствую, что то, да не то... Вот ты, молодой человек, готовься на частного поверенного.

— Нет, я сначала учителем буду...

— Это не мешает. Сначала учителем поработаешь, а потом. адвокатурой займешься. Хорошее дело, если к нему порядочного человека приставить. И, вообще, нужно по-американски жить: в одном месте сорвалось — ищи в другом... И никогда не унывай. Нам недостает предприимчивости, а дела не переделаешь. Поверь мне...

С Кубовым Григорий Иваныч любил вести душевные разговоры больше, чем с кем-нибудь другим.

— Устал я, Володя.— Что-то вся моя машина испортилась... Читаю другое прошение, а сам ничего не понимаю. Старость, видно, подходит... Потом ночью спать не могу. Вообще, нехорошо. Ужо, летом отдохнем.

Но отдохнуть Григорию Иванычу так и не удалось. Он серьезно заболел на четвертой неделе великого поста, хотя домашним ничего и не сказал. Болела грудь, томил по ночам кашель, кружилась голова, не было аппетита — одним словом, скверно. Однажды утром у Григория Иваныча хлынула кровь горлом. Он никому ничего не сказал и отправился к одному молодому доктору.

— Вы уж мне всю правду скажите, молодой человек,— предупредил он доктора.— Старым врачам я не верю... Очень уж они изоврались.

— Вы семейный человек?— пытливо спрашивал доктор.

— Да, но от этого мне не легче... Смерти я не боюсь, а желаю знать только правду. Об одном прошу: ничего не скрывайте...

Доктор долго и внимательно его исследовал, выстукивал, зыслушивал и, наконец, проговорил:

— Вы мне не нравитесь...

— Никакой надежды?..

— То-есть как это вам сказать... Конечно, бывают случаи, когда ткань легкого рубцуется...

— Попомню. Благодарю вас... Прощайте. Кстати, сколько я могу протянуть в счастливом случае?

— Как вам сказать: ну, месяц... гложет быть, недель шесть.

— Еще раз: благодарю. Я из неудачников, молодой человек, и пора кончить свою житейскую арифметику. Болезни последовательнее, чем наша глупая жизнь...

Дома Печаткин никому не сказал о своем положении, хотя Анна Николаевна и заметила, что он смотрит на неё как-то особенно. Всё свое время теперь Печаткин проводил с детьми. Большую часть дня он лежал на диване. Особенно любил он девочек, Любу и Катю.

— Миленькие мои девочки, как-то вы жить будете...— грустно повторял Печаткин, наблюдая своих любимиц.

— А что, папа?— спрашивала бойкая Любочка.— Будем жить, как другие живут. Да еще лучше проживем. Вот увидишь. Мы хорошие...

— Да, да... А хорошему-то человеку, голубчик, и мудрено жить на свете. Катя, ты запомни это...

— Запомню, Григорий Иваныч...

— Да, запомни, девочка. Будешь большая, будешь умная, еще труднее покажется... Но, как бы вам скверно ни было, помните всегда одно, что найдутся люди, которым еще хуже.

Печаткин любил говорить с детьми именно в такой отвлеченной форме, и они по-своему понимали его. Кате Клепиковой нравился самый тон таких разговоров, потому что один Григорий Иваныч умел говорить так душевно и вместе торжественно.

Из посторонних ежедневно посещали больного Кубов и монастырский дьякон. Григорий Иваныч чувствовал себя точно лучше в их присутствии и даже мог шутить. Утром дети были в гимназии, и больной был рад добродушной болтовне дьякона.

— Как ты думаешь, скоро я умру?— спросил однажды Печаткин.

— Не знаю, дотянешь до пасхи или нет...— так же просто ответил дьякон.— Скоро умрешь...

Печаткин как будто смутился и посмотрел на Кубова, присутствовавшего при этой сцене, испуганными глазами, а потом оправился и даже улыбнулся.

— А как жить хочется...— проговорил он, откидываясь на подушки.— Именно только больные в полной мере оценивают жизнь. Дьякон, похороните меня в общине... Там хорошо. Место высокое, внизу Лача... Монашки будут служить... колокольный звон... и так тихо-тихо всё кругом... Зачем бояться смерти? Всё равно, нужно же когда-нибудь умирать... Не два века жить.

Никто в семье не подозревал, что Григорий Иваныч так опасен, да и сам он в последнее время проникся какой-то уверенностью, что останется жив. Только бы до весны дотянуть. Пасха в этом году была поздняя, так что ездили уже в летних экипажах, что в Шервоже случалось очень редко. Снег оставался только в оврагах; лед на Лаче посинел и вздулся, точно река вспухла. Прилетели скворцы. Григорий Иваныч умер на второй день праздника, ночью, когда все спали. Это было настолько неожиданно, что все как-то растерялись, особенно Петр Афонасьевич и дедушка Яков Семеныч, которые готовились к рыболовному сезону и в последнее время бывали у Печаткиных редко. Анна Николаевна совсем потеряла голову и всё повторяла:

— Что теперь с Гришей будет?.. Ах, боже мой, боже...

Гриша ходил такой бледный и всё молчал. Маленькая Соня плохо понимала, что случилось, и больше всего была занята своим черным платьем с плерезами. Сильнее всех плакала Любочка. Она точно разом выросла и сделалась такой серьезной. Марфа Даниловна много помогала своим женским трудом в печальные дни, пока покойник оставался дома. Она на время взяла в руки хозяйство и вообще распоряжалась всем. Познакомившись во всех подробностях с положением дела, Марфа Даниловна убедилась только в одном, что Печаткины остались нищими. Это её и возмущало и приводило в негодование. Что с ними теперь будет? Григория Иваныча она всегда уважала, хотя во многом и не могла согласиться с ним.

— Что только и будет...— повторяла Марфа Даниловна, качая головой.

— Бог не оставит сирот,— уверенно повторял дедушка Якое Семеныч.— Добрая душа был Григорий Иваныч, не сребролюбец, ну, бог и пошлет сиротам за его доброту. Деньгами-то всего не купишь...

Хоронили Григория Иваныча на кладбище монастырской общины. Стоял такой хороший солнечный весенний день. В сосновом лесу так задорно чирикали прилетевшие весенние птички. С крыш капала вода. Снегу оставалось совсем мало. Отпевал о. Евгений и дьякон о. Семен. Последний устроил так, что пел целый хор монашек. Катя Клепикова присутствовала еще в первый раз на похоронах близкого человека. На неё произвела сильное впечатление вся церемония, особенно же трогательные мотивы похоронного пения. Но больше всего её поразило то, как служил так еще недавно смешивший их о. Семен. Это был совсем другой человек... У Кати захолонуло на душе. когда густой дьяконский бас дрогнул и порвался: "О блаженном успении"... Дальше Катя плохо помнила, как из церкви выносили гроб, как опускали его в могилу, как застучала земля о гробовую крышку. Она опомнилась только в келье сестры Агапиты, которая отпаивала её водой. В первую минуту Кате показалось, что она умерла и что это её похоронили.

— Милочка, успокойтесь...— ласково уговаривала её сестра Агапита.— Вам сделалось дурно там... на кладбище... Не следовало брать такую нервную девочку на похороны.

Катя горько расплакалась, припомнив всё случившсся с самыми яркими подробностями. Ах, какой хороший был Григорий Иваныч... Сестра Агапита что-то говорила ей, гладила по головке и всё время не спускала глаз с горевавшей девочки.

— Он был такой славный...— повторяла Катя.— И Анна Николаевна славная, и Любочка... Они бедные теперь. Мама говорит, что у них ничего не осталось. А Гриша в гимназии учится...

Послушница в островерхой шапочке подала самовар и банку с вареньем. Катя едва могла выпить чашку пустого чаю.

Потом на неё напала какая-то жажда высказаться. Немного успокоившись, она рассказала сестре Агапите всё, что только могла припомнить: какой был добрый Григорий Иваныч, как они праздновали поступление мальчиков в гимназию, как он готовил её с Любочкой к экзамену, как хорошо говорил и т. д. Это была горячая детская исповедь, и сестра Агапита несколько раз принималась целовать свою маленькую гостью со слезами на глазах.

— Добрый человек — самое лучшее, — несколько раз повторяла она.

— Что же это я так болтаю с вами обо всем?— спохватилась Катя, когда уже и рассказывать было не о чем.— Вы подумаете, что я такая болтушка... Я это только сегодня...

— Ничего, ничего, милочка, я тебя понимаю,— успокаивала сестра Агапита, с тяжелым вздохом наблюдая встревоженные детские глаза.— У меня было четверо вот таких девочек...

— А теперь где они?

— Там... на небе...

Сестра Агапита показала Кате фотографию своих умерших детей и еще раз её поцеловала.

— Моя старшая дочь была бы теперь такая же, как вы...— повторяла она.— У ней такие же волосы... Ей было уже семь лет. И звали её тоже Катей... Вы мне её очень напоминаете, моя радость.

В свою очередь, Катя могла бы сказать, что, как это ни странно, сестра Агапита напоминала ей Григория Иваныча. В чем заключалось это сходство — сейчас она не могла бы сказать, и только впоследствии узнала, что все хорошие люди походят друг на друга.

Кате очень нравилась келья сестры Агапиты, такая маленькая, уютная и тихая. На окне стояли простенькие цветочки, в одном углу этажерка с книгами, в другом столик, на полу коврик своей монастырской работы, за низенькой ширмочкой простая деревянная кровать — ничего страшного, что говорило бы об отшельничестве и монастырском обете. Катя была бы совершенно счастлива, если бы у неё была именно такая комната.

— Мне очень у вас нравится...— призналась Катя на прощанье.

Сестра Агапита только тяжело вздохнула.

Смерть Григория Иваныча в жизни Любочки и Кати являлась живой гранью, навсегда отделившей беззаботное детство от сознательного существования. Дорогой человек продолжал жить и за могилой, напоминая постоянно, насколько велика и ответственна наша жизнь как в большом, так и в малом.

XIII

Семья Печаткиных осталась, как мы уже сказали, без гроша. Положение было безвыходное. Но горе бедных людей изнашивается в мелких ежедневных заботах, так что не остается даже времени предаваться этому горю. Так было и у Печаткиных. Клепиковы приняли живое участие в их положении, и смерть Григория Иваныча еще сильнее сблизила обе семьи. Практическая Марфа Даниловна теперь решала все хозяйственные вопросы, и Анна Николаевна охотно ей повиновалась.

— Надо первым делом квартиру переменить,— решила она.— Возьмем квартиру побольше, и вы будете, Анна Николаевна, квартирантов-гимназистов держать. Особенной выгоды не получите, а квартира окупится...

— Уж как вы знаете, Марфа Даниловна,— соглашалась на всё Анна Николаевна.

Марфа Даниловна целую неделю разыскивала подходящую квартиру, дала задаток и помогла переехать. Подавленная своим горем, Анна Николаевна относилась ко всему как-то безучастно, но зато деятельное участие во всем принимал Гриша. Он теперь являлся настоящим хозяином, а Марфа Даниловна про себя любовалась его деловитой серьезностью не по годам. Особенно много было хлопот с мебелью, потому что нужно было обставить прилично новую комнату для жильцов. И тут Марфа Даниловна вывернулась с большой ловкостью, раздобыв за бесценок на какой-то распродаже две кровати, стол, комод и несколько стульев.

— Одного квартиранта я вам уже нашла,— говорила Марфа Даниловна, когда всё было устроено и был произведен генеральный осмотр всей квартиры.— В одной комнате будете жить вы сами, Анна Николаевна, с Любочкой и Соней, в другой будет жить Гриша с гимназистами, а третья маленькая, остается свободной. В неё мы поместим дедушку Якова Семеныча... Ему всё равно, где ни жить, и притом у него своя мебель. Старик тихий, вежливый.

Так всё и устроилось, как говорила Марфа Даниловна. Яков

Семеныч переехал на другой же день, а потом явились и собственно квартиранты: Миша Гребнев и Сеня Заливкин. Анна Николаевна больше всего была довольна тем, что у неё поселился дедушка Яков Семеныч — всё-таки мужчина в доме, и обо всём можно с ним посоветоваться. Что из того, что в другой раз старик и поворчит... Тоже не молодое дело.

Когда всё устроилось, новая квартира Печаткиных приняла такой живой и хороший вид. У них было гораздо веселее, чем у Клепиковых, и Катя даже завидовала Любочке. А тут еще генерал "Не-мне" доставил Грише хороший урок, так что мальчик мог заработать целых тридцать рублей в месяц.

— Ну, и слава богу,— радовался Яков Семеныч.— На сиротство господь посылает... Надо же как-нибудь жить, Анна Николаевна. Помаленьку да потихоньку...

С другой стороны, большое участие в положении Печаткиных приняла начальница женской гимназии. Она знала об их несчастии через сестру Агапиту и надеялась выхлопотать Любочке земскую стипендию, тем более, что покойный Григорий Иваныч служил в земстве. Одним словом, всё помаленьку устраивалось.

Все эти хлопоты, новые работы и перемены сделали прежде всего то, что недавние дети, превратились сразу в больших людей. Всё это вышло само собой. Первым это открытие сделал Сережа Клепиков, когда заметил, что Любочка совсем большая девочка. Да, совсем большая и такая хорошенькая. Прежним шуточкам и мальчишескому презрению к девочкам уже не оставалось места, и. Сережа говорил с Любочкой, как с большим человеком. Такая же перемена произошла и в отношениях Гриши и Кати. Сначала Катя очень жалела Гришу, а потом стала уважать в нём проснувшегося мужчину, с его хорошей заботой о своем гнезде и решительной складкой характера. Гриша любил, когда Катя приходила к ним и что-нибудь рассказывала про Григория Иваныча — никто так хорошо не умел рассказывать о нем, как Катя. Для Анны Николаевны такие разговоры были настоящим наслаждением, хотя она и плакала каждый раз.

— Как это ты, Катя, всё заметила хорошо,— умилялась Анна Николаевна.

Дом продолжал держаться тенью дорогого человека, связывавшей невидимыми узами лучшие стороны подраставшего молодого поколения. Налетевшее горе открыло глаза на многое, что при обыкновенных обстоятельствах могло бы остаться незамеченным.

Каждый праздник девочки отправлялись в женскую

66

общину к обедне, а потом шли на могилу Григория Иваныча. Любящие детские руки покрывали эту могилу венками из первых весенних цветов. Любочка быстро освоилась с жизнью монастырской общины и перезнакомилась со всеми монахинями, особенно близко сошлась с молоденькими послушницами. Она ходила по кельям, как у себя в квартире, и даже ухитрялась готовить здесь свои уроки. Любочка не переносила только двух старых манатейных монахинь — мать-казначею, певшую на клиросе басом, и мать-келаршу. Зачем они вечно ворчат на послушниц?

— Если бы не эти две ворчуньи, я сама поступила бы в послушницы,— уверяла Любочка.— Такую же черную шапочку надела, черный подрясник, вот этак опустила бы глазки...

Любочка даже показывала, как стала бы ходить мелкими шажками и отвешивать низкие монашеские поклоны. Раз, расшалившись, она потихоньку от старых монахинь переоделась в костюм послушницы и в таком виде заявилась в келью сестры Агаппты. Но, взглянув на себя в зеркало, Любочка сама испугалась за неуместность своей выходки. Сестра Агапита ласково пожурила её, а Любочка расплакалась.

Катя вела себя гораздо сдержаннее и бывала только в келье сестры Агапиты, которую очень полюбила. Здесь по воскресеньям девочки пили чай и угощались разной монастырской стряпни!.

— Ах, девочки, девочки...— печально говорила сестра Агапита.— Вот теперь вы такие молоденькие и свеженькие, и горе вам не в горе. А будут и свои слезы... Всё будет, и ко всему нужно быть готовым.

Время летело необыкновенно быстро. Нужно было готовиться к экзаменам. Дедушка Яков Семеныч уже переселился в Курью и приезжал в город очень редко. Большим подспорьем в хозяйстве Анны Николаевны служила рыба, которую привозил старик сам или посылал с Петром Афонасьевичем.

После экзаменов Яков Семеныч приехал в город, забрал всю детвору и увез на лодке в Курью. Нужно было отпраздновать переход в следующие классы. У всех экзамены сошли благополучно. Катя и Любочка перешли в пятый класс с наградами. Вообще, учебный год прошел хорошо, и только недоставало для полного торжества Володи Кубова. Он уехал к отцу в деревню. В Курью приехала даже Марфа Даниловна. Это случилось еще в первый раз, и поэтому весь пикник получил особенно торжественный характер. Соня и маленький Петушок тоже были налицо, они приехали с Марфой Даниловной и всем ужасно надоедали.

— Эх, недостает Григория Иваныча,— жалел дедушка Яков Семеныч.— Вот и река та же, и наша Курья, а его нет, голубчика...

Но молодость брала свое. Молодые люди веселились от души, отдыхая на свежем воздухе. Мальчики развели громадный костер, девочки устроили походную кухню — всем было по горло самой веселой работы. Даже развеселилась сама Марфа Даниловна, любуясь на игравшую детвору. Гимназисты удили рыбу, потом бегали, потом пели хором и т. д. Катя замстила, что гимназисты стесняются называть их просто Катей и Любочкой, как прежде, а Гриша Печаткин один раз назвал её даже Катериной Петровной. Последнее вышло так смешно, что улыбнулась сама Марфа Даниловна. Она за чаем заметила Кате:

— Ну-с, Катерина Петровна, где у нас сахар?

Это ничтожное обстоятельство и конфузило и радовало гимназистку пятого класса, а тут еще Любочка пристает со своим шопотом: "Катерина Петровна... ах, Катерина Петровна! Скоро ли я буду Любовь Григорьевной? Меня, кажется, всё еще считают за девчонку"... В сущности, Любочка не могла пожаловаться на недостаток внимания. Сережа Клепиков положительно ухаживал за ней и держал себя настоящим кавалером. Для Кати это веселье кончилось очень печально.

После ухи и чая всё общество разбрелось по берегу, Марфа Даниловна прилегла в избушке отдохнуть, Петр Афонасьевич занялся маленькими детьми. Катя не могла припомнить хорошенько, как очутилась с глазу на глаз с Гришей. Они обошли Курью по берегу и разговаривали всё время о Петушке, который ленился и вообще не слушался Кати.

— Он хитрит,— объяснял Гриша.— Нужно выдержать с ним характер...

— Мама всё меня обвиняет, что я не умею с ним заниматься... Потом указывает на вашу Соню, что она учится лучше Петушка. Я даже плакала несколько раз...

— Если позволите, я как-нибудь займусь Петушком... Теперь лето, и времени у меня достаточно.

— Нет, я уж лучше сама.

Всё время они проговорили самым серьезным образом, а потом без всякой побудительной причины Катю охватило какое-то совсем детское веселье. Она ударила Гришу по руке, крикнула: "Догоняйте!" и бросилась бежать к избушке. Марфа Даниловна была удивлена, когда увидела бежавшую со всех ног

68

дочь, раскрасневшуюся и улыбающуюся. Гриша догнал её только у самой избушки.

— Что это с тобой?— сухо заметила Марфа Даниловна.

-Ах, мама... так весело... так весело! А Грише меня не догнать...

Затем Катя несколько раз принималась хохотать ни над чем. Марфа Даниловна сделала строгое лицо и сухо спросила:

— Ты это над чем заливаешься, Катерина Петровна? — Да просто так: весело....

Марфа Даниловна не любила глупого смеха и сама так редко смеялась, а поэтому строго сложила губы, замолчала и старалась не смотреть на дочь. Катя заметила это недовольство, но во-время не обратила на него внимания и продолжала дурачиться. "Странная эта мама, вечно найдет что-нибудь такое, чтобы поворчать. Вон папа и дедушка сами смеются вместе с другими и не допытываются, кто и над чем смеется. Смеются — значит, весело, а если весело, так и слава богу!" А летний вечер был так хорош, как еще, кажется, никогда,— так, по крайней мере, казалось Кате. Солнце стояло уже над самым лесом; вода в реке точно застыла, и в ней так красиво отражались лесистые берега Лачи. Несколько рыбачьих лодок чертили эту водяную гладь, точно мухи, ползавшие по стеклу. Где-то в траве неумолкаемо стрекотали кузнечики; в кустах чирикали безыменные птички, а над Курьей, как молния, проносились стрижи.

В довершение всего Любочка так смешно рассорилась с Сеней Заливкиным и даже назвала его "молью". Катя опять хохотала до слез и никак не могла удержаться, несмотря на угрожающие мины матери.

— Конечно, моль!— сердилась Любочка.— Мы играли в пятнашки, а он мне подставил ногу... я и растянулась. Вот еще локоть ушибла...

— Всё-таки моль никак не выйдет, Любовь Григорьевна,— дразнила Катя.

— Нет, моль... моль...

Гриша опять очутился около Кати и сказал ей что-то смешное.

— Ну, пора домой,— решительно заявила Марфа Даниловна именно в тот момент, когда всем хотелось подольше остаться в Курье.— Дети спать хотят.

— Мамочка, нельзя ли остаться еще чуточку?— попросила Катя, но сейчас же поняла, что всякие просьбы излишни.

Опять большая лодка плывет по Лаче, и Кате хочется, чтобы она плыла так без конца. Где-то далеко-далеко дымил шедший снизу пароход. В Рыбацкой слободке уже мелькали огоньки. А над головой поднималось такое бездонное небо, усыпанное мириадами звезд. Катя чувствовала, что Гриша всё время наблюдает её, и ей делалось как-то жутко-хорошо. Пусть мама бранит дома, а всё-таки хорошо... Любочка прижималась к Кате плечом и надоедливо шептала на ухо:

— А мне так жаль Володю Кубова... Вот мы все веселимся, смеемся, а он один, бедный.

Но это сожаление сейчас же соскочило с Любочки, когда гимназисты затянули "Вниз по матушке по Волге"... Любочка до страсти любила пение и сама пела, закрыв глаза, как это делал монастырский дьякон.

Домой вернулись поздно. Петушок раскапризничался и не хотел итти пешком. Марфа Даниловна даже шлепнула своего баловня, и Петушок окончательно разревелся. Дома Марфа Даниловна сейчас же напала на Катю с целым градом непонятных для нее упреков.

— Ты то что, матушка, с гимназистами выделываешь? — кричала расходившаяся мамаша.— Я тебе покажу такую Катерину Петровну, что позабудешь свои ха-ха да хи-хи... Не посмотрю, что гимназистка!..

— Мама, я, право, не понимаю...

— Молчать!.. Тут так не понимаешь?.. Только мать срамить... Зачем с Гришей в лес уходила?.. Разве это хорошо девушке? Не маленькая, слава богу, сама могла бы понять!.. Над тобой же будут потом гимназисты смеяться. Он мальчик хороший, я ничего не говорю, а девочка должна понимать свое поведение.

Опять началась "девочка", и Катя молчала. Она даже не могла плакать и как-то вся ушла в себя и чувствовала всем существом, что мать обижает её совсем несправедливо.

XIV

Петушок не хотел учиться. Он хитрил, обманывал, притворялся больным и вообще вел себя отвратительно. Но у Марфы Даниловны проявилась какая-то болезненная нежность к своему последнему чаду, и она с чисто-материнской логикой обвиняла во всем Катю. Конечно, Катя не умеет заниматься с братом. Отчего же Соня у Печаткиных учится отлично? Вот

Любочка смеется постоянно и учится в гимназии хуже, а с сестрой умеет заниматься. Сначала Катя спорила, потом плакала и только под конец поняла, что есть вещи и положения, когда ни спорить, ни плакать не следует. Откровенная несправедливость матери в данном случае служила ярким доказательством. Петушок торжествовал и даже показывал язык своей учительнице. Единственным человеком, который понимал положение Кати и входил в него, был Гриша Печаткин. Он уже два года давал частные уроки и успел за это время наметаться в практике педагогики.

— Ничего, это переходный возраст,— успокаивал он Катю.— А потом всё пройдет... Марфа Даниловна только повторяет ошибки чересчур нежных матерей.

Петр Афонасьевич держал сторону Кати, но открыто не смел вступиться за неё. Катя это чувствовала, и ей делалось как-то больно за отцовское малодушие. Сережа относился к семейным дрязгам свысока.

— Ах, отстаньте вы от меня с этими пустяками! — говорил он, делая отчаянную гримасу.— У меня своего дела по горло... Конечно, всегда виноват плохой учитель, а не плохой ученик. Дети, которые хорошо учатся, не нуждаются в репетиторах.

Дома Сережа вообще держал себя большим дипломатом и очень тактично принимал сторону матери. Марфа Даниловна даже краснела от удовольствия. Затем фонды Сережи поднялись на неизмеримую высоту благодаря его первому уроку. Он в седьмом классе нашел себе урок у Гавличей и с торжеством принес матери первые заработанные собственным трудом пятнадцать рублей. После поступления в гимназию это было настоящим событием. Марфа Даниловна даже расплакалась от радости.

— Да, это, брат, того...— в раздумье проговорил Петр Афонасьевич, расстроганный успехом Сережи.— Я десять лет прослужил на почте, а потом уж мне пятнадцать рублей жалованья назначили. Да, это, брат, того...

— И то уж совсем вытянулись с ученьем-то,— жаловалась Марфа Даниловна, опасливо пряча деньги в какой-то дальний угол.

— Вот у нас Катя тоже скоро будет уроки давать,— ласково говорил Петр Афонасьевич, заметив пристыженное лицо дочери.— Денег у нас будут бугры...

— Ну, это еще Андроны едут с Катиными-то деньгами,— не без ядовитости ответила Марфа Даниловна.

— Какие тут Андроны: вот выучимся — и будем уроки давать.

Кате, действительно, было совестно, точно она была виновата, что не могла ничего зарабатывать. Радость матери по случаю первых Сережиных заработков показалась ей обидной до слез, как невольный намек на то, что она даром ест чужой хлеб. Девочка знала цену деньгам и то, как трудно приходилось иногда Марфе Даниловне изворачиваться на сорок рублей жалованья. Всё это было так; но ведь она-то ничем не виновата... В душу Кати закрадывалось нехорошее чувство, которое проходило только благодаря доброте отца. У Петра Афонасьевича всегда находилось для неё какое-нибудь ласковое словечко, и он, потихоньку от жены, был особенно внимателен к Кате. Вообще, в семье Клепиковых чувствовалась какая-то скрытая тяжесть, как результат отчаянной борьбы с обступавшей со всех сторон нуждой.

Отдыхала душой Катя только у Печаткиных. У них, благодаря какой-то неисчерпаемой доброте Анны Николаевны, точно дышалось легче. Да и экономическое положение, положим, было лучше. Гриша зарабатывал уже около сорока рублей в месяц, потом Любочка получала земскую стипендию, и наконец кое-что оставалось от квартирантов. Вообще, дела шли недурно, и призрак голодной нужды на время исчез. Катя любила бывать у Печаткиных и даже немножко хитрила, ссылаясь иногда на желание проведать дедушку Якова Семеныча. Она любила приходить к вечернему чаю, когда вся семья была в сборе и Гриша возвращался со своих уроков. Анна Николаевна разливала чай, Яков Семеныч попыхивал своей трубочкой, а молодежь по обыкновению о чем-нибудь спорила.

— И что вы только делите?— откровенно удивлялась Анна Николаевна.— Точно наследство получили... А то молодые петухи так же петь учатся.

Анна Николаевна была права: подраставшая молодежь, действительно, получила громадное духовное наследство, которое черпала полной рукой из книг и журналов. Гимназисты были совсем большие и говорили о таких серьезных вещах, как, например, выбор специальности. В этих спорах принимал участие и Сережа Клепиков, хотя и относился ко многому свысока, в ироническом тоне. Кате не нравился именно этот тон разочарованного большого человека, особенно, когда Сережа покровительственно разговаривал с Любочкой. Девочки больше молчали, подавленные нахлынувшей ученостью недавних буянов и драчунов, и только Катя изредка решалась вставить словечко. Она по ночам старалась читать те умные книги, о которых говорили и спорили. И здесь для неё главным советником явился Гриша, относившийся к ней с каким-то братским участием. Их связывали общие воспоминания, и часто Гриша, замолчав среди шумного спора, говорил Кате:

— Ах, жаль, что старик так рано умер... Таких людей немного. И чем дальше, тем сильнее мне его жаль.

В частности, трудно было сказать, о чем спорили и из-за чего горячились молодые люди — спорили решительно обо всем, начиная от отвлеченных вопросов и кончая самыми обыденными вещами. Самым лучшим в этих спорах, иногда смешных со стороны, была пробуждавшаяся жажда к знанию, к самостоятельной работе мысли, к серьезному товариществу. Анна Николаевна узнала, что на свете существовали Сократ и Дарвин, Марк Аврелий и Шопенгауэр, крестовые походы и позитивизм, вопросы этики и телефоны, утилитаризм и война за освобождение негров в Америке, и т. д., и т. д., и т. д. Всё подвергалось критике, самой строгой и беспощадной, точно в квартире Анны Николаевны заново перестраивали весь мир.

— Молодое пиво играет,— говорил дедушка Яков Семеныч.— Только вот не люблю я этих заграничных слов... Большой от них вред может быть. Да... В нашем военном деле они годны, нельзя без них, а штатским людям совершенно не надобны. За эти самые заграничные слова и того, по шапке... Тоже отлично понимаем.

— Григорий Иваныч, покойничек, постоянно их говорил... Любил всё мудреное. Так в другой раз скажет, что даже страшно сделается. А нынче вон и девчонки совсем бесстрашные растут: что гимназисты, то и они. Вон моя Люба что мне говорит недавно: "Мама, нынче женский вопрос и равноправность, и я пуговиц Грише больше не буду пришивать". А я ей и ответить по-настоящему не умею.

— Да, женский вопрос, это точно... гм... А я люблю их, девочек: всё у них так быстро да по-молодому, чуть что, и вскипела... Погодите, Анна Николаевна, дайте срок. Чуть выровнятся — они еще не такие заграничные слова заговорят. Нельзя же им не соответствовать... Славные девчурки!

Катя и Любочка скоро поняли, что для них женский вопрос самое главное, и сосредоточили на нем всё свое внимание. Конечно, много хороших теорий, умных слов и красивых фраз, а всё-таки суть жизни в нём, в этом роковом женском вопросе. Девочки инстинктом понимали то, что было совершенно недоступно мальчикам. Вопрос о личном счастье незаметно выдвигался на первый план. Это был поворотный пункт, на котором они расходились, не давая даже себе определенного и ясного отчета.

Сидя в гимназии, Катя часто с сожалением смотрела на богатых товарок по классу, которым еще так недавно завидовала. Да, они, бедненькие, никогда не испытают того хорошего, что она переживала сейчас. Сказывалась хорошая бедная гордость и здоровое чувство. Вот, например, белокурая толстушка Женя Болтина или красавица Клочковская — что они переживали сейчас, о чем говорили, чем интересовались?.. Круг их интересов суживался той богатой средой, в которой они вращались, и будущее вперед было известно: богатый красивый жених и богатое праздное существование. В выпускном классе Кате нравилась высокая стройная гимназистка с тонким классическим профилем, Шура Горохова, а потом две сестры Парфеновы, писаные русские красавицы. Ей иногда страстно хотелось поговорить с ними по душе, поделиться тем, что её занимало и мучило, и узнать самой, что они думают, но сближению мешала обычная сдержанность Кати, и она только съеживалась.

— Эти богачки умеют только нос задирать,— ворчала Любочка.— Им и отметки учителя лучше ставят...

— Перестань, Любочка, врать. Как тебе не стыдно! Ведь ты сама отлично знаешь, что это неправда...

— Нет, верно!— спорила Любочка,— она тем сильнее спорила, чем больше была неправа.— Например, Клочковская? Ей русские сочинения пишет гувернантка... Да, да, да!.. Она только перепишет с грехом пополам... Я всё знаю.

Как все слишком легко увлекающиеся натуры, Любочка в своих симпатиях и антипатиях постоянно пересаливала и никак не могла удержаться на уровне обыкновенной справедливости. Катя никогда не могла понять этих постоянных взрывов и быстрых переходов от одного настроения в другое. Та же Любочка, через пять минут после обличения богатых гимназисток, говорила со вздохом:

— Когда буду давать уроки, первым делом куплю себе ботинки в шесть рублей... Мне больше ничего не нужно, но хорошие ботинки... ах, это такая прелесть, такая прелесть!

— Любочка, стыдись... Ведь ты любишь проповедывать совсем другое и осуждаешь роскошь.

— Да, всё, кроме хороших ботинок... Мне так немного нужно. Знаешь, Катя, за Женей Болтиной ухаживает Гавлич.

— Опять нам до этого нет никакого дела. Мне не нравится самое слово: ухаживает... В нем что-то такое обидное, грязное. Вообще ты болтаешь глупости...

— Ведь я и не претендую на ум... Я простая кисейная барышня — и знать больше ничего не хочу. Да, кисейная,

кисейная, и все кисейные барышни должны носить хорошие ботинки.

Катя только пожимала плечами, а Любочка повторяла свои глупости с каким-то особенным ожесточением, так что у неё выступали слезы на глазах. Вообще Любочку почему-то раздражало самое присутствие Кати, чего последняя никак не могла понять. Любочка начинала придираться к старой подруге, говорила дерзости и вела себя самым несносным образом, как взбалмошная и глупая девчонка.

Катя сначала не придавала никакого значения этим выходкам, но потом ей пришлось раскаяться. Любочка кончила тем, что серьзно рассорилась с ней и рассорилась из пустяков. Это происшествие случилось в квартире Печаткиных именно за чаем, когда все были в сборе. Разговор шел о реформации. Любочке почему-то вздумалось отстаивать католицизм.

— Я была у немцев в кирке: скучища страшная!— уверяла ена всех.— А в костеле мне нравится... Орган играет, прекраеное пение... Если бы я не была православной, непременно сделась бы католичкой. Все католики так вкусно молятся..

— Любочка, какая у тебя странная манера говорить не то, что ты думаешь,— заметила Катя.— И слова глупые: вкусно молиться нельзя.

Любочка вся вспыхнула, как огонь. Она несколько мгновений сидела с раскрытым ртом, а потом обрушилась на Катю целым потоком обвинений.

— Значит, по-твоему, я вру? да?..

— Нет, я этого не сказала.

— По-твоему, я глупа, как чучело гороховое? да?..

— И этого я не говорила...

— Знаю, знаю, я всё знаю... Вы все меня считаете дурочкой.

Вступился Гриша и окончательно испортил всё дело. Любочка расплакалась и заговорила уже совсем непонятные вещи.

— Вы меня все презираете и ненавидите... да! Пусть Катя говорит умные слова, а я останусь дурочкой... да! А еще проповедуете равноправность.. Я сама всех вас ненавижу и презираю... всех до одного!..

Гимназисты решительно не понимали, что сделалось с Любочкой, и потихоньку ушли в свою комнату. Любочку пробовали уговаривать Анна Николаевна и Яков Семеныч, но и это ни к чему не привело. Она теперь сосредоточила всю свою ненависть на Кате.

— О, я тебя отлично знаю!— повторяла она, всхлипывая.—

Ты постоянно хитришь и притворяешься... Тебе нужно, чтобы я была глупой. Да... А я всё вижу и всё понимаю. Ты еще не успела подумать, а уж я вижу.

Вообще разыгралась глупая и обидная сцена. Катя понимала только одно, что было что-то недосказанное и более серьезное, чем могло показаться постороннему человеку. Любочка была всегда искрення и просто не умела лгать. Анна Николаевна и Яков Семеныч понимали то же самое, хотя открыто и не высказывали. Во всяком случае, многолетние и такие хорошие отношения порвались как-то разом, и порвались обидно. Катя уходила из квартиры Печаткиных с самым тяжелым чувством и всю ночь проплакала. У неё оставалась одна надежда, что Любочка одумается. Но и эта надежда разлетелась дымом. Когда Катя пришла на другой день в гимназию, Любочка пересела на другую парту и сделала вид, что не замечает её.

Катя перестала бывать у Печаткиных. Потянулись скучные, однообразные дни. Нападала тоска. Было еще неудобство, которое ставило Катю в неловкое положение, именно мать могла спросить, почему она не бывает у Анны Николаевны. Но Марфа Даниловна упорно молчала, делая вид, что так должно быть. Катя догадалась, что во время классов у них, вероятно, была Анна Николаевна и, конечно, всё рассказала. Зато теперь чаще стал бывать Гриша Печаткин, заходивший к Сереже. Но Катя упорно избегала встреч с ним и упорно отсиживалась в своей комнате. Ей очень хотелось видеть его, и вместе она не могла сделать для этого ни одного шага — это было какое-то двойное чувство, которое и мучило её и почему-то доставляло почти радость.

XV

Размолвка с Любочкой произошла перед масленицей. Время для Кати потянулось ужасно медленно, особенно великий пост. Катя как-то вся ушла в себя и целые дни проводила за книгой. Кстати близились экзамены. Пасха была поздняя, и до экзаменов оставалось немного времени. У себя в классе Катя держалась тоже особняком, и её начинало тяготить однообразие гимназической жизни, чего раньше не было.

Вообще, в ней происходила какая-то глубокая внутренняя перемена, еще не выяснившаяся для неё самой.

— Какая-то бесчувственная сделалась,— жаловалась на неё Марфа Даниловна мужу.— Ты её как-нибудь побрани, может отойдет. Я ей пробовала говорить, а она только молчит. Смотрит прямо в глаза и молчит...

— Ну, уж спасибо, матушка... За что же я её стану бранить?..

— Твоя дочь-то...

— И будет моя. Сама отойдет...

Для Кати этот период смутного раздумья закончился неожиданной катастрофой. Был урок закона божия. Отец Евгений по обыкновению ходил по классу, придерживая расходившиеся полы своей полинявшей рясы. Он что-то рассказывал из деяний апостольских. В классе было тихо. Катя не слушала урока и потихоньку читала под партою книгу. Она так увлеклась этим запретным плодом, что не заметила, как её новая подруга по парте Парадизова толкнула её локтем — это было предупреждение. Когда Катя подняла глаза, перед ней стоял о. Евгений. Он молча протянул свою исхудавшую руку к книге, но Катя быстрым движением спрятала её в парту. Произошла красноречивая немая сцена. На выручку о. Евгению подоспела Поликсена Карловна.

— M-lle Клепикова, позвольте книгу, которую вы сейчас читали,— заявила она, краснея от волнения.— Вы знаете, что в классе нельзя читать. Позвольте книгу.

Катя упрямо молчала и смотрела прямо в глаза Поликсене Карловне. Это окончательно взорвало последнюю.

— Кажется, я с вами говорю?— громко повторила Поликсена Карловна, взволнованно подвигаясь всё ближе.

— Берите сами, если это вас интересует...— ответила Катя с самым обидным спокойствием.

Поликсена Карловна выхватила из парты несчастную книгу, как выхватывают из печи горячий уголь, и с торжеством подала батюшке. О. Евгений взял книгу, развернул её и в ужасе закрыл свои добрые глаза — это был "Дон-Жуан" Байрона. Поликсена Карловна тоже успела прочитать заголовок книги и тоже в ужасе отступила от m-lle Клепиковой, как от зачумленной.

— Теперь вы довольны? — спросила Катя и спокойно села на свое место.

Поликсена Карловна оторопела от этой двойной дерзости.

— Как вы смеете садиться, когда с вами говорят старшие?— проговорила она, охваченная ужасом.— Как вы смеете?.. Я... я...

— Оставьте меня...— ответила Катя, вызывающе глядя на

батюшку и на Поликсену Карловну.— Это моя книга, и я могу её читать.

Класс притих в ожидании бури, а Поликсена Карловна только взмахнула своими полными руками и, как бомба, полетела с книгой к начальнице. Когда она уже была в дверях, в классе раздалась отчетливо фраза:

— Удивляюсь, что этим синявкам нужно от меня...

Поликсена Карловна оглянулась, посмотрела на о. Евгения, как свидетеля новой дерзости, и понеслась дальше, держа проклятую книгу двумя пальцами, точно боялась заразиться.

Отец Евгений, пошатываясь отошел к своему учительскому столику, сел и закрыл лицо руками — он делал это только при сильном волнении. Да, пришел враг и посеял плевелы... Да, пришел враг и исхитил лучшую овцу из стада. Молодая невинная душа погибала, и он чувствовал себя бессильным. Он видел этот ожесточенный взгляд, застывшее в прекословии детское лицо и чувствовал себя виноватым; его слова падали на каменистую почву и не дали всхода. Да, пришел враг и показал, что он не делатель вертограда и не сеятель доброго семени.

— Катя, что ты наделала?!— в ужасе шептала Парадизова.— Ты с ума сошла... Опомнись!

— Оставь меня...— сухо ответила Катя, глядя на дверь.

Лицо у неё было такое бледное, и только глаза светились странным вызывающим блеском, да губы слегка вздрагивали. В классе царила мертвая тишина. Все взгляды были устремлены на дверь. Ожидали появления самой начальницы в сопровождении Поликсены Карловны, но вошла худенькая Евгения Александровна, окинула грозным взглядом весь класс и жестом пригласила Катю следовать за собой. Катя покорно пошла за ней, как-то странно улыбаясь.

Начальница Анна Федоровна куда-то хотела ехать и стояла посредине своего рабочего кабинета в летней накидке с зонтиком в руках. Поликсена Карловна горячо повторяла ей уже в третий раз всё, что случилось. Она несколько преувеличила дерзость Кати и непременно желала, чтобы Анна Федоровна в полной мере почувствовала всю громадность происшествия.

-Это деморализует весь класс!— повторяла она, с трудом переводя дух.

Евгения Александровна оставила Катю в маленькой гостиной, выходившей окнами в сад. Одно окно было растворено, и в него были видны липы и березы, только что распустившиеся мягкой зеленью. Целая волна ликующего света заливала гостиную, так что больно было смотреть. Анна

Федоровна жила очень скромно, но Кате эта гостиная показалась преддверием какого-то рая. Тут были и ковры, и мягкая мебель, обитая шелком, и цветы, и маленькие столики с безделушками. Девочка еще в первый раз видела всю эту роскошь и вдруг почувствовала себя такой маленькой, ничтожной, как запятая в большой книге.

— Пожалуйте, m-lle Клепикова,— с убивающей торжественностью пригласила Евгения Александровна маленькую преступницу в кабинет.

Когда Катя вошла, её поразило больше всего то, что там уже был батюшка о. Евгений. Он должен был пройти мимо неё — другого хода не было, и она его не заметила. Поликсена Карловна в четвертый раз начала свой рассказ, напрасно стараясь сохранить официально-холодный тон... Анна Федоровна наблюдала виноватую ученицу своими спокойными добрыми глазами и время от времени переводила их на о. Евгения. Батюшка чувствовал себя очень смущенным, точно он один был во всем виноват.

— Весь класс слышал, как m-lle Клепикова назвала всех классных дам синявками! — патетически закончила свою речь Поликсена Карловна и сделала брезгливый жест.

— Очень печально, очень печально...— повторяла Анна Федоровна, покачивая головой.— Вот именно такой выходки я не ожидала от m-lle Клепиковой. Да, я не ожидала именно от вас, m-lle Клепикова... Мне так тяжело было слышать всё то, что сейчас рассказывала Поликсена Карловна.

Но эти слова кротости не произвели на Катю никакого впечатления, она только плотнее сжала губы и посмотрела на Анну Федоровну своим вызывающим взглядом. Именно этот взгляд неожиданно смутил начальницу, и она забыла приготовленное внушение. Пробормотав что-то, Анна Федоровна бессильно опустилась в кресло.

— Вам дурно, Анна Федоровна? — засуетились классные дамы, отыскивая графин с водой.

— Нет, ничего...— устало ответила начальница, не желая выдать своей слабости.— Да, ничего. Мне нужно поговорить серьезно с этой девочкой...

Классные дамы и о. Евгений вышли из кабинета. Кате вдруг стало жутко. Ей невыносима была наступившая тишина, нарушаемая только монотонным постукиванием маятника, точно он работал у неё в голове. Она машинально оглянула кабинет, ничего не видя. Где-то на улице резко трещали катившиеся по мостовой экипажи, и Кате хотелось их остановить. Её раздражал этот бессмысленный треск, как и наступившая пауза. А начальница продолжала сидеть в своем кресле, опустив глаза и что-то обдумывая.

— Катя, подойди сюда... ближе... — тихо проговорила она наконец.

Девочка нерешительно сделала несколько шагов и остановилась у маленького столика, придвинутого к письменному столу. Она чувствовала, как у неё холодеют пальцы и голова начинает тихо кружиться.

— Нет, еще ближе... вот сюда...

Анна Федоровна взяла девочку за руки и притянула совсем близко к себе. Катя почувствовала запах тонких духов от её платка, лежавшего на маленьком столике. Потом их глаза встретились...

— Катя, ведь ты сейчас, вот минуту назад могла сказать и мне дерзость! — прошептала старушка грустным голосом.— Да? И сказала бы при всех... да? Ты нездорова, голубчик, у тебя такой дурной вид... Давно это с тобой...

Анна Федоровна обняла девочку свободной левой рукой и заговорила своим обыкновенным голосом:

— Ведь ты любишь батюшку? да?.. И Поликсену Карловну? Ведь ты понимаешь, каким тяжелым трудом она зарабатывает себе хлеб?.. И я уверена, что ты никогда не желала их оскорблять... Я убеждена в этом. Когда ты будешь совсем большой женщиной, то поймешь, почему всё так случилось, а сейчас я не могу тебе этого объяснить,— поймешь и то, почему я могу говорить с тобой совершенно спокойно, а Поликсена Карловна волнуется. Да, в свое время всё будет... А сейчас мне просто жаль тебя, как пожалела бы добрая бабушка. Вместе с тем, я не могу оставить тебя не наказанной: ты оскорбила Поликсену Карловну. Нужно быть справедливым прежде всего...

Лицо Кати судорожно вздрогнуло, а из-под опушенных ресниц посыпались крупные слезы. Ласковые слова Анны Федоровны точно схватили её за сердце: старушка своей любящей душой угадала творившуюся в этом детском сердце великую тайну, ту тайну, о которой не догадывалась и сама Катя. Девочка с неожиданной смелостью обхватила обеими руками шею Анны Федоровны и молча прильнула своим заплаканным лицом к этому сморщенному лицу, улыбавшемуся своей хорошей, печальной улыбкой.

— Милая... родная Анна Федоровна, я сама не знаю, как всё это вышло... А сейчас понимаю только одно, что больше всех огорчила вас. Ведь я всех так люблю... а всех больше вас...

— Хорошо, хорошо.... Иди и позови сюда Поликсену

Карловну,— спокойно ответила Анна Федоровна, вытирая на своем лице чужие слезы.

Катя отправилась в гостиную, где Поликсена Карловна ходила одна. Ей хотелось здесь наедине извиниться предварительно, но классная дама взглянула на неё с таким презрением, что этот порыв замер в зародыше. Когда они вернулись в кабинет, Катя искренним тоном просила извинения. Классная дама мельком взглянула на молчавшую Анну Федоровну, потом на заплаканное лицо грубиянки и ответила:

— Я слишком уважаю себя, m-lle Клепикова, чтобы сердиться на вашу неприличную выходку... Всё зависит от Анны Федоровны.

— M-lle Клепикова сознает свою вину и извинится перед вами на глазах всего класса,— проговорила Анна Федоровна.— Нужно быть справедливым... Теперь, m-lle Клепикова, вы можете итти в класс и сделаете всё, что вам скажет ваша собственная совесть.

Когда Катя вышла из кабинета, Анна Федоровна с оживлением прибавила:

— Эта Клепикова очень хорошая девочка, но она не совсем нормальна, Поликсена Карловна... Не мешайте ей примириться самой с собственной совестью. Да... У неё золотое сердце, а это дороже всего. Чем мы строже её накажем, тем будет лучше для неё.

Поликсена Карловна, хотя и была очень добрая особа, но её несколько обидело это исключительное внимание к грубиянке. Помилуйте, "девочка", "золотое сердце", "примириться с собственной совестью" и т. д. Их в классе пятьдесят человек, и каждая будет позволять себе разные выходки. Благодарю покорно... Анна Федоровна поняла эти тайные мысли и тихо прибавила:

— Вы не обижайтесь на меня, Поликсена Карловна... Припомните, как вы сами были такой же девочкой, как эта Клепикова, и я, право, не вижу причины из простой глупости переходного возраста делать целую историю. Надеюсь, вы меня понимаете...

— О, я исполняю свой долг, Анна Федоровна...

Этот ответ не понравился начальнице, но она промолчала.

Катя с такой же искренностью повторила свои извинения перед классом, так что правосудие получило полное удовлетворение.

Когда, после окончания уроков, она собирала свои книжки,

к ней подлетела Любочка и без всяких предисловий бросилась на шею.

— Катя, миленькая, как я боялась за тебя...— шептала она со слезами на глазах.— Когда тебя вызвали к начальнице, мне чуть не сделалось дурно. Я так боялась, так боялась, точно сама была виновата во всем... Ведь, если бы я с тобой сидела на одной парте, так ничего бы не было.

— Я не знаю, как всё это вышло, Любочка... А книгу мне всё-таки жаль.

— Ну её совсем, твою книгу!.. Ах, как я рада, что всё кончилось благополучно. Ты не можешь себе представить.

Они возвращались опять вместе, как бывало раньше, и Катя почувствовала, что с её плеч точно свалилась гора. Ведь целых три месяца Любочка дулась на неё, не знаю за что... На подъезде встретился о. Евгений.

— Девица, мы еще побеседуем,— сказал он Кате.— Как-нибудь в общине встретимся... Сегодня я не совсем здоров, девица. А побеседовать необходимо о многом...

XVI

Готовиться к экзаменам Катя и Любочка уходили в женскую общину. Дома вечно мешали, а там в их распоряжении была келья сестры Агапиты, а затем великолепный сосновый бор, начинавшийся сейчас за монастырским кладбищем. Каждый раз девочки заходили на могилу Григория Иваныча и "приносили жертву", как говорила Любочка, т.-е. клали венки и букетики из весенних цветов. Любочка, такая бойкая и веселая, стихала и старалась скрыть навертывавшиеся слезы. Бедный папа, если б он был жив и мог видеть их совсем больших... Да, они теперь совсем большие и уже носили длинные платья. Любочка, вообще, ужасно боялась смерти и старалась не думать о ней.

Первое время Катя стеснялась ходить в общину. По лицу сестры Агапиты она видела, что та знает всё об её истории с Поликсеной Карловной. Предстояло неловкое объяснение, и Катя относилась к сестре Агапите с большой сдержанностью, что последнюю искренне огорчало. Обещанная беседа с о. Евгением произошла в келье. Добрый священник подробно расспросил Катю об её семейном положении, занятиях, знакомых и книгах, которые она читала.

— Да, да, нужно читать: книги — наши лучшие друзья,— говорил он своим глухим голосом.— Только нельзя читать без строгого выбора... Сия книга, послужившая яблоком раздора, является примером. Автор великолепный, несомненно, но несколько односторонен, ибо пачкает воображение. "Сердце чисто созижди во мне, боже",— сказал пророк. Скажи мне откровенно, что тебе особенно понравилось в сей книге?..

Пугавшее Катю объяснение перешло в душевную беседу. Левочка нисколько не стеснялась батюшки и откровенно рассказала ему вынесенное ею впечатление. Ей нравились стихи, описание картин природы, отдельные мысли, а остальное возбуждало только любопытство и, в сущности, осталось непонятым.

— Знаю, о чем вы говорите, батюшка, но именно это мне совсем не нравится...

— Похвальные рассуждения, но зло имеет опасное качество: отталкивая вначале, оно делается привлекательным впоследствии... Самая маленькая неправда не проходит нам даром. Мы еще побеседуем когда-нибудь потом...

Беседа сошла совсем благополучно,и Катя успокоилась окончательно.

В солнечные весенние дни заниматься в келье было скучно, точно давили эти монастырские стены. Девочки уходили в сосновый бор, где было так чудно-хорошо и где так легко дышалось, Какие великолепные сосны росли здесь, прямые, высокие, как восковые свечи, и какой-то таинственный шорох там, вверху, где качались мохнатые вершины. Бродить в тени этого векового бора — что могло быть лучше? Гимназистки до некоторой степени примирялись здесь с бесконечными Генрихами и Людовиками, которых приходилось сейчас зубрить. Тени далекого прошлого точно оживали здесь, под открытым небом, где всё жило и ликовало. А эти старые пни, угловатые камни и бугорки — как они драпировались мохом и мягкой зеленой травкой. Любочка вечно боялась несуществовавших змей и визжала, как поросенок, когда из-под ног выпархивала какая-нибудь невинная птичка или выползала еще более невинная ящерица.

— Любочка, как тебе не стыдно! — сердилась Катя, вздрагивая.— Перестань кисейную барышню разыгрывать...

— А если я боюсь?..

У них в бору был любимый уголок, с которого открывался вид на всю Лачу и даже можно было в ясные дни рассмотреть

Курью. Любочка даже забывала на время свой страх и валялась по траве самым беззаботным образом, хоть и должна была заниматься "проклятой алгеброй". Припадки чувствительности и быстрые переходы душевного настроения всегда служили отличительной чертой Любочкиного характера, а теперь делались иногда просто несносными. Кате часто приходилось переносить от неё и нежности, и попреки, и дерзости.

— Ты какая-то сумасшедшая,— проговорила ей Катя.— Это, наконец, просто глупо. Пойми, что так жить нельзя...

— Сама не лучше. Позабыла историю с Поликсеной Карловной?

Раз они опять чуть-чуть не рассорились. Дело происходило в монастырском лесу. Катя сидела на моховом диванчике, а Любочка лежала на траве, болтая ногами. Над их головами торжественно шумели сосны, едва пропуская свет, а сквозь сетку ярко-желтых стволов блестела зеркальная гладь Лачи. Катя по целым часам могла прислушиваться к шуму деревьев или наблюдать, как таинственно бродили светлые пятна и полосы. Мечтательное настроение было нарушено Любочкой, которая сначала дурачилась, потом начала придираться и кончила слезами.

— Этакая отвратительная плакса! — вырвалось у Кати невольно.

А Любочка лежала на траве, уткнув лицо в сложенные руки, и глухо рыдала, так что всё тело вздрагивало.

— Довольно, кисейная куколка... Ну, скажи, ради бога, что это за фокусы? Ведь это, наконец, просто скучно...

Любочка подняла на неё свое заплаканное лицо, хотела что-то ответить и только бессильно уронила опять свою голову.

— Никто, никто меня не понимает...

— Очень просто, потому, что и понимать нечего. Просто, блажь... Да ты и запоздала немного: время непонятных натур прошло. Наконец, ты взгляни на себя в зеркало, чтоб убедиться, что к тебе совсем не идет трагический тон. Лицо такое круглое, румяное, и вдруг: "меня никто не понимает"!

— Ах. не то, совсем не то... Ты злая, вы все злые, а мне так тяжело. Если бы ты испытала хоть частичку того, что я переживаю.

— И не желаю. Впрочем, ты, может быть, влюблена...

Последнюю фразу Катя говорила ради шутки и была поражена произведенным ей эффектом,— по Любочке точно выстрелили. Она села, огляделась кругом, точно не могла проснуться, и заговорила совершенно другим тоном.

— Нет, зачем это глупое слово: влюблена? Оно опошлено и

сделалось вульгарным... Я чувствую, что у меня в душе совершается что-то такое великое и хорошее... Мне даже иногда страшно делается, точно я святая... Всё остальное — такое маленькое, жалкое, ничтожное, глупое, и ты, Катя, вместе со всем остальным. Понимаешь, мне тебя жаль, как жаль слепого человека. Ведь все слепые и все ничего не видят... Потом на меня нападает какой-то страх, сомнение,— даже отчаяние, как у человека, который нашел величайшее сокровище и боится потерять его каждое мгновение. Мне кажется, что я хуже всех, мне кажется... ах, нет таких слов, чтобы объяснить, что это такое: можно только чувствовать...

— Послушай, это какие-то стихи...

— Перестань, пожалуйста! — шептала Любочка, глядя куда-то неопределенно вдаль.— Твое остроумие не может меня оскорбить, потому что я так полно себя чувствую. Да, я бываю хорошая и святая, а вы все гадкие, нет — жалкие... Мне делается иногда так тепло-тепло, и я всё понимаю, решительно всё. Например, что такое твоя история с Поликсеной Карловной? Я одна это понимаю... Никто не видит, а я понимаю, и поэтому я тогда пожалела тебя. И это не заслуга с моей стороны, а простое совпадение настроения...

Катя с удивлением слушала и не узнавала прежней Любочки, простенькой и добродушной. Теперь говорила совсем другая девушка, нет,— женщина. Почему-то Катя даже смутилась и старалась не смотреть в глаза Любочке, точно боялась, что та увидит в ней что-то такое, о чем она даже наедине с собой не решалась удумать. А Любочка смотрела на неё и улыбалась. Чтобы выйти из неловкого положения, Катя хотела отшутиться:

— А где же он, Любочка? Ведь без него такие слова не говорят...

— Есть и он... Да. Иногда мне кажется, что он так близок, ко мне, что даже делается страшно, а иногда я чувствую себя такой одинокой, оставленной всеми, заброшенной. Кругом темно, в голове всё двоится... Знаешь, бывают такие сны, когда по тоненькой жердочке ходишь над пропастью — и страшно и хорошо. Вскрикнешь от страха, и сейчас же проснешься. Я ведь глупенькая, Катя, и болтаю тебе всё, что думаю. Да, а кто он, по-твоему?

— Ну, уж я этого и не знаю...

— Не знаешь? Ты лжешь... Да, лжешь!.. Знаешь, знаешь, а только притворяешься. Ты хочешь умнее всех быть... Ха-ха!.. А ведь я-то всё вижу... Помнишь, из-за чего тогда я с тобой рассорилась?.. Не догадываешься, а еще умная...

Катя отрицательно покачала головой, а Любочка поднялась на ноги, подошла к ней, наклонилась к самому уху и прошептала:

— Я тебя ревновала... да.

— Ты?!..

— Да, я... Пожалуйста, оставь и не притворяйся. Ты думаешь, что это незаметно, а я всё вижу... всё!

— Решительно ничего не понимаю.

— Так я тебе скажу, если не понимаешь...

В голосе Любочки послышались решительные ноты. Она сделала несколько шагов, остановилась и проговорила, отчеканивая каждое слово:

— Ты любишь Гришу, а я... я Сережу... да.

Потом Любочка присела, закрыла лицо руками и повалилась на траву, как подкошенная. Катя не проронила ни одного слова, не выдала себя ни одним движением, а только чувствовала, как над ней шатаются сосны, точно пьяные, как серебристая Лача ушла из глаз и как туманом заволокло глаза.

— Ты думала, это незаметно? — продолжала Любочка, садясь.— Незаметно? Ха-ха... Все мы так думаем и только себя обманываем. Даже очень заметно... Я, по крайней мере, сейчас сообразила: если ты выйдешь замуж за Гришу, мне не видать Сережи, как своих ушей, и наоборот. Теперь-то поняла?.. Я уйду тогда в монастырь, как сестра Агапнта...

— Любочка, ты совсем сошла с ума...

— Вот тебе и Любочка! Мы с тобой соперницы, как это бывает в настоящих романах. Жаль, что не принято вызывать на дуэль, а то я застрелила бы тебя. Я злая... гадкая...

Любочка сидела на траве, разводила руками и улыбалась, а Катя поднялась и быстро пошла от неё.

— Катя, куда ты?

Ответа не последовало. На траве валялась "проклятая алгебра" и деяния бесчисленных Генрихов и Людовиков, побратавшись в общем несчастии.

Катя плохо помнила, как она вернулась домой. Она шла в каком-то тумане и боялась оглянуться назад, точно за ней по лятам гнался какой-то призрак. Зачем Любочка всё это говорила?.. зачем? Зачем солнце так ярко светит? Зачем люди ходят, ездят, о чем-то хлопочут и вообще суетятся? Ведь ничего этого не нужно...

Со дня этого рокового объяснения Катя опять перестала бывать у Печаткиных под разными предлогами. То голова болит, то некогда, и т. д. Большие, правда, не обратили внимания на эту перемену: мало ли девчонки из-за чего ссорятся,— пустое место делят. Любочка завертывала несколько раз, но и ей, видимо, было не легко. Посидит, поговорит о каких-нибудь пустяках и на той же ноге домой.

— Что это с вами, Катерина Петровна? — спросил раз Гриша Печаткин, встретив Катю на улице.— Надеюсь, вы не сердитесь на меня?

— С чего вы взяли, что я буду сердиться на вас? — резко ответила Катя.

— Да я так... Вы совсем нас забыли.

— Некогда, да и нездоровится. До свидания...

Странное чувство охватило Катю: ей страстно хотелось видеть Гришу, а когда он приходил, она не могла сказать ни одного слова и даже отвертывалась от него. Ей хотелось высказать ему так много-много, и вместе она точно ненавидела его.

Так прошла вся весна и экзамены.

— Что это с Катей сделалось, мать? — спрашивал Петр Афонасьевич жену.— Как будто она того... гм... Сама не своя.

— А заучилась, вот и не своя,— сухо ответила Марфа Даниловна.— Очень умна стала... Всё книжки да книжки.

Когда после экзаменов устроилась обычная прогулка гимназистов в Курью, Катя наотрез отказалась принять в ней участие, несмотря на самые трогательные уговоры и увещания Любочки.

— Оставьте меня...— повторяла Катя, отвертываясь.— Нездорова, и всё тут. Желаю вам веселиться...

Это решение стоило больших усилий волн, и когда Любочка, наконец, ушла, Катя горько расплакалась. Она уже давно не плакала и сама стыдилась своих беспричинных слез. Дома оставаться было тяжело, и она отправилась в общину, к сестре Агапите.

— Миленькая, родная, пойдемте на берег,— упрашивала она сестру.— Мне душно, а там так свежо. Погуляемте вместе...

Сестра Агапита была рада пройтись. Они обошли кладбище, прошли сосновый бор и остановились на высокой круче, с которой открывался великолепный вид на Лачу. Река разливалась верст на пятнадцать одним широким плесом. Сверху торопливо шел большой пароход, оставляя за собой двоившийся след. Катя пристально всматривалась в реку и, наконец, схватила сестру за руку.

— Вон там большая лодка... еще красный флаг на носу... Это они плывут в Курью.

Она зарыдала и спрятала свою белокурую головку на груди у сестры.

Одним признанием Любочка не ограничилась, а считала своим долгом мучить Катю всё новыми подробностями развивавшегося чувства. Она и плакала, и смеялась, и раскаивалась, и давала самое честное слово позабыть все эти глупости.

— Сережа эгоист и совсем тебя не любит,— говорила Катя.— Он не в состоянии кого-нибудь любить...

— И всё-таки он оказывает мне внимание... Я по его лицу вижу, что он счастлив, когда встречает меня.

— Просто от скуки...

— Ну, уж извините, Екатерина Петровна!.. Вы меня за кого принимаете?

Когда Любочка сердилась, она начинала говорить Кате "вы", что, по её мнению, было очень обидно.

— Любовь творит чудеса,— мечтательно повторяла Любочка, закрывая глаза...— И я — Любовь... Да, два раза любовь. Вы это можете понимать, Екатерина Петровна? Потом я — кисейная барышня, а все кисейные барышни должны думать и говорить про любовь. Знаешь, кто это сказал?

— Конечно, братец Сережа...

— Он!

— На него и похоже. И еще так покровительственно улыбнулся...

— Было и это. Он умный, а я глупенькая...

Сережа Клепиков действительно немножко ухаживал за Любочкой, хотя его мечты были совсем не в бедной квартире Печаткиных. Это был выдержанный молодой человек, который уже начинал тяготиться своим семейным положением. Разве это жизнь, когда вечные причитания о деньгах и всё сводится, в конце-концов, на грошовые расчеты. Сережа видел своими глазами, как живут настоящие люди, и презирал родное гнездо. Да, он так не будет жить, и его дети не будут нищими. От жизни нужно взять всё, что она только в состоянии дать. Рядом с этими жесткими и сухими мыслями в нём уживалось теплое чувство к Любочке, вызванное её детской привязанностью. Ему было приятно, когда эти светлые глаза так радостно смотрели на его особу, а девичье лицо, еще не проснувшееся от недавнего детства, светлело и улыбалось в его присутствии. Что же, Любочка была очень милая и красивая девушка... Правда, она была немножко наивна и по временам мило-глупа, но это даже.

идёт к хорошенькой женщине. У Сережи относительно этого пункта были свои воззрения. Ему не нравились семьи, где мужчина играл второстепенную подчиненную роль, как Петр Афонасьевич, а отсюда проистекала логическая антипатия к умным и энергичным женщинам. Вот взять хоть сестрицу Екатерину Петровну — благодарю покорно, эта завяжет мужа узлом, как мутерхен Марфа Даниловна, а Любочка — другое дело... Зачем Любочка бесприданница... Бедность — страшное слово, а бедняки сделали бы отлично, если бы скромно исчезли с лица земли. Сережа не мог забыть своих заплаток, порыжевшей шинели, вытертого мундира с короткими рукавами и всех аксессуаров, которыми так ярко иллюстрируется наследственная приличная нищета.

Любочка, конечно, и не подозревала этих разумных мыслей и вся отдалась уносившему её течению. Она даже компрометировала себя несколько раз, высказывая слишком явное предпочтение Сереже. Всё, что он говорил и делал, ей казалось верхом совершенства, и она старалась подражать его манере говорить, повторяла его жесты и переживала какую-то щемящую жажду рабства и неволи.

Дальше подвиги Любочки шли в таком порядке: раз она очень крепко и долго жала руку Сережи, так что даже покраснела, когда опомнилась; в другой раз приревновала его к Клочковской. Последнее случилось совсем трагически. Сережа в разговоре назвал Клочковскую красавицей, и этого было достаточно, чтобы Любочка надулась на него на весь вечер и с удвоенным вниманием ухаживала за Сеней Заливкиным и тоже назвала его красавцем. Кажется, месть достаточно сильная? Сережа сделал вид, что ничего не замечает, и это окончательно взорвало Любочку. Она наговорила Сереже дерзостей... Кажется, ясно? Он продолжал улыбаться.

— Любовь Григорьевна, вам следует выпить стакан холодной воды,— заметил он внушительно.

А, стакан холодной воды... Нет, целое ведро, целую бочку, целую Лачу выпила бы Любочка и не успокоилась бы: измена самая обидная была налицо. Клочковская — кукла, дрянь, тряпичная душонка... да. Вечером, оставшись одна, Любочка имела удовольствие видеть в зеркале распухшее от слез лицо, которое окончательно привело её в отчаяние, так что она даже погрозила ему кулаком. "Сдобная булка, и больше ничего",— в ужасе резюмировала Любочка результаты исследования собственной физиономии.

Странное душевное состояние продолжалось целых три дня и разрешилось совершенно неожиданной выходкой.

Любочка написала Сереже записку, назначив свидание в городском саду... Правда, что тон всей записки был серьезный — ей нужно поговорить серьезно с Сергеем Петровичем и только, но свидание всё-таки оставалось свиданием. Эту роковую записку Любочка с большими предосторожностями сунула в руку Сереже и сейчас же убежала к себе в комнату и даже заперлась на ключ. Здесь, оставшись одна, она поняла в полной мере, какую глупость сделала. Глупо, глупо и еще раз глупо... Так могут делать только горничные. Что о ней подумает Сережа? Любочка вперед краснела за свой необдуманный поступок и готова была провалиться сквозь землю. Ей начинало казаться, что она даже не любит Сережи, больше — ненавидит его. Можно себе представить, с каким видом он прочитал её записку... У, гадкий, отвратительный человек!

— А на свидание я не пойду,— решила Любочка,— пусть он придет один и ждет... Ха-ха!.. Выйдет простая шутка. Вот тебе и красавица Клочковская!..

Но все эти разумные мысли разлетелись, как спугнутые птицы, когда наступил роковой час. Любочке казалось, что она делает ужасное преступление, какого еще не видал мир, и что все прохожие увидят на её лице отпечаток её злодейства. И вместе с тем её точно подталкивала какая-то невидимая сила. Интересно, как будет себя держать Сережа, как он заговорит с ней и вообще чем всё это кончится. Любочка, однако, не забыла одеться с особенной тщательностью и даже прицепила по неизвестной причине лишний бантик: преступление, так преступление...

Сережа Клепиков пришел в сад раньше и с деловым видом разгуливал по дальней тенистой аллее. Стояла осень, и деревья уже начинали ронять листву. Там и сям валялись эти пожелтевшие сухие листья, напоминавшие о начинавшейся убыли жизни. День был серенький, но мягкий и теплый — такие ласковые осенние дни полны какой-то особенной грустной поэзии. Прибавьте к этому воздух, напоенный горьким ароматом умирающей летней зелени. В такие дни хочется гулять без конца, вынашивая грустные мысли, мечты о прошлом и опавшие листья воспоминаний.

Любочка издали заметила вышагивавшего Сережу и окончательно струсила. А вдруг их кто-нибудь увидит? Положим, после обеда здесь никто не гулял, но всё-таки... Она опустилась на первую скамейку и рассеянно принялась чертить зонтиком на песке кабалистические фигуры. Вот и его шаги... Сердце Любочки забилось учащенно и замерло. Он подошел и остановился против неё, тоже немного смущенный.

— Здравствуйте...

— Здравствуйте...

Пауза. Она не смела поднять глаз, но не из робости. Её начинало сердить то, что она краснеет, как морковь. Этого еще недоставало.

— Пройдемтесь...— предложил он, прислушиваясь к звукам собственного голоса и точно пробуя тон.

Они пошли рядом и неловко молчали. Он пощипывал начинавшийся пух будущих усов и несколько раз набирал воздух, чтобы сказать хоть что-нибудь. Ведь глупо молчать, а голова была пуста, хоть выжми. Ни одного слова...

— Любовь Григорьевна, мне давно хотелось поговорить с вами серьезно...

Совсем не то! Проклятый язык говорил совсем не те слова, какие были нужны сейчас. Что это за приступ?

— То-есть я, собственно говоря, хочу сказать, что... что с некоторого времени я замечаю в вас некоторую перемену. Конечно, я не имею права, то-есть я хочу сказать, что не подавал повода...

Опять не то!.. Однако положение... Сережа даже оглянулся, точно боялся, что кто-нибудь мог подслушать его красноречие. Любочка тоже сделала нетерпеливое движение плечом.

— Одним словом, вы ставите меня в неловкое положение...

Она остановилась и посмотрела на него широко раскрытыми глазами.

— Я сейчас объясню всё...— поправился он, храбро прищурив один глаз.— Жизнь — серьезная вещь, и некоторыми вещами нельзя шутить. Я знаю вас с детства... Я привык уважать вашу семью, и... и... одним словом, вы понимаете, что я хочу сказать.

— Ничего я не понимаю, Сергей Петрович... Вы говорите, как оракул.

"Оракул" замолчал самым глупым образом, а потом, обиженный этим замечанием, заговорил быстро и решительно о том, как он через год кончит курс, как потом отправится в университет, как будет юристом и только тогда позволит себе решить самый важный вопрос жизни. Любовь — слишком серьезное чувство, чтобы им шутить. Есть обязанности, не говоря уже о вкусах, привычках и разнице взглядов. Одним словом, получалось что-то вроде проповеди.

— Да вы это о чем?— уже сердито спросила Любочка.

— Гм... Мне кажется, что вы несколько увлекаетесь несбыточными мечтами, то-есть несбыточными в данный момент.

— Я?!..

— Я, конечно, очень признателен вам за внимание и некоторое предпочтение и сам, с своей стороны, отношусь к вам... симпатизирую...

— Другими словами, вы хотите сказать, что я в вас влюблена? Жестоко ошибаетесь, Сергей Петрович... И относительно особенного внимания вы тоже слишком много о себе думаете.

— А ваша записка?..

Любочка посмотрела на него строго — разве о таких вещах напоминают?— и, повернувшись, быстро пошла назад.

— Любовь Григорьевна... Любочка...

Любочка остановилась и крикнула издали:

— Вы глупы!

Любочка вылетела из сада, как облитая холодной водой. Ей сделалось вдруг так стыдно, так стыдно, как еще никогда не бывало. Что это такое было? Ведь ей ничего не нужно от Сережи. Зачем он говорил какие-то глупые слова? "Симпатизирую"... "а ваша записка"... Это бестактно, глупо, непростительно. Ах, как стыдно, почти до боли! В таком настроении Любочка не могла итти домой и отправилась прямо к Кате. Последняя с мельчайшими подробностями узнала весь последовательный ход роковых событий. Катя хохотала до слез, а Любочка горько плакала, охваченная желанием покаяться.

— Он дрянной...— повторяла она, не вытирая слез.— И, знаешь, я его возненавидела. Если бы ты видела, какое у него было глупое лицо!.. И я тоже, должно быть, была хороша... Ах, как всё это глупо, глупо!.. Я, кажется, умру от стыда...

— Ну, умирать не стоит, а в следующий раз делать подобных глупостей не следует.

Катя опять смеялась и чувствовала, что еще никогда так не любила эту милую Любочку, как сейчас. Какая она славная, вся славная, и рядом братец Сереженька.

— Мне больше всего нравится заключение...— говорила Катя, когда Любочка собралась уходить домой.

На Любочку вдруг нашло раздумье.

— Знаешь, Катя, а ведь нехорошо, что я его обругала... В сущности, если разобрать, кругом виновата я одна...

— Да будет тебе каяться. Еще что придумаешь?

— Нет, в самом деле, нехорошо. Он мог обидеться...

— Я думаю...

От двери Любочка вернулась и прошептала на ухо Кате:

— А всё-таки я его люблю... как никогда еще не любила!..

Катя сначала смеялась, когда Любочка ушла, а потом ей

сделалось грустно. Конечно, роман Любочки разрешился очень комично, но под ним было нечто серьезное. Эта Любочка налетит на какую-нибудь историю... От неё можно ожидать всего. Из сожаления к Любочке, на следующий день Катя отправилась к Печаткиным, Любочка еще в гимназии умоляла её об этом, как о величайшей милости, а когда Катя пришла, Любочка встретила её почти сухо. Только с Любочкой могли происходить такие быстрые перемены.

— Ну, что нового?— спрашивала Катя.

— А ничего...— ответила Любочка, глядя на неё злыми глазами.

Любочка по логике людей, сделавших какую-нибудь глупость, теперь сердилась на Катю за свою вчерашнюю откровенность.

XVIII

Последний год Сережи и Гриши в гимназии прошел с необыкновенной быстротой. Не успели оглянуться, как зима уже была на исходе, а тут и весна на носу. Гимназисты усиленно готовились к выпускным экзаменам. Одно и то же волнение захватило обе семьи. Как-то Сережа справится, успеет ли Гриша... Катя и Любочка ужасно волновались, гораздо больше, чем на своих собственных экзаменах. Ведь вопрос шел о судьбе Сережи и Гриши... С Любочкой сделалось что-то вроде истерики, когда Сережа напутал что-то на экзамене из алгебры, и она навсегда возненавидела эту проклятую науку.

Наконец и экзамены кончились, и вчерашние гимназисты получили аттестаты зрелости. Гриша кончил с серебряной медалью, а Сережа просто. Он, впрочем, всегда относился свысока ко всем гимназическим знакам отличия, а теперь в особенности. По случаю такого торжества у Клепиковых был устроен настоящий парадный обед, служивший ответом на знаменитый ужин Григория Иваныча. Обе семьи еще раз собрались вместе, соединившись в общей радости. Анна Николаевна никак не могла удержаться и всё время потихоньку вытирала глаза платком: не было дорогого человека, который сумел бы порадоваться по-настоящему. Катя тоже чувствовала, что эта радость уже не так полна, как при поступлении мальчиков в гимназию. Чего-то недоставало... Все точно заразились одним сомнением: кто знает, что еще будет впереди.

— Осенью-то ведь они уедут, а мы останемся здесь одни,— шептала Любочка на ухо Кате.

— Что же, мы кончим гимназию и тоже поедем на курсы...

— Да, как же, жди... Еще целых два года осталось.

Дедушка Яков Семеныч всё поглядывал на девочек, разделяя их настроение.

— Что же, хорошо...— бормотал он, выпивая за здоровье "некрутов".— Дай бог... На что лучше!.. Свою домашнюю заботу переменим на дальнюю...

Петр Афонасьевич немножко подвыпил и развеселился. Расхрабрившись, он даже хотел сказать спич, как делал Григорий Иваныч, но Марфа Даниловна во-время успела толкнуть его локтем, и счастливый домовладыка только пожевал губами:

— Что же, хорошо, дай бог...

В общем обед прошел как-то торжественно-скучно. Все как будто чего-то стеснялись и не договаривали главного. Некоторое оживление наступило только тогда, как заговорили о Казани — молодые люди поступали в казанский университет. Из присутствовавших в Казани бывали только дедушка Яков Семеныч и Анна Николаевна. Первый был проездом лет тридцать тому назад, а Анна Николаевна жила в Казани месяца три, но рассказать ничего не умела. Она помнила только длинную дамбу, которая вела от пароходных пристаней к городу, и необыкновенно высокие дома.

— Мы осенью там были с Григорием Иванычем, так он всё яблоки да виноград покупал...— рассказывала она, стараясьмхоть что-нибудь припомнить.— Там фрукты очень дешевы, чуть не даром...

— А как относительно жизни, Анна Николаевна?— любопытствовала Марфа Даниловна.— Чай, дорого, приступу ни к чему нет..

— Ну, этого уже я не умею сказать... Молода тогда была, глупа, да и останавливались мы в проезжих номерах. Григорий Иваныч любил всё сам покупать, а я не касалась...

— Теперь и в Казани всё другое,— старался вывести гостью из затруднения Петр Афонасьевич.— Вот и у нас всё дороже, а там и подавно. С каждым годом труднее да труднее жить. А между прочим, везде живые люди живут, значит, и наши молодцы проживут...

После экзаменов окончившими курс гимназистами была устроена традиционная прощальная пирушка. Об этом событии

94

говорили еще зимой, как о чем-то необыкновенном. Решено тогда же ехать в Курью. Катя и Любочка вперед почувствовали себя чужими. Да, это было так... Они могли радоваться, сочувствовать и болеть всеми гимназическими невзгодами, а в общей радости оказывались лишними. Это было и несправедливо и обидно. В роковой день Катя заперлась у себя в комнате, сделав вид, что ей всё равно, а Любочка не утерпела и сбегала на берег Лачи, к пристаням, чтобы посмотреть, как отправятся гимназисты. Она спряталась в сквере, чтобы её не заметили, и из-за зеленой щетки подстриженных акаций наблюдала, как отвалила от берега большая косная лодка. Да, им всем было весело, а она сидела на скамеечке одна и готова была расплакаться самым глупым образом. Собственно, эта поездка была пустяки, все гимназисты устраивают такие пирушки, но важно было то, что здесь в первый раз почувствовался серьезный разлад и прозвучала та фальшивая нотка, которая портила всю музыку. А лодка плыла вниз по Лаче с веселыми песнями, и сердце Любочки ныло. С гимназистами вместе отправилось несколько учителей с Огневым во главе.

Любочка с пристани пришла к Кате разогнать тоску, но из этого ничего не вышло. Катя лежала у себя на кровати с книгой в руках и никак не могла понять негодования приятельницы.

— Да ведь им весело, пойми,— объясняла Любочка.— А мы вот дурами сидим здесь...

— Очень весело: напьются пива, будут орать, потом подерутся... Неужели в этом веселье? Мне, напротив, жаль их...

— А я бы так с удовольствием приняла участие и даже выпила бы стакан пива, хотя и не люблю его.

С пикника Сережа и Гриша вернулись только утром, охрипшие от пения, с измятыми лицами и красными глазами. С Сеней Заливкиным в Курье сделалось дурно. Хорошо веселье, нечего сказать!..

Впрочем, последующие события с лихвой вознаградили огорченных гимназисток. Ведь в их распоряжении было целое лето... Теперь устраивались прогулки чуть не каждый день, и даже Марфа Даниловна смотрела на веселившуюся молодежь сквозь пальцы. Что же, пусть повеселятся: не долго оставалось быть вместе. Кроме того, у Марфы Даниловны и Анны Николаевны было много хлопот и новых забот по снаряжению "некрутов" в далекий путь. Легко сказать, приходилось экипировать на целый год разом. Дома-то всё строилось помаленьку да исподволь, оно и выходило незаметно, а тут разом вынь да положь.

— Снарядим, отправим, а там уж и не знаю, что будет,— жалобно повторяла Анна Николаевна.— Какие еще товарищи попадут... Прихворается грешным делом. Мало ли что может быть...

— Другие учатся, и наши будут учиться,— успокаивала Марфа Даниловна.— Конечно, у себя на глазах-то спокойнее... Да и то сказать, ведь мальчики — всё равно, не удержишь. Пошли да поехали...

— Уж это что говорить... Где удержать. Вон и Яков Семеныч то же говорит.

— А мой-то Петр Афонасьевич?.. Как-то даже ссорился со мной... Всё из-за Сережи.

Положение Печаткиных сразу менялось, благодаря близившемуся отъезду Гриши. Он являлся большаком в семье и много помогал своими уроками, а с его отъездом всё рушилось. Анна Николаевна по своему малодушию даже старалась не думать об этом роковом дне.

Катя и Любочка принимали большое участие в этой работе и даже на прогулки в Курью уезжали с какой-нибудь работой. Сейчас их не тяготила эта женская работа. Будущие студенты порядочно им мешали, стараясь занять и развлечь. Первый неудачный опыт значительно охладил Любочку, и она откосилась к своему "предмету" почти равнодушно. Сережа это чувствовал и был с ней изысканно-вежлив, хотя и не без некоторой иронии. С другой стороны, Любочка ему нравилась теперь больше, чем раньше, чему много способствовала и вся обстановка встреч и собственное настроение. Катя часто наблюдала брата и невольно сравнивала его с Гришей. Какая громадная разница! В характере Гриши уже вполне рельефно выступали отцовские черты — самоуверенность, чисто печаткинская гордость, какая-то особенная доброта, иногда злая насмешка, но без желания кого-нибудь обидеть или унизить. Всё это очень нравилось Кате, потому что напоминало о дорогом человеке. В течение зимы она инстинктивно избегала Гриши, а теперь произошло невольное сближение, благодаря совершенно новому положению дел. Гриша был весь поглощен мыслью о положении своей семьи, когда сам он уедет в Казань. Эта большая мужская забота нравилась Кате, особенно когда Гриша заводил серьезный разговор с ней на эту тему,— ведь он советовался только с ней одной.

— Это большой эгоизм с нашей стороны, Екатерина Петровна,— объяснял Гриша: — именно, мы жертвуем слишком много, чтобы получить высшее образование. Мне часто кажется, что я даже не имею права бросать семью. Могу поступить на службу, давать уроки... Ведь отец прожил же без диплома всю жизнь. Затем, я часто вспоминаю теперь Кубова и думаю, что он во многом прав... Вы только подумайте, что целых пять лет мать и две сестры должны прожить без меня. Ведь это жертва, которая приносится в пользу моего университетского диплома.

— Вы преувеличиваете.

— Нисколько!.. Посмотрите, в крестьянской семье парень в двадцать лет представляет собой живой капитал. Он — кормилец семьи... А мы должны до двадцати пяти лет состоять какими-то недорослями. Я говорю о себе и о своей семье, а не о других... Меня вообще всё это ужасно мучит, хотя я стараюсь не показывать вида ни маме, ни Любе. Зачем еще их напрасно тревожить...

— Помаленьку устроитесь: будете получать какую-нибудь стипендию, потом Любочка будет давать уроки...

— Даже предположим, что, действительно, всё устроится так, как вы говорите, но меня будет всё-таки тяготить, что семья из трех женщин остается одна...

Сколько было хорошего в этих задушевных беседах, в которых Гриша высказывался весь! В нем не было ни одной фальшивой ноты, и Катя любила слушать самый тон, каким он говорил. Свидетелем этих бесед чаще всего бывал дедушка Яков Семеныч — он оставался в Курье целые дни один и рад был, что молодежь толчется около него. Петр Афонасьевич приезжал в Курью только вечером, по окончании своей службы.

— Сурьезный парень...— не раз говорил старик, наслушавшись разговоров Гриши.— Пожалуй, нашему Сереженьке супротив него и не устоять. Тоже похаять нельзя, только то — да не то... Пожиже будет Сереженька. Ну, что же, каждому свое... И птица перо в перо не уродится.

Была и другая тайная мысль у дедушки: вот бы взять да и женить Гришу на Кате,— то-есть в самый бы раз, пока еще Гриша-то не набаловался. Вот какая бы парочка вышла: отдай всё. А то кто знает, как бы не уела Гришу большая-то грамота. Старик вздыхал, не смея высказать вслух своих тайных соображений.

Наступил и роковой день отъезда "некрутов". Это был такой же серенький и пасмурный день, как во время поступления Сережи и Гриши в гимназию. Так же накрапывал мелкий осенний дождь, так же улицы потонули в грязи, так же уныло выглядывали мокрые деревянные домики в Веселой улице — всё то же, а прошло ни больше, ни меньше, как целых восемь лет. Марфа Даниловна даже пришла в ужас от этой мысли — ведь точно всё вчера было. Петр Афонасьевич ввиду такого выдающегося события даже не пошел на службу — это случилось с ним в течение двадцатипятилетней службы всего во второй раз.

— Желаю проводить молодцов...— повторял он, напуская на себя храбрость, чтобы скрыть подступавшие невеселые думы.— Да, желаю, и конец тому делу.

Марфа Даниловна и Анна Николаевна на двух извозчиках повезли сыновей в общину, чтобы отслужить напутственный молебен, и очень боялись, что неделя не о. Евгения. На их счастье служил о. Евгений. Он сказал приличное случаю напутственное слово и благословил юношей в далекий путь.

— Не увлекайтесь чужой новизной, юноши, и не забывайте родного гнезда... Вспомните, какими были вы беспомощными, сколько труда и забот положено на вас, и не гордитесь своей молодой силой. А главное: не забывайте родного гнезда. Бог противится тем, кто презрит тяжелую родительскую заботу. Ну, с богом, юноши!.. Вы — наша гордость и наше будущее.

Сестра Агапита наделила путников образками и со слезами на глазах проводила их из церкви. Все зашли еще на могилку к Григорию Иванычу, и Гриша не выдержал — разрыдался. Очень горько начинать жить от могилы...

Петр Афонасьевич собственноручно уложил всё в новеньком, только что купленном чемодане Сережи и всё повторял, споря с каким-то невидимым противником:

— Не горевать нужно, а радоваться... да. Я заплакал бы тогда, если бы Сережа дома остался... Да...

Перед отъездом, по русскому обычаю, вся семья посидела в торжественном молчании, потом помолилась, и началось трогательное прощанье. У Петра Афонасьевича дрогнула рука, когда пришлось благословлять сына. Кто знает, может быть, видятся в последний раз... Из всей семьи один Петушок ничего не понимал и с удивлением смотрел на всех.

— Ну, с богом! — решительно проговорил Петр Афонасьевич, прерывая церемонию прощания.— Дальние проводы — лишние слезы...

У Кати тоже были слезы на глазах. Ей вдруг сделалось жаль Сережи, и она обвиняла себя, что так часто была несправедлива к нему. Вся эта сцена очень утомила Сережу, и он с облегченным сердцем вышел из-под родительской кровли. Нужно было еще заехать к Печаткиным, как уговорились раньше, чтобы всем вместе ехать на пароходную пристань. Там было то же самое, и Анна Николаевна и Любочка ходили с опухшими от слез глазами.

— Не плакать нужно, а радоваться...— повторял Петр Афонасьевич, чувствуя, как запас храбрости совсем на исходе.

На пароходной пристани все, к удивлению, встретили монастырского о. дьякона, Володю Кубова и Огнева. Кубов нарочно приехал из своей деревни, чтобы проводить товарищей. Эта встреча сразу придала всем некоторую бодрость. Один бас Келькешоза хоть кого ободрит...

— Какой ты большой, Володя! — удивлялась Марфа Даниловна.— Вон и борода выросла...

— На дешевых хлебах отъелся, Марфа Даниловна,— шутил Кубов.

Он, действительно, сильно возмужал, раздался в плечах и походил на купеческого приказчика. Гимназистки давно не видали его и заметно дичились.

Другим обстоятельством, послужившим к развлечению собравшейся публики, была неожиданная ссора Петушка с Соней. Забытые большими, эти баловники схватились чуть не в рукопашную, и их едва растащили. Сережа старался смотреть в сторону и суетился без надобности, чтобы поскорее шло время. Гриша разговаривал с Кубовым.

— Силянс! — гудел Келькешоз, наступая кому-то на ногу. Огнев был "с мухой" и держался в стороне до последней минуты, а потом проговорил, обращаясь к уезжавшим:

— Завидую, господа... Молодость, как здоровье, мы ценим только тогда, когда она прошла. Поклонитесь aima mater... Ах, было и наше время. Ну, да что об этом говорить.

> Сейте разумное, доброе, вечное,
> Сейте! Спасибо вам скажет сердечное
> Русский народ!

Вот и второй свисток. Публика сбилась у самых перил пристани живой галдевшей стеной. Где-то слышался тихий плач, кто-то ругался. Пароход разводил пары. Вся палуба была покрыта пассажирами, прощавшимися с родными и знакомыми.

— Пишите, братцы!— кричал Кубов, перевешиваясь через перила.— И я буду писать. Интересно, что и как у вас там будет...

Третий свисток. Сходни убраны. Воздух наполнился послед; ними возгласами. Замелькали белые платки. Пароход тяжело отвалил от пристани. Петр Афонасьевич проводил его прищуренными глазами, чтобы скрыть непрошенную слезу. Катя прижалась в уголок и чувствовала себя такой маленькой-маленькой. На прощанье Гриша горячо пожал ей руку и проговорил:

— Не забывайте маму и Любочку...

Этого было достаточно. Разве нужны слова, чтобы выражать всё то, чем полна душа? Да и нет таких слов. Катя знала только то, что она не одна и что другое сердце бьется вместе с её сердцем.

— Ура!..— крикнул Келькешоз, когда пароход повернулся кормой.

Осиротелые семьи долго оставались на берегу, пока пароход не скрылся совсем из виду. Он увозил с собой всё будущее этих двух семей...

Прощайте! Прощайте...

———

I

Весенний солнечный день. По сторонам трактовой дороги ярко зеленела молодая травка. Лист на березах только что распустился. В полях уже звенели жаворонки. По тропинке, пробитой пешеходами по краю канавы, медленно шли два путника. Один шагал в высоких охотничьих сапогах, а другой в коротком подряснике,— это были наши старые знакомые: учитель русского языка Огнев и монастырский дьякон.

— Я устал, дьякон...— говорил Огнев, вытирая пот на лице.— Не могу итти дальше...

— Ничего, это только сначала так кажется, Павел Васильич, а потом разомнешься... Смотри, благорастворение воздухов какое!.. А ты — устал!

—Дьякон, не могу. Передохнем чуточку...

— Ужо, погоди, Павел Васильич: вот свернем с тракту, тогда и передышку сделаем. На четырнадцатой версте повертка... И пыли будет меньше, и лес начнется.

Огнев уныло жмурился и с тоской смотрел на пылившую ленту провинциального тракта, по которой медленно ползли крестьянские телеги. И было от чего притти в отчаяние. Легко сказать, четырнадцать верст, а впереди еще пятьдесят. То ли дело на почтовых махнуть... Через шесть часов были бы на месте. Уныние окончательно овладело Огневым, когда их обогнала почтовая тройка. Огнев узнал непременного члена по крестьянским делам и угнетенно вздохнул. Но дьякон был упрям и не обращал никакого внимания на унывавшего спутника.

— Вот уж одиннадцатая верста, а вон там, за пригорком, сейчас будет и повертка...— объяснял ом, приглядывая даль из-под руки.— А придем в Семишки, сейчас закажем самовар. Там у меня один мужичок есть знакомый... Сливок сейчас подадут, хлебца пшеничного, а потом сообразим яичницу-скородумку. Ах, братец ты мой, лимон-то мы и забыли... А оно невредно — с лимоном перекувырнуть чайку.

— Это ты правильно, дьякон: не вредно с лимоном... А тоже хорошо, когда сливки с пенкой.

— Ну, в Шервоже у нас таких сливок не достанешь...

Огнев даже засмеялся: дьякон его утешал, как малого ребенка. А всё-таки с разговорами куда легче итти. Вон и четырнадцатая верста, а от неё влево змейкой уползал узкий проселок. На "росстани" уже сидели какие-то богомолки.

— Мир на стану! — крикнул весело дьякон.— Куда господь несет, милые?

— А по обещанию...— ответила за всех тощая и сгорбленная старуха.— По обещанию, милый, идем. Дальние мы... К Симеону праведному.

— Далеконько будет...

— И то не близко. Вторую неделю бредем... Как господь донесет. Притомились женским делом...

— Ничего, отдохнете...

— Известно, отдохнем.

Огневу приходилось еще в первый раз разговаривать с богомолками. Раньше он видел их только из окна своей городской квартиры. Вообще, как городской человек, он не понимал этого простого деревенского люда и мог только удивляться, что дьякон умел с ними разговаривать и просто и любовно.

— Взыскующие града,— объяснил Келькешоз, показывая глазами на богомолок.— У нас свое, у них свое... А между прочим, нам пора, камрад. Едем per pedes apostolorum... Прощайте, милые.

Трудно было Огневу подниматься, но дьякон не знал пощады — приходилось покоряться. До Семишек оставалось еще верст десять.

— Дорога отличная здесь,— утешал дькон.— Когда я учился

в бурсе, так всегда ходил пешком. Уснешь, как зарезанный... Вот увидишь, когда придем в Семишки.

Трудные были эти десять верст, хотя проселок шел то полями, то лесом, и не было проклятой трактовой пыли. Огнев молчал, чувствуя, как у него подгибаются ноги от усталости. Наконец Огнев забунтовал:

— Келькешоз, мы сбились с дороги! Это чорт знает что такое... Проклятые Семишки провалились сквозь землю.

— Нет, их отодвинули дальше... Не ропщи, человече.

В довершение всего дорога пошла в гору. Огнев сел на какой-то пенек и решительно заявил, что дальше не пойдет ни за какие коврижки.

— Я лучше вернусь в город...— повторил он жалобным голосом.

— А чай со сливками?

— Ну тебя и с чаем...

— Как знаешь, ступай назад, а я пойду вперед... Прощай.

Дьякон зашагал дальше. Огнев посидел на пне с минуту и покорно поплелся за ним.

Семишки оказались ближе, чем думал изнемогавший от усталости Огнев — только поднялись в гору, и с неё открылся вид на небольшую деревушку, раскидавшую свои избушки у её подножия.

— Ну, вот и отдых! — громогласно заявил дьякон.

Огнев в это время малодушно мечтал о том, как он, отдохнув в Семишках, наймет лошадей и уедет обратно в город, а дьякон пусть себе идет один.

В Семишках они разыскали знакомого мужика и расположились на отдых. Огнев был настоящий городской человек и настоящей деревни не видал, исключая трактовых сел и пароходных пристаней. Его удивляло больше всего то, что всего каких-нибудь двадцать четыре версты от Шержова и начинался совсем иной мир. Да, это была настоящая русская деревня со всем её мирным убожеством. Здесь были свои интересы, заботы, радости и напасти. И лица другие, чем в городе,— такие простые русские лица. И таких деревень сотни тысяч, а в них десятки миллионов настоящих русских людей.

— Куда наклался, о. дьякон?— спросил хозяин, степенный бородатый мужик.

— А в Березовку... Там племяш у меня в учителях.

— Видал... Мы в Березовку ездим о зимнем Николе, к престолу. Ничего, паренек хороший. Хозяйством обзаводится... А это кто с тобой будет?

— А так, городской. Из купцов.

Мужик посмотрел на Огнева и улыбнулся.

— Как будто оно не похоже, о. дьякон. Не то обличье...

— А кто я, по-твоему?— полюбопытствовал Огнев.

— Из чиновников, али из господ... А березовского-то учителя я даже очень хорошо знаю. Он на нашу крестьянскую руку — и пашней обзавелся, и в кузнице робит, и всякое протчее обзаведенье.

Огнева томила страшная жажда, но дьякон не дал ему ни воды, ни квасу.

— Обожди самовара, а то хуже будет, ежели с жару холодного напьешься...

Деревенские самовары кипят долго, и Огнев опять начал роптать и жаловаться, так что дьякон даже обругал его.

— Ну, какой ты человек? Смотреть на тебя тошно...

— И не смотри...

— Вот брошу тебя и уйду один. То не могу, другое не хочу... тьфу!..

За самоваром Огнев отдохнул и повеселел. Никогда еще он не пивал чая с таким аппетитом.

— Ну, ты ложись спать,— советовал дьякон.— А я еще по деревне поброжу... У меня тут есть знакомые мужички. Надо насчет сена переговорить...

Огнев мог только удивляться выносливости дьякона. После чая он, действительно, завалился спать с коварной мыслью завтра вернуться в город на лошадях.

Когда рано утром дьякон разбудил его, Огнев только мог удивляться,— неужели уж ночь прошла? Он даже не просыпался ни разу, да и вообще не спал так очень давно. Только вот ноги точно чужие.

— Дьякон, я дальше не пойду...

— Как знаешь, Павел Васильич. Не на веревке мне тебя тащить... Своей охотой пошел. Да и до Березовки рукой подать... Тридцати верст не будет.

— Ого!.. Тридцать верст... Ну, нет, брат, иди один.

— И пойду...

Дьякон усвоил себе деспотические привычки, и Огнев, несмотря на ворчанье, в конце концов всё-таки невольно подчинялся ему. Да и стыдно было возвращаться в город с пустыми руками. Уговорились вместе итти пешком в Березовку, и как-то нехорошо сбежать с полдороги.

— Ничего, разомнешься дорогой,— уверял дьякон.— А в Березовке вот как отдохнем... И еще настойки на березовой почке выпьем. Да...

К удивлению Огнева, другой день пути не показался таким

трудным, да и места были всё такие хорошие. Поля, перелески, маленькие речки и целый ряд деревушек. Широким простором расстилалась такая мирная картина. Делалось как-то легко на душе, глядя кругом. А город с его шумом и суетой оставался где-то далеко-далеко.

На половине дороги сделали привал. Огнев не поинтересовался даже, как называется деревня. У дьякона и здесь был знакомый мужик, который привозил в город дрова. Закусили, напились чаю и побрели дальше.

— Люблю деревню,— объяснил дьякон, размахивая длинной палкой, которую вырезал дорогой.— Здесь всё, брат, настоящее... Возьми деревенскую лошадь, или корову, или курицу — всё настоящее.

— А городские курицы не настоящие?

— Барыни, а не курицы. Уходу за ними много, дохнут постоянно... Тоже вот и городская лошадь: пустопляс, и больше ничего. А деревенская лошаденка первая работница... Без неё мужик ничего не стоит. Не смотри, что она лохматая да головастая... да. И всё так... Легкий хлеб в городе заел всех, ну, настоящего-то и нет ничего. Тоже вот и мужик, который попадёт в город на легкий-то хлеб,— расколотый грош вся ему цена. Я-то деревенский ломоть и всё это вот как отлично понимаю...

В Березовку пришли только к самому вечеру, вместе с деревенским стадом. Это было большое село, залегшее сотнями изб по берегам небольшой речки Березовки. На самом высоком месте красовалась белая каменная церковь. Село было богатое благодаря зимним торжкам. Нашим путникам нетрудно было отыскать сельскую школу.

— На главном проспекте должна быть,— решил дьякон вперед.— У церкви... Вон и поповский домик, а вон и школа. То-то Володька удивится...

Учитель квартировал рядом со школой, у вдовы дьяконицы. Дома его не оказалось. Босоногая и белоголовая девочка лет семи объяснила, что он в кузнице и скоро придет.

— Ну, ты, почта, валяй к нему и скажи, что городские гости приехали,— посылал дьякон.— Да смотри у меня: живо. Одна нога здесь, а другая в кузнице...

Девочка, исчезла, и только под окнами: мелькнула её белокурая головенка.

Квартира учителя состояла всего из одной комнаты. Просиженный ситцевый диван заменял кровать. У окна стоял письменный стол. В углу были приделаны из простых досок полочки для книг и ученических тетрадей. У внутренней стены помещался верстак со столярными инструментами. У двери на столе были разложены принадлежности переплетного мастерства. Крашеный сундук служил комодом и гардеробом. Дьякон подробно осмотрел всю обстановку и некоторые вещи пощупал.

— Дельно...— решил он, наконец, одобрительно покачивая головой.

Огнев стоял у окна и смотрел на расстилавшуюся перед ним картину. Деревенская площадь с церковью посредине, волостная изба, поповские домики, а дальше брезжила всхолмленная полоса полей. Картина, вообще, была незамысловатая, но "настоящая", как выражался дьякон и как подумал сейчас Огнев его словами. Он даже вздохнул, припоминая что-то такое далекое и такое тяжелое. Да, город был далеко, а там остались и утомление, и тоска, и какая-то гнетущая пустота — одним словом, всё не настоящее.

— А, дорогие гости... Вот не ожидал-то! — послышался в дверях веселый голос самого хозяина.— Здравствуйте, Павел Васильич...

Это был он, Володя Кубов, загорелый, красный от работы и быстрой ходьбы, но такой жизнерадостный и счастливый. Синяя крестьянская рубаха, надетая поверх ситцевой, была прикрыта кожаным фартуком, как и следовало кузнецу.

— Ну, здорово, акробат! — басил дьякон, облапив племяша.— Каково прыгаешь? А мы, брат, к тебе в карете приехали... на своих на двоих. Я как-то говорю Павлу Васильичу: "Махнем к Володьке пешедралом".— "Махнем", говорит. Ну, и махнули. Только дорогой он чуть меня не сконфузил: хотел домой бежать. Конечно, непривычное дело...

— Какой вы здоровяк, Кубов,— удивлялся Огнев, удерживая жилистую руку своего бывшего ученика в своей белой бессильной руке.— Даже как-то совестно смотреть на себя...

— А вот погостите у меня лето, так и не будете завидовать, Павел Васильевич. И дешево и сердито: квартира стоит два рубля, содержание в месяц около пяти...

— Володька, соловья баснями не кормят,— перебил его дьякон.— Успеем наговориться, а ты нас ублаготвори снедью и брашном, яко и подобает странникам.

— Сейчас, сейчас...

Белоголовая девчонка уже поставила самовар, и через полчаса около него разместились все трое. Чаеванье устроено было в огороде, на свежем воздухе. Там была пристроена летняя беседка, обсаженная кустами смородины и малины. Солнце уже садилось, и повеяло прохладой.

— Отменно... — повторял дьякон после каждого выпитого стакана.

— С дороги вы устали, Павел Васильевич,— объяснял Кубов.— Ложитесь спать — в деревне рано засыпают. А завтра я вам покажу свое маленькое хозяйство.

— Только не хвастай,— предупреждал дьякон.— Я-то ведь сам деревенский ломоть, и меня не проведешь. Нет, брат, шалишь...

— Зачем же я буду обманывать? У вас свои глаза есть...

Огнев всё время молчал. За чаем его взяла такая усталость, что он сидел только из вежливости, и очень был рад, когда эта церемония кончилась. От деревенского ужина, по городской привычке, он отказался и был совершенно счастлив, когда растянулся на ситцевом диванчике. Благодатный сон точно уносил куда-то в неведомую даль.

Зато дьякон поужинал за двоих, счастливый тем, что мог поесть привычной деревенской пищи. Тут были и щи с забелом, и каша, и душистый пшеничный хлеб — последний приводил дьякона в восторг.

— На наших крупчатных мельницах только портят пшеничку,— негодовал он, нюхая пшеничный ломоть.— Обдерут всё... А тут самый смак.

Ужинали они в той же беседке при свете небольшой жестяной лампочки. Выпив две рюмки деревенской настойки и хлопнув хозяина по плечу, дьякон проговорил:

— А ведь Павел-то Васильич того... гм... На чердаке у него не в порядке. Сначала всё по жене тосковал, а потом мысли разные... да. А главное, житьишко наше городское: утром в гимназии своей корпит, а вечером дома тоже корпит. Ну, тут в башке всякая дрянь заведется... Я-то поступил нынче в мужскую гимназию учителем пения, ну, познакомился с ним поближе, вижу, отличный человек и совсем даром погибает. Вот и уговорил сделать променад... Пусть подышит хоть вашим деревенским воздухом, а то совсем закис человек.

— Что же, отличное дело.

— Без тебя знаю, что отличное. А то за чем бы пошел за семь верст киселя хлебать? Тоже и мы не в угол рожей...

Кубов был очень рад гостям и с особенным удовольствием наблюдал некрасивое, но такое добродушное лицо дьякона. В этом лице была та внутренняя красота, которая дается только искренностью и добрым сердцем. Грубоватый тон и смешные семинарские словечки дополняли характер всего остального.

— Признаться сказать, мне и самому порядком надоело в городе,— говорил дьякон.— Ведь вот служу, получаю жалованье, и доходов больше, чем получат два деревенских попа вместе, а всё как будто чего-то недостает. Точно и деньги не настоящие, и идут они прахом... Особенно весной жутко делается: так и потянет, так и потянет. Чувствуешь, что и сам не настоящий человек... Отцы-то сами землю пахали, а, ты дармоедом живешь. Дикая эта городская копейка... Как-то на молебне закатил я такое многолетие, что один купец мне корову прислал, а другой лошадь вместе с дрожками. По первоначалу я даже обрадовался, а потом стыдно сделалось: ведь купцы с жиру бесятся... Так и всё. С дьяконицей тогда рассорился... Она тебе, брат, кланяется... Хотела гостинцев посылать, да я не взял... Ладно и так.

Кубова больше всего интересовало, что делается в городе: как живут Клепиковы, что Анна Николаевна, дедушка Яков Семеныч, где гимназистки, студенты и т. п.

— Я ведь целый год не был в Шервоже и почти ничего не знаю,— говорил Кубов, закуривая папиросу.— Обещали писать, и никто не пишет... Подчас тоска забирает, потому что чувствуешь себя забытым.

— А что у нас нового? Всё по-старому... Сильно перебивалась зимой Анна Николаевна, а теперь ничего, устроилась помаленьку. Клепиковы тоже по-старому... У них только и разговору, что про своих студентов: что, да как, да где?.. Получат письмо и читают его целую неделю... Гриша Печаткин чаще пишет, потому что заботится сильно о матери, а Сережа пореже. Дедушка Яков Семеныч даже ворчит на баб, зачем надрываются так...

— А гимназистки? Выросли сильно?

— Ничего, как следует быть юницам. Всё с книжками своими возятся... Тоже студентами своими бредят. Только и свету в окне... А тебе, Володька, поди, завидно?

— Чему?

— Ну, что ты не студент...

— Да... Хотелось бы поучиться. Впрочем, не всем же

университеты да академии кончать... Радуюсь, по крайней мере, за других.

Дьякон задумался, вздохнул и заметил:

— Завидовать грешно, а молодых-то гусей по осени считают... Помнишь, каков человек был Григорий Иваныч, а университета и не понюхал. Однако, брат, я спать хочу... Утро вечера мудренее... Покалякаем завтра...

Кубов увел дьякона на сеновал. Там они улеглись вместе, и дьякон сейчас захрапел, а Кубов долго не мог заснуть. Им овладело двойное чувство, в котором он не мог разобраться. С одной стороны, он завидовал более счастливым товарищам, получавшим высшее образование, а с другой стороны, ему было дорого и свое деревенское маленькое дело, с которым он так сросся. Наконец, ему было обидно просто за то, что он недостаточно уверен в себе и в своем деле и может завидовать кому-нибудь. Ведь у всякого свой удел, и нужно уметь им воспользоваться.

Несмотря на короткий отдых, Кубов поднялся на другой день раньше всех. Ему нужно было кончить в кузнице какую-то срочную работу. Огнев и дьякон нашли его именно здесь у пылающего кузнечного горна. Работа кипела, и искры сыпались из-под молотов огненным дождем — сваривали новую шину к деревенскому колесу. У коновязи ждали несколько лошадей.

— А что, скажите, это трудно? — спрашивал Огнев.

— Не труднее того, как править ученические тетрадки. Привычка...

— А сколько вы можете заработать в день?

— В хороший летний день от трех рублей до пяти. Из них нужно заплатить помощнику-молотобойцу шестьдесят копеек... Ничего, работать можно. Я сейчас, только кончу лошадей...

Дьякон не утерпел и попробовал работать тяжелым молотом. Руки были сильные, но непривычные, и молот попадал не в такт и не по тому месту.

— Володька, а сколько бы ты мне дал поденщины?

— Копеек пятнадцать... по знакомству.

Кончив свою работу, Кубов показал последовательно всё свое хозяйство. У него были две рабочих лошади, корова с годовой телкой, шесть штук овец, свинья с поросятами, козлуха, два десятка куриц, пара гусей с выводком. Большинство живности находилось в поле, нагуливаясь на даровых кормах. Для Огнева многое было совершенно непонятно, начиная с хозяйственной терминологии. Затем он

108

нашел, что можно было бы всё устроить гораздо красивее и прочнее.

— Да, но на это нужно было бы затратить большой капитал, которого у меня нет,— объяснил Кубов.— Я устраиваю всё, как делается у мужика... Ведь мужицкое хозяйство складывалось веками и разрешает величайшую экономическую задачу, именно при минимуме средств добиться максимума доходности. Возьмите самую обыкновенную крестьянскую курицу, хохлатую, некрасивую, а между тем она гораздо выгоднее всяких кохинхинок и брамапутр. Эта курица тысячью поколений приспособлена ко всему укладу крестьянского хозяйства. Впоследствии, когда поставлю полное крестьянское хозяйство, могу перейти к интенсивной культуре с искусственными туками, машинами и прочей премудростью. Главное, нужно быть строго последовательным и итти от самого маленького к сложному и большому, а красота уже в конце концов. Пока я занят искусственным травосеянием. Делаю опыты с клевером и тимофеевкой... Затем перейду к фосфоритам. У меня есть свое маленькое опытное поле...

В течение двух лет своего учительства Кубов довел запашку в трех полях до двадцати десятин; дальнейшее увеличение было невыгодным, потому что требовало увеличения хозяйственного инвентаря, лошадей и лишних наемных рабочих рук. В хозяйстве всё тесно связано одно с другим, одно другое поддерживает и одно без другого не может существовать.

— Если не устали, пройдемтесь в поле,— предлагал Кубов.

— Нет, как-нибудь в другой раз,— уклонился Огнев, для которого всё крестьянское хозяйство являлось тарабарской грамотой.— Для начала и этого достаточно... Я ведь не понимаю и половины ваших объяснений. Вот лучше скажите мне, как вы успеваете со школой и с хозяйством? И то и другое требует массы времени...

— Конечно, городскому учителю немыслимо вести такое хозяйство, как мое, но в сельских школах занятия кончаются ранней весной и начинаются поздней осенью, чтобы не отнимать детей от сельских летних работ. У меня как раз остается свободным самое необходимое для сельской работы летнее время...

— Надеюсь, что вы своей усиленной работой не преследуете исключительно одной цели, именно нажить деньги?

— Не скрою, отчасти есть и такой грех: деньги в деревне еще нужнее, чем в городе. Чем больше денег, тем лучше... С другой стороны, я боюсь похвастаться, что желаю основать образцовое хозяйство, как живой пример для крестьян. Конечно, я кое-чему могу их поучить впоследствии, а пока сам учусь у них...

Для Огнева неделя, прозеденная в Березовке, являлась настоящей Америкой. Раскрывался совершенно неведомый мир, такой бодрый и уверенный, и в центре этого мира стоял простой сельский учитель. Получалось что-то невероятное, т. е. невероятное на городскую мерку, где всё мерялось жалованьем, казенным местом и опять жалованьем. Припоминая свою молодость, Огнев знал только одно, что в его время таких людей, как учитель Кубов, не было. Он мог только жалеть, что ему не двадцать лет и что он не может начать свою жизнь сызнова. С другой стороны, в душу Огнева закрадывалось старческое сомнение, долго ли выдержит Кубов и не бросит ли дела на полдороге. Как хотите, а похоронить себя в двадцать лет навсегда в деревне — это уже целый подвиг.

Последняя мысль мучила Огнева всё время пребывания в Березовке, и он внимательно вслушивался в рассказы Кубова, инстинктивно отыскивая в них какой-нибудь скрытой фальши.

— Я знаю, что вы думаете, Павел, Васильич,— заметил раз Кубов, поймав испытующий взгляд старого учителя.— Вы боитесь поверить в меня и в мое дело... да?

— Как вам сказать... сомневаюсь...

— Откровенность за откровенность: я не думаю навсегда остаться сельским учителем. Поработаю лет пять-шесть, поучусь деревенскому уму-разуму, а там увидим...

Огнев ответил стихом из Некрасова:

...Не рыбачий парус бедный —
Корабли мне снятся!

— Корабли не корабли, Павел Васильич, а около того... Ну, да об этом рано говорить, и вообще можно говорить только о том, что сделано, а хорошими намерениями вымощен целый ад.

— Смирение паче гордости,— заметил дьякон.

Гости провели в Березовке целую неделю. Огнев заметно повеселел, сделался разговорчивее и всё больше входил в интересы деревни. Городская хандра быстро спадала. Канун отъезда, прошел, против ожидания, как-то особенно грустно. Разговоры не вязались, и каждый думал что-то свое. Кубову было тяжело оставаться опять одному, а Огнев предчувствовал приступы городской хандры. Дьякон тоже хмурился.

— Вот что я скажу тебе, Володька,— заговорил, наконец,

110

дьякон с таким усилием, точно выворачивал из себя тяжелый камень.— Всё это хорошо, ну, кузница там, хлебопашество, школа... Хорошо, а ежели разобрать, так ничего это твое хорошее не стоит.

— Вот тебе раз!..— удивился Кубов, смутившись.

Огнев тоже только развел руками.

— Не догадываетесь?— медлил дьякон.— И сам-то ты, Володька, ничего не стоишь, потому как не понимаешь настоящего... Какой ты хозяин, когда у тебя хозяйки в доме нет? Разве мужик без бабы бывает... Вот ты раскуси это самое дело, племяш.

Гости ушли пешком. Кубов провожал их до своей пашни, которую показывал с особенною любовью, как самое дорогое детище.

— Когда будешь в городе-то у нас, милаш? — спрашивал дьякон на прощанье.

— А, право, не знаю... Летом-то у нас в деревне работа, как на пожаре. Там пары поднимать, боронить, а тут сенокос подоспеет... Отвели сенокос — жнитво начнется. Так кругом и кружит... Может быть, осенью как-нибудь удосужусь.

Огнев простился с молодым другом по-отечески и проговорил свою любимую фразу:

— Не забывайте, Кубов, одного, что мы все должны жить для истины, добра и красоты...

Эта риторическая фраза звучала немного странно на этом широком трудовом просторе русских полей, но Кубов отлично её понимал и молча пожал руку старого учителя.

III

Весна в Шервоже имела решающее значение, потому что вместе с открытием навигации по Лаче должны были приехать желанные гости — студенты. Это была мечта долгой и трудовой зимы. Да, все поработали в свою долю, а вместе со студентами должны были явиться и отдых, и веселье, и радость. И Любочка и Катя уже имели небольшие уроки и очень гордились своими первыми заработанными деньгами. Дела у Анны Николаевны помаленьку устроились, хотя сначала ей и приходилось трудненько.

Главном помощью являлась назначенная Любочке земская

стипендия, затем Гриша высылал рублей по десяти в месяц, наконец, сама она зарабатывала немного на гимназистах-квартирантах. Катя, когда бывала у Печаткиных, каждый раз испытывала какое-то щемящее чувство пустоты. Давно ли вот эти комнаты жили такой хорошей и кипучей жизнью, а теперь прошлое напоминала только обстановка да разговоры. Анна Николаевна рада была видеть Катю, потому что заставляла её перечитывать письма Гриши по десяти раз.

— Как только Лача вскроется, так и наши приедут,— повторяла Любочка тысячи раз.

Ей кязалось недостаточно верным считать дни по календарю,— всё дело в Лаче. Побегут пароходы и привезут дорогих людей. В марте Любочка несколько раз таскала дедушку Якова Семеныча на пристани посмотреть, как всё ремонтировалось к открытию навигации, точно к великому празднику. Между собой гимназистки не откровенничали и не поверяли друг другу никаких тайн. У Кати их не было, а Любочка немножко дулась на неё за скрытность. Сама она с отчаянным нетерпением ждала письма от Сережи, нет — одной строчки, одного словечка не получила. Это было очень обидно, и Любочка даже плакала. Но к весне это страшное горе прошло: она всё простила коварному Сереже, только бы он приехал на лето. Ведь уж счастье просто взглянуть на него, услышать его голос, пожать ему руку.

Матери волновались не меньше дочерей, хотя и по другим причинам. Легко сказать, целый год не видались, а приедут — опять с ними новые заботы и новые хлопоты.

Катя и Любочка вместе встретили вскрытие Лачи, составлявшее настоящее торжество для всего Шервожа, особенно для мещанства, кормившегося, главным образом, около реки. Девочки вместе проводили и первый пароход, уходивший "на-низ". Это была первая ласточка, делавшая их весну. Теперь они отлично знали все рейсы, все пароходы и особенно часы прибытия пароходов. Обе боялись одного, именно, что "наши" могли приехать с утренним пароходом, когда они были в гимназии. Из писем трудно было определить вполне точно день отъезда страстно ожидаемых гостей, да и сами студенты еще не могли его определить. Во всяком случае, могло выйти так, что они приехали бы, как все другие, без всякой встречи, а это уже было бы ужасно обидно.

Наконец они приехали... Это было вечером, прекрасным весенним вечером, когда вся Лача переливалась радужным золотом, точно живой перламутр. Первой увидела наших Любочка и по привычке даже взвизгнула. Сережа услыхал этот визг и надулся. Помилуйте, что за ребячество... На пристани могли быть знакомые. Он поздоровался с Любочкой довольно сухо и отправился домой надутый, с испорченным настроением.

— Они совсем, совсем большие...— едва успела шепнуть Любочка подруге.

Гимназистки торжествовали, проезжая по городу с настоящими студентами. Да, с настоящими студентами, а не с какими-нибудь несчастными гимназистами. Им казалось, что все на них смотрят и все им завидуют. Сережа всю дорогу сердился и ворчал:

— Какая несносная эта Любочка... Разве можно себя так держать?..

— Что же делать, Сережа, если у неё такой характер... Она очень милая.

Серело, прищурившись, смотрел на знакомые улицы и знакомые дома, и всё ему казалось таким маленьким и несчастным. Настоящее воронье гнездо... И Катя тоже совсем еще маленькая девчонка и одета с обидной скромностью. Сережа успел заметить несколько заплат на её осеннем стареньком пальто и заштопанные дыры на коричневом люстриновом платье. Началась эта милая родная нищета.

Дома ему не понравились слезы и причитанья матери, повиснувшей у него на шее, хотя он и любил её. Затем Петушок приставал с разными глупыми вопросами... Всё раздражало Сережу, как он ни старался сохранить хладнокровие.

— Устал с дороги, вот и брюзжит,— объяснила про себя Марфа Даниловна.

Эти первые минуты появления Сережи оставили в душе Кати тяжелое впечатление, потому что совершенно не выкупали затраченной на ожидание "наших" энергии. Вот Гриша, так тот совсем иначе держал себя. Такой он милый и простой и так любовно ко всем относится. В первый же день устроил экзамен маленькой Соне, а затем отправился колоть дрова. Впрочем, сварливое настроение Сережи скоро улеглось, и он примирился со своей участью, хотя и повел совершенно изолированный образ жизни. Запрется у себя в комнате и по целым дням читает книги. На обязанность Кати было возложено добывать из библиотек книжки новых журналов, что она исполняла с большой охотой.

У гимназисток подходили роковые выпускные экзамены, и на время пришлось забыть целый мир. Решался капитальный вопрос, кто кончит с золотой медалью. Любочка давно отказалась от всяких претензий на такое отличие, а Катя находилась в числе первых кандидаток. Девушки опять целые дни проводили в женской общине, в сосновом бору, поднимая на ноги весь свой курс за семь лет. На Любочку иногда находило какое-то тупое отчаяние, и она швыряла книгу в траву.

— Я всё забыла... — повторяла она.— И ничего не понимаю.

Любочку почему-то занимал больше всего вопрос о своей собственной генеалогии, и она выводила род Печаткиных от первого русского типографа (печатника) Федора. По другой версии, род Печаткиных вёл свое начало из господина Великого Новгорода, где один из предков хранил какую-то "печать" необыкновенной государственной важности. Дело закончилось тем, что Любочка оказалась, в конце концов, потомком шотландских королей и родственницей чернокнижника Брюса и Лермонтова, так как где-то вычитала, что они тоже были потомками королевского шотландского дома.

— И вдруг я окажусь принцессой крови и наследницей шотландского престола? — мечтала она вслух.

— Одним словом, второй номер Марии Стюарт,— смеялась Катя: — с маленькой поправкой, так как ты рассчитываешь получить на экзамене самую великолепную двойку... Это уж никак не вяжется с наследственной королевской гордостью.

— Я бы сказала тогда своим подданным: L'état — c'est moi, как говорил король-солнце, он же Луишка Каторз. Ха-ха... В самом деле, зачем я не королева, и зачем у меня нет благодарных подданных, обязанных меня обожать?..

Какое это роковое слово: последние экзамены... Трудный семилетний искус заканчивался, а впереди брезжило что-то такое новое и хорошее, чему трудно было подобрать даже подходящее название. Теперь весь мир для выпускных гимназисток сосредоточивался именно в этих экзаменах, как он сосредоточивается иногда в каком-нибудь больном зубе. Правда, оставался еще педагогический восьмой класс, но там получалось уже совсем другое положение. Итак, вперед... О, не уставайте, нервы!.. Еще только одно последнее усилие... Любочка клялась, что, когда сдаст экзамены, то никогда не пройдет даже мимо гимназии: до того она ей надоела.

— Еще вспомнишь её,— успокаивала Катя.— И добром помянешь... Да. Будешь нарочно мимо проходить, чтобы хоть в окошечко посмотреть. Дескать, и я была молодая когда-то, а теперь старая... лицо в морщинах... волосы седые...

— Никогда! Я никогда не буду старухой... брр...

— Не согласна?.. А как же другие-то старятся?

— И пусть старятся, если это им нравится, а я не хочу.

Экзамены приближались с роковой быстротой. Любочка совсем упала духом и накануне первого экзамена дала даже какое-то трогательное обещание религиозного характера.

Целый месяц экзаменов прошел в каком-то чаду, так что, когда закончился последний, Любочка не имела сил для радости, хотя, против всякого ожидания, получила серебряную медаль. Катя кончила с золотой.

— Я от души завидую тебе,— иронически заметил Сережа, когда Катя прилетела домой с радостным известием.— Отчего не дают гимназисткам шпор и эполет? Тогда они задавились бы от усердия.

— Ладно, смейся,— говорил Петр Афонасьевич, лаская Катю.— А мы всё-таки заполучили золотушку... хе-хе! Единственная золотая вещь в доме...

— Которую можно только заложить в ссудную кассу — единственное назначение всех этих знаков отличия.

— Ладно, разговаривай...

Даже Марфа Даниловна расступилась и расцеловала дочь, что Катю немного смутило — она не привыкла к ласкам. Мать всегда почему-то была особенно сурова с ней, или, вернее, точно её не замечала. Вот Сережа — другое дело... Между прочим, Сережа усвоил себе какой-то покровительственный тон и называл мать родительницей, а отца родителем.

Отдохнувши, студенты теперь испытывали порядочную скуку и были очень рады, что гимназистки, наконец, развязались с своими экзаменами. Всё-таки веселее. Сережа почти никуда не выходил из дому. Марфа Даниловна приписывала это его необыкновенной серьезности, а дело было гораздо проще — Сережа стеснялся своих костюмов. Выходить в публику каким-то санкюлотом он совсем не желал. Пусть другие веселятся... Его никак не могли затащить даже на самое простое гулянье в городской сад, куда с кончившими гимназистками отправлялся Гриша один.

— Гриша, какие у тебя ужасные сапоги,— жалела Любочка.— И пальто порыжело и шляпа измятая... Просто стыдно с тобой рядом итти.

— Наружность обманчива...— отшучивался Гриша добродушно.

Он никогда не обращал внимания на свои костюмы, как и на костюмы других. Дело самое простое: если бы у него было хорошее платье, отчего бы и не облечься в оное, а если его нет, то горевать решительно не стоит. Если бы у него были деньги, он освежил бы Любочкины костюмы. Да... потому что эти маленькие женщины питают неискоренимую слабость к той внешности, которую можно надеть на себя. Вероятно, это так и следует...

Сережа соглашался ездить вместе с компанией только в Курью, где его ничто не стесняло, а, главное, здесь не нужно было городских костюмов. Время летело с той веселой быстротой, как это бывает только в молодости, когда люди скромно живут на капитал своих двадцати лет. Даже бедность не в состоянии потушить этого молодого веселья, которое безотчетно разливается в молодой крови.

— Нет, как-то даже смешно теперь смотреть на других,— уверяла Любочка.— Все эти пятиклассницы, шестиклассницы — такая всё жалкая мелочь. А тут вдруг ученица восьмого класса шервожской гимназии Любовь Печаткина разговаривает с ученицей восьмого класса той же гимназии Екатериной Клепиковой... Чорт возьми, нас пора уже вывозить в свет... За мной как-то целых две улицы бежал чиновник казенной палаты... Ей-богу. Глупенький такой, и вдобавок лицо всё в веснушках. Я нарочно тише пошла. "Позвольте вас проводить, мадмуазель". Знаешь, Катя, я непременно поступлю в актрисы.

— Вот в историю ты влетишь — это верно. Разве можно так себя держать?..

— А я-то чем виновата?.. В довершение всего, мне очень нравится один чиновник из канцелярии губернатора. Белокуренький такой, усики шильцем, пенснэ — я тоже себе заведу пенснэ. Да, надену пенснэ и отправлюсь гулять под руку с Гришей и буду говорить всем: "Это мой брат, студент-медик". Пусть чувствуют, а я еще замурлыкаю:

> Проведемте, друзья,
> Эту ночь веселей...

— Ах, Любочка, Любочка, какая еще ты глупая!..

— Нет, совсем даже не глупая... Я уже разлюбила Сережу, потому что у него, вместо усов, какой-то гусиный пушок. Вообще, я заметила, что любовь делает человека глупее...

Привезенная студентами некоторая важность растаяла сама собой, так как сказалась молодая потребность в живом общении, желание поделиться с другими своим настроением, мыслями и чувствами. Этими "другими" теперь являлись Любочка и Катя, быстро посвятившиеся в новый для них круг специально-университетских разговоров. Говорили о профессорах, о товарищах, о лекциях, лабораториях, препаратах и т. д. Известных профессоров панибратски называли просто по именам: Сергей Васильич, Павел Лукич, и даже просто студенческими кличками — Макся, Захарка. Катя и Любочка просто задыхались от этого наплыва новых ощущений и быстро освоились в новом для них мире ученых знаменитостей, ученых слов и разных университетских историй. Своя собственная серенькая жизнь отходила на задний план, вежливо уступая честь и место всему новому. Ведь весь свет и всё настоящее было там, а здесь только так, пока... Любочка дошла до полного самоотречения и раз даже взяла в руки живую лягушку, потому что Гриша называл её "зовом медицины".

IV

Настоящее веселье закипело, когда в Шервоже появились Миша Гребнев и Сеня Заливкин. Молодежь сбилась в одну кучку и совсем недурно коротала свое маленькое время. Товарищи сходились у Печаткиных или Клепиковых и веселой гурьбой отправлялись в Курью к "родителю" — теперь все так называли Петра Афонасьевича, что последнему очень нравилось.

— Ну, вы, петухи, хорошо поете, а только посмотрим, где еще сядете,— добродушно ворчал он.— Из одного дерева и лопату и икону делают, а то и просто балалайка выйдет.

Дедушка Яков Семеныч немного прихварывал и по целым дням отлеживался в своей избушке, как старый кот. Он только жмурился и вздыхал, прислушиваясь к веселому говору, беззаботному смеху и кипевшему ключом молодому веселью. Что говорить, конечно, хорошо. Только не всё хорошая погода бывает, а зарядит и ненастье в другой раз. Ох, молодо — зелено... Что же, дай бог! Надо молодым повеселиться, а старость сама незваная придет. Вообще старики совсем отошли на задний план и только старались не мешать. Молодые люди в эгоизме своей молодой силы не обращали на них никакого внимания, как не обращают в хозяйстве на очень подержаные вещи, которые берегутся на всякий случай. Марфа Даниловна больше не стесняла Катю никакими нравоучениями, положившись на её благоразумие. Девочка хоть куда и ничего лишнего себе не позволит.

Гриша, отдохнув, нашел себе уроки и вообще днем занимался, а вечером позволял себе развлечения. В семье молодежи он выглядел не по летам серьезным, так что его прозвали "дедушкой". "Дедушка опять нахмурился", "дедушка огорчен, что Америка открыта до него", "дедушка развеселился" и т. д. Всё это выходило и смешно и весело.

— Знаешь, Катя, мне иногда делается просто жаль всех этих наших богатых подруг по гимназии, как Женя Болтина или Клочковская,— откровенничала Любочка.— Честное слово... Киснут они по своим хоромам, как фарфоровые куклы, и только завидуют нам, бедняжки.

— Как! Ты им завидовала еще так недавно?

— Никогда!— отказалась Любочка.

В Любочке появились неприятные "черты". Она быстро усвоила себе какие-то студенческие замашки, некоторые грубые слова и вообще забавное ухарство. Всё это сказывалось и в жестах, и во взгляде, и в манере говорить.

— Полумужнчье какое-то,— ворчала Марфа Даниловна.— Удивляюсь, чего смотрит Анна Николаевна... Настоящие-то девушки разве такие бывают? Воды не замутит настоящая-то девушка, а эта никакого прилику не знает: ей слово, а она десять. Тоже и свой женский стыд надо иметь...

"Женский стыд" на языке Марфы Даниловны означал в переводе ту женственность, о которой так любят говорить поэты, моралисты и вообще всякие проповедники. Марфа Даниловна не замечала только одного, что ухарство в Любочке совершенно напускное и что сама она еще совсем ребенок. В этом переходном девичьем возрасте, который недаром называется неблагодарным, бывают резкие моменты. Гораздо справедливее определял их монастырский Келькешоз, называвший эти проявления еще не упорядочившейся молодой силы "козлякованьем". Семинарское слово было, пожалуй, и некрасиво, но метко. Кстати, монастырский дьякон тоже примкнул к молодой компании, когда в Шервож приехал на побывку учитель Кубов. Да, он не вытерпел и приехал посмотреть на университетских, как-то они поживают. Его появление произвело сенсацию, начиная с того, что Кубов приехал настоящим "пропрпетером", т.-е. на собственных лошадях.

Это появление сельского учителя Кубова внесло совершенно новую струю в жизнь студенческого кружка: кружок только еще готовился к жизни, к будущему, а учитель Кубов уже жил настоящей жизнью. До некоторой степени он явился даже чужим среди этой университетской молодежи, потому что нес с собой свои собственные мысли, заботы и намерения. При первой встрече старых гимназических товарищей произошла некоторая неловкость: стороны не знали, как себя держать. Всех больше смущены были восьмиклассницы, смотревшие на Кубова, как на чужого человека. Даже спокойная и рассудительная Катя не могла в первое время освободиться от этого сознания отчужденности.

— Да, конечно, быть сельским учителем хорошо, это даже целый подвиг,— рассуждала она наедине с Любочкой:— но... Как это тебе сказать? Чего-то как будто недостает.

— Очень просто,— решала Любочка с обычной быстротой.— Одно — какой-то сельский учитель, а другое — люди с университетским образованием.

— А самообразование?

— То да не то...

Одним словом, учителю Кубову недоставало поэзии студенческих разговоров, университетских аудиторий и лабораторий, всех тех декораций, которыми обставила себя "святая наука". Как хотите, а внешность великое дело, особенно в том возрасте, когда суть вещей так легко прикрывается хорошими словами, громкими фразами и более или менее интересными и заманчивыми аксессуарами.

— Вот уж никогда не пошла бы замуж за сельского учителя,— решила Любочка, начинавшая с женской логикой мерять людей и явления собственной особой.— Помилуйте, похоронить себя заживо в какой-нибудь трущобе... Благодарю, не ожидал!

Не смущался только сам учитель Кубов, слишком полный своим деревенским настроением. Даже напротив, он несколько разочаровался в университетских товарищах, которые как-то разом выпрыгнули из настоящего и поставили себя в какое-то привилегированное положение. Получалась слишком отвлеченная "хорошесть", существовавшая за счет совершенно неизвестного будущего. На эту тему у Кубова было несколько серьезных разговоров с Катей, причем стороны откровенно не хотели понять друг друга и остались каждая при своем. Дьякон Келькешоз, сидя в избушке Якова Семеныча, решил вопрос одним словом:

— Белоручки, дедушка...

В этом определении сказывалось неясное раздражение дьякона на привилегированную молодежь, которую он не мог не сравнивать с своим чернеделом-племяшом. В сущности, дьякон очень любил "академиков", хотя и чувствовал, как быстро растет что-то такое, что отделяет стороны. В его лексиконе не находилось подходящего слова для определения происходившего.

Студенты были в восторге от того, как устроился Кубов у себя в деревне, и даже решили отправиться к нему в гости, когда начнется сенокос. Но это намерение так и осталось в области фантазии, потому что и далеко, и непогода, и явилось разногласие. Кубов мог прожить в Шервоже всего несколько дней и так же быстро исчез, как появился, точно канул в какую-то неведомую глубину. Его приезд всё-таки послужил какой-то меркой общего настроения, и Катя с Любочкой еще больше утвердились в своих университетских симпатиях. Остальной мир не существовал, а так было что-то неясное, непонятное и не требовавшее разъяснения, тем более, что здесь всё было так ясно, просто и хорошо.

Вопрос о любви оставался открытым, потому что было просто хорошо, слишком хорошо и вообще хорошо. Эгоизм этого чувства еще не охватил настолько, чтобы закрыть весь остальной мир. Кате, с одной стороны, казалось ребячеством её прошлогоднее настроение, а с другой — она чувствовала Гришу таким близким, родным, что как-то даже не могла отделить себя от него. Разве себя любят, вернее — разве можно себя не любить? Молодые люди часто проводили целые дни вместе и нередко оставались с глазу на глаз, но это не повело ни к каким объяснениям. Да и о чем было говорить, когда и без слов всё так просто и ясно! О будущем Катя как-то даже и не думала... Но вышел один случай, который заставил её серьезно призадуматься.

У Печаткиных Катя бывала чуть не каждый день и привыкла чувствовать себя почти дома. После одного особенно удачного пикника в Курью она пришла к Любочке утром, но Любочки не оказалось дома — она отправилась за какими-то покупками на рынок. Анна Николаевна была в кухне и встретила Катю как-то сухо. Говоря правду, в последнее время Катя совсем не интересовалась, в каком настроении Анна Николаевна, потому что слишком была занята своим собственным настроением.

— Вы нездоровы, Анна Николаевна,— заметила Катя, с участием глядя на раскрасневшееся от плиты лицо Печаткиной.

— Нет, ничего, слава богу...— так же сухо ответила Анна Николаевна и даже отвернулась.

"Может быть, вышли какие-нибудь неприятности?" — подумала про себя Катя и прибавила совершенно машинально:— А Гриша на уроке?

120

— Григорий Григорьевич на уроке,— поправила Анна Николаевна и как-то вызывающе посмотрела на Катю прищуренными глазками... — Он занят... да.

Катя смутилась и почувствовала, как начинает краснеть. В глаза она всегда называла Гришу полным именем и позволила его назвать Гришей по детской привычке, как Любочка называла её брата Сережей. Что же тут обидного? А главное, какими глазами на неё смотрела Анна Николаевна и каким тоном говорила с ней? Было и обидно и как-то безотчетно-стыдно.

— Григорию Григорьичу нужно заниматься, а не терять напрасно время по гуляньям,— продолжала Анна Николаевна в том же тоне.— Нам не до гулянья... да. Это богатым впору разгуливать-то, а мы беднота непокрытая...

Катя сразу поняла, в чем дело, и ничего не могла сказать, а только стояла на одном месте, как пришибленная. Она чувствовала, что Анна Николаевна ненавидит её и смутно догадывалась об истинных причинах этой ненависти. Выступал на сцену тот материнский эгоизм, который в каждой молоденькой женщине видит тайного врага, который вот-вот схватит вырощенное детище. Впрочем, Анна Николаевна овладела собой и постаралась спросить своим обычным тоном, как здоровье Марфы Даниловны. Но дело было сделано. Точно что раскололось... Прежней Анны Николаевны уже не было, как не было и прежней Кати.

Появление Любочки вывело обеих женщин из крайне неловкого положения. К счастью, Любочка ничего не заметила, и Катя выдержала характер до конца. Она вошла в этот дом своим человеком, а уходила чужим. Да, произошло что-то очень большое, очень несправедливое и очень обидное. Это было первое облачко, которое черной тенью пронеслось по ясному небу... Одна Любочка ничего не понимала, счастливая собственным неведением.

Однако и Любочке досталось, когда Катя ушла. Расходившейся Анне Николаевне нужно было на ком-нибудь "сорвать сердце".

— Ишь, принцесса какая разлетелась! — ворчала Анна Николаевна, усаживаясь к самовару.— Знаем мы эти ваши фигли-мигли...

— Ты это про кого, мама? — полюбопытствовала Любочка.

— А так, про себя... Сегодня гулянье, завтра гулянье — что же это за порядок, в самом-то деле! Я уж не знаю, чего смотрит Марфа Даниловна. Кажется, женщина серьезная и мать в своем полном праве.

— Что же ей смотреть?

— А вот это самое... Прост Гриша-то, вот что!.. А им это и на руку... Ты еще глупая и ничего не понимаешь. Да... А того не подумаешь, что будет, ежели Гриша женится? Бедность на бедности женится, то-то семейная радость... Будет! Кажется, досыта нахлебались. А эта твоя Катя хитрая, даром что тихоня. Только меня-то не проведешь, голубушка... Всё вижу, как она подманивает.

— Мама, опомнись, что ты говоришь?

— Какой он ей Гриша? Я её давеча так обрезала... А еще ученые барышни. Мужички так не сделают...

Произошла очень бурная сцена. Любочка вспылила, защищая подругу, и наговорила матери неприятных и обидных вещей. Анна Николаевна кричала на неё и кончила тем, что расплакалась.

— Мне стыдно за тебя, мама!— не унималась Любочка, тоже со слезами на глазах.— Никто и не думает ничего, кроме тебя... Да и Катя такая серьезная девушка. Я просто удивляюсь, как тебе могло притти что-нибудь подобное в голову.

— Э, матушка, дело житейское: и ученые и неученые девушки одно себе высматривают. Не от нас это пошло и не нами кончится. Да... Вот, небойсь, Сережа не женится на тебе. Не таковский человек, чтобы на бесприданнице жениться. Тоже тихоня, спроста слова не скажет, а посмотри, какую богачку подцепит... Вот помяни мое слово. Разговоры-то эти ваши все позабудет... А Гриша прост, весь в отца... Слава богу, достаточно я видела людей и знаю, кто чего стоит.

— Что же, по-твоему, и Гриша должен тоже на богатой жениться?

— Уж это — как кому судьба... Надо же и богатым невестам за кого-нибудь выходить, и нет того лучше, когда бедный на богатой, а богатый на бедной женятся. Как раз пополам и выйдет...

Любочка была совершенно ошеломлена этой безжалостной прозой, которую не ожидала встретить именно в родной матери. Живой человек не имел цены на этом рынке, а только положение, средства и связи... Всё это так не вязалось с тем, что сама она переживала сейчас, и Любочке делалось больно и за себя, и за Катю, и за Гришу. Нет, это ужасно, это несправедливо, этого не должно быть... Она даже не могла никому сказать об этом. Впрочем, что тут говорить, когда Катя уже, наверно, догадалась по обращению с ней матери. Ах, мама, мама, что ты наделала...

V

Для Кати началась медленная пытка. Сообразив все обстоятельства, она поняла, что прежде всего ничем не должна выдавать себя. Нужно было сохранять по внешности всю прежнюю обстановку. В лучшем случае она могла сказаться больной, чтобы не участвовать в какой-нибудь прогулке. Да, другие могли веселиться с чистым сердцем, а она чувствовала себя спокойной только в своей комнате. Хуже всего были те дни, когда Кате приходилось заставлять себя итти к Печаткиным. Это опять служило только одной из тех маленьких военных хитростей, из каких иногда складывается жизнь самым глупым образом. А какая пытка делать веселое лицо и улыбаться, когда на душе кошки скребут! Затем, ей казалось, что все начинают смотреть на неё глазами Анны Николаевны, и она чувствовала, как делается неестественной в каждом движении, в тоне голоса, во взгляде. Ведь есть вещи, которые можно скрыть только от себя, а не от других.

— Что с тобой, Катя?— спросила Любочка с участием.

— Ничего... так...

Любочка тоже мучилась, мучилась до того, что не могла даже облегчить душу обычной откровенностью. Она, в свою очередь, старалась делать вид, что ничего особенного не замечает и удовлетворяется ответом: "так". А тут еще Гриша каждую минуту мог заметить, и тогда началась бы уже круговая ложь.

На время Катю развлекло новое обстоятельство. Она совершенно случайно познакомилась со своим дядей доктором. Это знакомство произошло в городском саду. Катя сидела с Любочкой на скамейке, машинально наблюдая гулявшую публику. Мимо них два раза прошел Огнев под руку с доктором. Катя знала его только издали. Когда Огнев раскланялся с гимназистками, доктор его остановил и что-то спросил.

— Ведь это твой дядя...— шепнула Любочка.— Ай, батюшки, он идет сюда...

Доктор, действительно, оставил своего компаньона и немного колеблющейся походкой направился к гимназисткам. Это был высокого роста господин с окладистой поповской бородой. Мундир военного врача сидел на нем как-то особенно неловко, как умеют носить такие мундиры только семинаристы. Он довольно развязно подошел прямо к Любочке и, протягивая руку, проговорил:

— Если не ошибаюсь, m-lle Клепикова?

— Нет, я Печаткина, а вот Катя...— отрекомендовала Любочка.

— Ах, всё равно... Здравствуйте, господа. Очень рад познакомиться... Только что слышал о ваших победах. Поздравляю..

Первое впечатление Кати сложилось из таких признаков: рука у дяди потная и холодная, глаза близорукие, хороша была добродушная улыбка, если бы от дяди не пахло вином.

— Я вас знаю, дядя, только по наслышке,— объяснила Катя, когда он сел на скамью рядом с ней.

— Да, да... Война Алой и Белой розы, Монтекки и Капулетти, Гвельфы и Гибеллины — виноват, даже и этого нет, а просто сапоги всмятку. Мы это дело разберем, милая племянница, как-нибудь на-досуге... А знаете, почему я решился подойти к вам? Мне этого очень хотелось... Я уже несколько раз следил за вами... да. Вы так весело проводите свое время... гм... Это в порядке вещей, когда жизнь представляет собой tabula rasa. И, знаете, я позавидовал вам от души, как может завидовать только человек... человек, ну, моих лет. Ведь и я когда-то был таким же, и так же хорошо себя чувствовал. Ах, как было хорошо...

Любочка под каким-то предлогом улизнула, предоставив милым родственникам познакомиться с глазу на глаз. Катя решительно не знала, что ей говорить с мудреным дядей. Впрочем, он говорил всё время один, говорил и улыбался своей хорошей улыбкой.

— Как вы думаете: хороший я человек или дурной?— неожиданно спросил он, глядя на неё в упор.— Нет, говорите откровенно..

— Право, я не знаю, дядя... Конечно, хороший...

— А вот и нет... И вы сказали неправду. Сознайтесь?.. Вы меня тоже считаете нехорошим человеком и совершенно правы...

Немного раскачиваясь и продолжая улыбаться, он прибавил:

— А в сущности, ежели разобрать, так я... как это вам сказать? Да вот приходите ко мне и сами увидите, что такое ваш дядя Павел Данилыч Конусов. Ей-богу, приходите...

— Благодарю, но...

— Без "но", а приходите запросто. Я беру с вас честное слово... Ведь между нами не может быть никаких счетов.

Другое дело — сестра... Ах, барышня, вот вы не знаете самой простой вещи, как я люблю сестрицу Марфу Даниловну и как мучаюсь за неё. Это правда... И она знает, что я её люблю. И папашу Петра Афонасьевича тоже... Да что тут говорить!.. Итак, у нас сегодня пятница, а в воскресенье я жду вас завтракать, милая племянница. Я горжусь, что у меня такая племянница... Вы очень напоминаете сестру, когда она была молодой. Очень...

Доктор неожиданно вынул платок, поправил золотые очки и вытер слезу. Этого Катя никак не ожидала и только смотрела на дядю удивленными глазами — это был совсем не тот человек, представление о котором сложилось у неё еще в детстве по семейным рассказам.

— Буду ждать... А теперь прощайте. Нет, решительно сестра Марфинька, когда ей было семнадцать лет... Кланяйтесь ей.

Когда Катя рассказала дома об этой встрече, Марфа Даниловна очень близко приняла её к сердцу и заставила повторить некоторые подробности.

— Взял слово, что придешь? — повторила она, что-то соображая.— Что же, сходи. Твое дело сторона...

— Неловко, мама. Я стесняюсь...

— Перестань, дурочка. Брат ни при чем... Всё дело в жене. Ну, да это дело семейное, и трудно судить со стороны. Нет, сходи... Раньше он другой был, а как женился, так и не узнали — точно и не он.

В другое время Катя, вероятно, как-нибудь развязалась бы с этим визитом, но сейчас ей было не до того. Да и дядя почему-то интересовал её. Всё-таки, отправившись в воскресенье к дяде. Катя испытывала большое волнение и готова была вернуться с полдороги домой. Конусов занимал казенную квартиру при военном лазарете,— это было на выезде. На звонок выскочил денщик.

— Барин дома?

Денщик-солдат как-то испуганно скосил глаз и несколько мгновений не мог ничего ответить. На выручку к нему подоспела горничная и довольно сухо пригласила гостью "пожаловать в гостиную". Обстановка докторского жилья тоже была какая-то казенная. От неё веяло нежилым, как в домах, где "не ладно". Всё было устроено только "для порядку", потому что так принято. Гостиная глядела каким-то пустырем, и от неё веяло холодом. Катя просидела здесь, по крайней мере, четверть часа, прежде чем показалась хозяйка, низенькая, толстая и подслеповатая дама, казавшаяся еще толще от своего шелкового платья.

— Очень рада...— проговорила она.— Я так много о вас слышала. Павел Данилыч сейчас выйдет...

Этим разговор и кончился. Дальше говорить было не о чем, как обе стороны ни старались занять друг друга. Домовладыка показался только через четверть часа, сконфуженно-серьезный, с какими-то испуганными глазами. Это был совсем другой человек, ничего общего не имевший с тем милым дядей, который мог так мило разговаривать, когда над ним не висел уничтожавший его взгляд жены. К Кате он отнесся с таким видом, точно удивлялся, зачем она явилась сюда. К завтраку вышли двое детей, мальчик и девочка, тоже какие-то испуганные, как и отец. Вообще получалась очень милая обстановка, и Катя вздохнула свободнее только тогда, когда очутилась на улице.

— И это жизнь? — вслух подумала она, шагая к себе в маленький домик, казавшийся теперь раем по сравнению с этим казенным холодом.— Бедный дядя... Да, я его понимаю.

История доктора Конусова была очень несложна. Сейчас по выходе из медицинской академии он имел несчастие жениться на "генеральской дочери". Она считала себя неизмеримо выше по общественному положению, и это отравило всю жизнь доктора. Из-за неё он разошелся с родными, из-за неё вел знакомство с провинциальной аристократией, которой не мог выносить, из-за неё его дом превратился в какой-то склеп. Вся жизнь сделалась одной фальшивой нотой, и доктор потихоньку от жены напивался где-нибудь в гостях. Вообще он чувствовал себя свободно только за пределами своего законного семейного счастья.

Встретившись опять с дядей в саду, Катя сделала вид, что не заметила его. Она боялась поставить его в неловкое положение. Кто знает, может быть, она компрометировала его. Но он сам подошел к ней; это был тот милый дядя, каким она узнала его в первую встречу. Взяв её под руку, он заговорил:

— Голубчик, вы теперь всё знаете... Я сделал большой риск, пригласив вас к себе, но не раскаиваюсь. Вы видели, как люди не должны жить. Это может вам пригодиться, как лучший наглядный урок. Ведь вы понимаете меня?

— О, да...

Это знакомство, действительно, послужило для Кати открытием, и она много думала о нем. Ведь есть другие люди, другие отношения, другая жизнь... И только сейчас она вполне оценила собственное чувство к Грише, простому, хорошему, серьезному Грише, хотя он теперь меньше, чем когда-нибудь, мог догадываться о нем. Катя даже и не желала взаимности. К чему, когда и без того жизнь полна... Однако объяснение последовало, точно на зло материнской политике Анны Николаевны, даже больше — прямо вызванное ей.

— Что-то случилось, Катерина Петровна, чего я не знаю,— заговорил Гриша первым, когда они в Курье остались с глазу на глаз.— Я говорю про вас...

— Ничего особенного, Григорий Григорьич...

— Нет, зачем так говорить... Мне не нравится самый тон, которым вы говорите.

— Тон? Вы ошибаетесь... Всякому может быть не по себе — и только.

Он взял её за руку — это было еще в первый раз — и заговорил совсем тихо:

— Я в большом долгу перед вами... Помните, перед отъездом я просил вас не забывать моей семьи? Живя в Казани, мне было как-то приятно думать, что вы в Шервоже и можете заменить меня в случае необходимости. Это эгоистично, но мне казалось, что в Шервоже осталась моя лучшая часть, и это успокаивало меня.

— Но ведь мне ничего не пришлось сделать для вашей семьи. Весь год прошел благополучно.

— Да. Надеюсь, вы понимаете, что я хочу сказать?

Она замолчала и, опустив глаза, освободила свою руку. Он заговорил еще тише...

— Да, да, да... Я делаю глупость, задавая подобный вопрос. Есть вещи, которые не нуждаются в названиях и собственных именах... Ах, как я счастлив, как я счастлив!.. А вы?..

Она так же молча посмотрела на него счастливыми глазами и прижалась к его руке.

Над Лачей садилось пылавшее солнце. Гладь реки синела, как вороненая сталь, и в ней отражался летний закат. Где-то на песчаной отмели перекликались кулички. Несколько лодок точно застыли в необъятной шири заснувшей реки. Дедушка Яков Семеныч сидел на пороге своей избушки и старческим глазом издали наблюдал за счастливой парочкой.

— Ах, молодость, молодость...— шептал старик, покачивая седой головой.

VI

Сколько грустной поэзии в слове: последний год. В данном случае — последний год в женской гимназии. Собственно говоря, Любочка и Катя уже кончили курс и оставались теперь только в восьмом педагогическом классе, где главным предметом была педагогика, а главным преподавателем Павел Васильевич Огнев. Не было уже тех строгостей, не было и отметок, а ученицы находились на исключительном положении педагогичек. Катя и Любочка уже давали пробные уроки в приготовительном классе. Всё это поднимало их в собственных глазах и делало большими, а у больших людей, как известно, должны быть и большие серьезные разговоры. Даже Любочка больше не выкидывала своих веселых маленьких глупостей и ходила с таким комично-серьезным лицом.

— Ты посмотри на меня, Катя, сбоку, достаточно ли я серьезна,— говорила она с комической важностью.— По-моему, всё дело в профиле...

— А ты как раз страдаешь именно недостатком всякого профиля, как лепешка...

— Я лепешка? Ошибаетесь, милостивая государыня... У меня греческий тип.

К педагогичкам иначе относились и учителя и классные дамы. Одинаковой оставалась только старушка-начальница Анна Федоровна.

Самым важным преимуществом восьмого класса было всё-таки то, что педагогичкам по преимуществу доставлялись уроки. У Кати уже было три урока, на которых она зарабатывала до двадцати пяти рублей в месяц — сумма громадная. Положим, все деньги она отдавала матери, но зато теперь не слышала попреков в том, что даром ест хлеб, а затем у неё были свои деньги на те мелочи, без которых так трудно обойтись: нужны и перчатки, и чулки, и башмаки, и шляпа, и зонтик, и мелочь на извозчика.

— Вот как мы нынче,— хвастался Петр Афонасьевич за Катю.— Ни у кого не будем просить, а сами еще дадим другим...

Марфа Даниловна относилась почти равнодушно к деньгам Кати, точно это, так и должно быть. Что же тут особенного? Слава богу, целых семь лет учили в гимназии, вытягивались из последних жил — нужно и честь знать. Впрочем, Катя уже привыкла к такому отношению матери и не возмущалась, как это бывало раньше.

Для неё эти уроки имели другое значение, именно, они вводили её в настоящую жизнь, знакомя с самыми разнообразными людьми, обстановками и положениями. Богатых родных и знакомых у Клепиковых не было, и с детства для маленькой Кати большие каменные дома казались каким-то заколдованным царством, в котором живут совсем особенные люди. Да, эти богатые люди должны иначе думать, иначе чувствовать и вообще вести какой-то другой, высший порядок жизни, как избранные существа. И вот теперь она вошла в этот заколдованный мир богатого купечества и высшего губернского чиновничества. Впоследствии ей делалось смешно, когда она припоминала эти первые впечатления. Её поражала и роскошь обстановки, и костюмы, и весь домашний уклад,— меркой, конечно, служил свой собственный маленький домишко и своя, более чем скромная обстановка. Как девочку, её больше всего прельщала сервировка завтраков и обедов, чайная и столовая посуда, столовое богатое бельё, а затем обстановка детских, и в особенности — эти домашние костюмы, сделанные с дорогой простотой. Как это всё хорошо и как всё это должно быть дорого: ночные кофточки, расшитые полотенца, камчатные скатерти, наволочки, с прошивками и кружевами,— один восторг. Прикидывая в уме, сколько, приблизительно, могло стоить подобное великолепие, Катя приходила просто в ужас.

— Хорошо богатым людям жить на свете,— говорила она Любочке.— Хоть бы несколько дней так пожить...

Любочка, против ожидания, относилась совершенно равнодушно к этому показному великолепию. В Кате сказалась домовитость и чистоплотность Марфы Даниловны, усвоенные с раннего детства. Это смутное тяготение к комфорту у Кати связалось с общим настроением, с желанием быть лучше. Раньше она как-то мало обращала внимания на свою наружность, а теперь этот вопрос и занимал и волновал её. Обыкновенно у девочек этот период совпадает с возрастом между десятью и двенадцатью годами, когда они делаются неестественными, начинают наряжаться и вообще занимаются усиленно своей наружностью. Катя наблюдала на маленьких гимназистках это превращение, а теперь переживала его сама, что её и смущало и огорчало. Иногда она сама себе казалась и красивой и изящной, иногда, наоборот, "мовешкой", а ей так страстно хотелось быть первой. В самом деле, ведь это так несправедливо, что одни девушки родятся красивыми, а другие

129

дурнушками. Первым открыто всё и вперед обеспечено счастье, а вторые должны только смотреть на это чужое счастье и изнывать от зависти. Встречая где-нибудь на улице красивую девушку, Катя испытывала именно это тяжелое чувство зависти. Какие, в самом деле, есть красивые девушки: высокие, стройные, с удивительно правильными и нежными лицами, с такими чудными глазами и этим чудным девичьим румянцем. Катя начинала ненавидеть свое бледное лицо и тонкую фигуру. Сухарь какой-то... Впрочем, это было величайшей тайной, о существовании которой никто не должен был даже подозревать.

Раз Катя попалась. Она стояла перед зеркалом и рассматривала в него свое лицо. Именно на этом невинном занятии её и застала Любочка.

— Катя, ты ли это?

— Я... а что?

— Мне стыдно за тебя, мой друг... Да и на зеркале могут образоваться дыры, если часто и так усердно смотреться в него, как ты. Зачем же портить хорошую и полезную вещь?

Катя совсем растерялась, покраснела и не нашлась, что отвечать. Любочка захохотала.

— Знаешь, что я тебе скажу?— заговорила Любочка.— Это глупо... да. Пусть смотрятся в зеркало кисейные барышни, которые для этого и созданы. А знаешь, говоря откровенно, я сама этим занималась еще в третьем классе. Ты не замечала? Я даже плакала от огорчения, что Клочковская красивее меня. Ха-ха!.. А теперь мне всё равно. И знаешь почему? Для чего все девушки так хотят быть непременно хорошенькими? Чтобы нравиться мужчинам... Это обидно. Неужели я буду жить только для того, чтобы иметь честь понравиться какому-то Сидору или Карпу? Благодарю покорно... Я просто хочу быть человеком. Не урод, не безобразна — и прекрасно.

У Любочки теперь прорывалось какое-то резкое настроение, странным образом сменявшее её обычную веселость. Так было и теперь.

— А согласись, всё-таки приятно видеть красивое лицо и красивую фигуру,— говорила Катя.— Это всегда было и всегда так будет... Для кого пишутся стихи, музыка? Всё для неё, для красивой женщины... Для неё и цветы благоухают, и солнце поднимается, и все радости.

— Вздор... Я буду счастлива вот такой, какая есть.

— А как ты находишь меня: красива я или нет?

— Так себе... До красавицы не дошла, а если бы я была мужчиной, я бы женилась на тебе. Я люблю таких бледненьких и худеньких... Меня возмущают румяные лица, как мое. Что-то такое вульгарное и совсем не поэтичное... А в сущности, говоря откровенно, мне жаль тебя, Катя. Не стоит... брось... Ты понимаешь, о чем и о ком я говорю? Вот посмотри, как мы обе останемся при печальном интересе. Э, свет не клином сошелся... Я прошлым летом внимательно присматривалась к Грише и нашла, что он порядочная пьяница.

— Ну, уж это ты ошибаешься.

Девушки давно не говорили откровенно на эту тему, несколько лет, и Катя очень сконфузилась.

Великим событием в их жизни было то, когда они отправились в первый раз в театр. Раньше о таком удовольствии они не смели и подумать, а тут сама Поликсена Карловна пригласила их с собой в ложу.

— Вы никогда не бывали в театре? — удивлялась она.— Никогда? О, значит, вы ничего не видали... Для этого стоит жить на свете.

Даже отказаться было неудобно. Марфа Даниловна ворчала, а Петр Афонасьевич одобрял.

— Я сам, когда был холостой, два раза ходил в театр,— рассказывал он.— Представляли в первый раз кардинала Ришелье, а во второй "Дитя в лесу". Отлично было. И еще одна барышня танцовала с бубном.

Теперь давали пьесу Островского "Без вины виноватые". Катя ужасно волновалась с самого утра, и ей всё казалось, что или театр сгорит до представления, или все актеры захворают. Но не случилось ни того, ни другого, а они с Любочкой сидели в ложе бенуара и в первый раз осматривали театральную залу. Её всё здесь поражало и подавляло роскошью, начиная с грубо размалеванного занавеса. В ложе, кроме Поликсены Карловны, сидел еще Огнев, скучающими глазами смотревший на собиравшуюся в партере публику. Как тут можно было скучать? Вон Поликсена Карловна и та совсем другая сегодня, такая веселая и довольная.

Этот первый спектакль произвел на Катю неизгладимое впечатление. Она была в восторге, нет, больше. Ведь на сцене говорили много такого, что она сама думала и чувствовала. Как ей было жаль этой бедной девушки-швеи, которую так бессовестно обманывал этот дрянной чиновник. Катю возмущало, что Огнев всё время ворчал и был недоволен артистами.

— Эх, разве так играют? — возмущался он.

— Нужно довольствоваться и этим,— спорила с ним

131

Поликсена Карловна.— Разве Незнамов плох? Конечно, провинциальная труппа...

— Обидно за искусство...

Огнев принадлежал к разряду тех строгих провинциальных театралов, которые всегда недовольны. Он каждый антракт уходил в буфет и возвращался всё мрачнее.

— Вам нравится?— спрашивала Поликсена Карловна, увлекавшаяся актером, игравшим Незнамова.— Не правда ли, сколько благородства... чувства...

Женщины плакали в последнем акте, и Любочка, конечно, тоже. Катя вся замерла, очарованная всем происходившим. Вот где настоящая жизнь и настоящие люди... Поликсена Карловна была права в своих восторгах театром. Закончился спектакль глупейшим водевилем "Утка и стакан воды", причем Любочка хохотала до слез, так что на неё начали смотреть из соседних лож.

— M-lle Печаткина...— шептала Поликсена Карловна, делая привычно-строгое лицо.— На нас наводят бинокли... так нельзя...

Но удержать Любочку было не так-то легко. Она краснела, сдерживая душивший её смех, и кончила тем, что раскашлялась на весь театр. Теперь публика смеялась уже её смехом, а один актер со сцены раскланялся по её адресу.

Домой Катя вернулась в тумане, охваченная неиспытанными ощущениями. Да, сцена — всё, сцена — жизнь, наслаждение... Она долго не могла успокоиться и целую ночь видела актера Смагу, корчившего пресмешные гримасы.

После этого спектакля Поликсена Карловна начала покровительствовать молодым девушкам и потащила их в концерт, дававшийся в зале Благородного Собрания. Это окончательно уже возмутило Марфу Даниловну.

— Что мы, миллионеры, что ли? — ворчала она на Катю.— Это богатым людям театры да концерты, а наш брат сыт — и слава богу...

— Мама, ведь Поликсена Карловна сама пригласила... — оправдывалась Катя.

— В самом деле, неловко отказываться,— по обыкновению вступился за дочь Петр Афонасьевич.— Такая почтенная классная дама... И всего-то рубль.

— А у тебя много этих рублей?— накинулась Марфа Даниловна на мужа, чтобы сорвать сердце хоть на нем.— Много? Бьемся-бьемся, свету белого не видим, а Катя будет по театрам да по концертам ухлестывать...

— Да ведь она на свои деньги пойдет! Наконец, Сережа вон пишет, что часто бывает в театре.

— Сережа — другое... Сережа — мужчина, ему в другой раз и нельзя, а девушка сидела бы лучше дома.

Когда Катя ушла в концерт, дома разыгралась настоящая сцена. Марфа Даниловна расплакалась и наговорила массу неприятных вещей мужу. Петр Афонасьевич вспылил и тоже наговорил лишнего. В этой истории принял участие даже Петушок.

— Ты балуешь Катю!— кричала Марфа Даниловна.— А потом спохватишься, когда она от рук отобьется, да будет поздно.

— Ты вот так балуешь своего Сережу... А дочь у меня одна. Что хочу, то и делаю с ней. Она с золотой медалью кончила курс... Чего же тебе еще нужно? Она по двадцати пяти рублей в месяц зарабатывает. Нужно же ей маленькое развлечение получить... Пока молода, и пусть повеселится, а там еще неизвестно, что впереди будет.

— Ты бы вот подумал, как мы Петушка будем воспитывать. Вот осенью его в гимназию отдавать, опять расходы, заботы... Измучилась я с вами, а вы только о своих удовольствиях заботитесь.

— Это я-то?..

Бурю усмирил дедушка Яков Семеныч, прибревший как раз во-время. Он внимательно выслушал всё дело и принял сторону Марфы Даниловны. Конечно, все эти гулянья лишнее. Ведь можно без них обойтись, ну, так о чем тут кричать и горячиться? Петр Афонасьевич поссорился сгоряча и со стариком.

— Ну, будет тебе, воевода,— уговаривал его Яков Семеныч.— Знаешь поговорку: на сердитых-то воду возят...

Вернувшись из концерта, Катя застала дедушку и, взглянув на лица, поняла, что здесь происходило. Она отказалась от ужина и ушла к себе в комнату. Какая пропасть отделяла её теперь от всего, что её окружало...

— Вот видишь? — заметила Марфа Даниловна мужу, указывая глазами на дверь в комнату Кати.

VII

С Анной Николаевной в течение года Катя видалась мало, за исключением тех случаев, когда приходила навестить дедушку Якова Семеныча. Между ними установились сдержанно-неловкие отношения. Исключение вышло по случаю болезни Любочки, у которой открылся жестокий тиф. Анна Николаевна растерялась и не знала, что делать.

— Ты уж, Катя, того, не оставляй нас,— просил Яков Семеныч.— Я поговорю с матерью... Она ничего. Как быть-то, дело житейское...

Марфа Даниловна, против всякого ожидания, согласилась, и Катя на целых две недели перебралась к Печаткиным. Лечил Любочку гимназический доктор, сердитый поляк-старик, которого гимназистки знали только по имени. Он приезжал каждое утро к больной и очень ворчал за каждую неисправность. И квартира скверная, к белья мало, и воздух нехорош, и еще много чего другого. Сначала Катя очень его боялась, а потом привыкла и даже подружилась.

— Вы сегодня опять будете ворчать на меня,— предупреждала она вперед.— Температура у нас не совсем хорошая...

— Я так и знал.

Любочке приходилось очень плохо, особенно перед кризисом.

Жизнь висела на волоске. Катя дежурила у постели больной попеременно с Анной Николаевной. Любочка не узнавала никого. Казалось, что нить жизни вот-вот порвется. Особенно тяжела была последняя ночь. Доктор предупредил, что всё может разрешиться очень быстро в ту или другую сторону. Катя еще в первый раз стояла так близко, почти лицом к лицу со смертью. Да, какая-нибудь одна ночь, и человека не стало... Для чего же человек хлопочет целую жизнь, рассчитывает, к чему-то стремится, волнуется и всё чего-то ждет? Сегодня есть Любочка, а завтра может её и не быть...

Но Любочка пережила кризис. Выручил молодой организм.

— Ваше счастье, что у вас сердце хорошее,— в последний раз проворчал доктор.— А впрочем, хорошо то, что хорошо кончается...

Любочка не могла ничего отвечать, а только смотрела беспомощными округлившимися глазами. Ей даже тяжело было смотреть. Теперь Катя могла вернуться домой, чтобы отдохнуть после бессонных ночей. Она только сейчас припомнила, что Анна Николаевна всё время относилась к ней холодно и с каким-то недоверием. Что она ей сделала?..

Катя не подозревала, какая сцена разыгралась у постели больной незадолго до кризиса. Дежурила Анна Николаевна. Она вздремнула и испугалась, когда Любочка её слабо позвала.

— Мама, я умру... я это чувствую...

— Перестань, Любочка... Всё от бога.

— Нет, и чувствую... да. Ты будешь плакать, и мне очень тебя жаль... Если я умру, мама... вместо меня останется тебе Катя... она хорошая...

Анна Николаевна ничего не ответила и только заплакала. Теперь ей сделалось совершенно ясно, почему Катя с таким самоотвержением ухаживала за больной Любочкой... О, эта тихоня хорошо знает, что нужно делать. Гриша, конечно, узнает всё и будет её считать благодетельницей. Вообще, что бы ни сделала Катя, она в глазах Анны Николаевны казалась тонкой интриганкой, преследовавшей упорно одну цель.

Выздоровление Любочки совпало с наступлением весны. Она долго не могла выходить из дому. Чудесные волосы были обрезаны. Румяное круглое лицо вытянулось и побледнело. Вообще это был совсем другой человек, и даже Катя только удивлялась, наблюдая подругу со стороны. Не было и прежней Любочкиной веселости...

Первый выход Любочки из дому совпал с приездом студентов. На этот раз их появление уже не произвело того эффекта, как в прошлом году: они уже потеряли прелесть новизны. И ждали их не с тем нетерпением. Сережа Клепиков даже надулся, что вышло очень смешно. Он всегда заявлял себя врагом телячьих нежностей.

— На будущий год я не приеду,— заявил он, чтобы чем-нибудь досадить.— Нужно будет серьезно готовиться к выпускному экзамену. Возьму урок где-нибудь на лето... И проживу и что-нибудь еще заработаю.

Это заявление очень огорчило Марфу Даниловну, хотя она и промолчала, скрепив сердце. Сережа был для неё чем-то вроде домашнего идола, и она всё могла ему извинить, кроме отсутствия. Петр Афонасьевич отнесся к этому заявлению совершенно равнодушно, чем Марфа Даниловна была огорчена окончательно и, по материнской логике, перенесла свое неудовольствие на него.

— Родной сын бежит из дому...— говорила она.— Да и чего

ему здесь, в самом-то деле, болтаться! Другие отцы не нарадуются, а нам ни тепло, ни холодно...

— Приедет,— успокаивал Петр Афонасьевич.— Так, поговорит... Попугать хочет.

Гриша сильно изменился за год — похудел, вытянулся и оброс темной бородой. Последняя доставляла Любочке много удовольствия.

— Теперь у нас есть настоящий наш собственный мужчина,— повторяла она.

Встретившись с Катей, Гриша молча поблагодарил её. Да и что было тут говорить? Он нашел, что за год она окончательно выросла и сделалась настоящей взрослой девушкой. Только гимназическая форма еще придавала некоторый оттенок детства, который снимется вместе с этой формой.

— Куда думаете по окончании гимназии? — спрашивал Печаткин.

— Право, еще не знаю... Кажется, что останусь года на два в Шервоже. Буду давать уроки и копить деньги... Мне ведь не на что рассчитывать.

— Что же, и это хорошо.

Экзамены в восьмом классе были сравнительно очень легкие. Огнев держался своей собственной системы и к экзаменам относился как к ненужной фамильярности. Ведь он каждую ученицу в течение года мог узнать лучше, чем все экзаминаторы, взятые вместе, в те полчаса, пока она стоит перед экзаменационным столом. Положим, этот взгляд шел вразрез с принятой системой, но на практике многие педагоги уже давно придерживались его. Любочке пришлось посидеть, наверстывая пропущенное во время болезни время, но и она не особенно трусила.

Прошел и последний экзамен. Любочка и Катя сидели так же на одной парте, как и при поступлении.

— Неужели всё кончилось, всё?— спрашивала Любочка, собирая свои тетрадки и книжки.— И форма не нужна, и ходить в классы не нужно, и готовить уроки не нужно? Мне даже как-то страшно делается, точно я сама сделалась никому ненужной...

— Помнишь, сколько я раз говорила тебе, что еще пожалеешь гимназию?

У Любочки были слезы на глазах.

Самый трогательный момент произошел, когда в класс пришла начальница Анна Федоровна, чтобы проститься с ученицами. Старушка прихварывала и с трудом дошла из своей квартиры до экзаменационного зала. Она заметно волновалась и несколько времени молчала, переводя дух.

— Вот, дети, мы и кончили...— тихо заговорила она, обводя своими добрыми глазами толпу молодежи.— Официально вы уже большие, а для меня вы попрежнему дети... Я слишком привыкла к вам, сжилась, сроднилась, потому что никогда не отделяла себя от вас. Да, дети, милые, дорогие дети... Не скрою, что мне очень тяжело с вами расставаться, тем более, что пред каждой из вас стоит то неизвестное, которое называется жизнью. Конечно, молодость счастлива уже потому, что она полна сил и энергии, что она верит в свое будущее, что она несет его сама в себе. В последний раз мне хочется сказать вам к тому, что вы слышали в этих стенах, очень немного: самое главное в каждом человеке — доброе сердце... Есть люди и умные, и талантливые, и энергичные, но только доброе сердце дает истинное счастье. Запомните это, дети... Желаю вам от души именно этого счастья.

Конечно, сцена прощанья разрешилась слезами. Анна Федоровна благословила каждую ученицу и каждой что-нибудь сказала. Поликсена Карловна прижалась в уголок и стояла все время, закрыв глаза платком. Кате показалась она такой жалкой, такой несчастной, что она подошла и бросилась к ней на шею.

Домой девушки вернулись с опухшими от слез глазами. Сережа Клепиков посмотрел на сестру, поднял брови и процедил:

— Официальное наводнение случилось, сестрица?

— Да, наводнение...

— Как хорошо было бы, если бы слезы что-нибудь стоили...

— Для тебя, конечно, они ничего не стоят, потому что ты эгоист. Вообще мы говорим ни о чем, и ты не поймешь самой простой вещи, что люди жалеют о том хорошем, что теряют. Да... Я многим обязана своей гимназии и всегда буду вспоминать её с благодарностью.

— Хорошо, что ты напомнила, сестрица. Я как-нибудь отправлюсь в свою добрую старую гимназию, брошусь на шею доброго старого генерала "Не-мне" и орошу его грудь благодарной слезой.

— Как это остроумно!

Даже Марфа Даниловна возмутилась бессердечием Сережи. Она живо припомнила тот осенний день, когда повела Сережу на экзамен. Как это было давно и, вместе, точно случилось вчера. Генерал "Не-мне" продолжал оставаться директором, наперекор своему больше чем преклонному возрасту, и оставался всё таким же. Местные остряки говорили, что он позабыт и смертью и своим высшим начальством.

— Нехорошо, Сережа, забывать старое добро,— выговорила Марфа Даниловна.— В свое время старик сделал много тебе добра, да и не тебе одному, а всем.

— Это его обязанность, мама. В директора гимназии не назначают разбойников...

— Мама, ты не спорь с ним,— вступилась Катя.— Он это говорит только из духа противоречия... чтобы позлить меня... А мне решительно всё равно, что бы он ни говорил.

После окончания экзаменов была устроена восьмым классом традиционная прогулка. Петр Афонасьевич сам предложил, чтоб гимназистки ехали к нему в Курью — лучше места не найти.

— И самовар будет, и уху такую заварим с Яковом Семенычем, что одному архиерею только есть...

Это предложение, конечно, было принято с удовольствием, и даже сама Анна Федоровна согласилась принять участие в пикнике. Она больше всего на свете боялась сырости, а там была избушка — значит, всё могло обойтись благополучно.

В назначенный день в Курье всё было готово к приему дорогих гостей. У дедушки Якова Семеныча в плетеном садке уже ходили живые стерляди. Петр Афонасьевич мог приехать только к вечеру, а потому старик чувствовал себя лицом ответственным за всё. Гимназистки должны были приехать около двух часов дня, а он уже с двенадцати часов то и дело выходил на берег Лачи и присматривал из-под руки, не едут ли.

— Пусть повеселятся в последний-то раз,— бормотал старик, щуря глаза от солнца.— Молодо — зелено, погулять велено... Да и какая гулянка: чайку попьют, песенок попоют, ушку съедят. Известное девичье положение....

Нетерпение старика росло по мере приближения рокового момента. Каково же было его удивление, когда, вместо ожидаемой большой косной лодки, показалась маленькая однодеревка-душегубка, а в ней сидел дьякон Келькешоз.

— Старцу многая лета! — прогремел дьяконский бас еще издали.

"Вот не во-время-то принесло! — подумал Яков Семеныч.— Ах, как не во-время... Всю обедню у нас дьякон испортит".

— Ты это что же, старче, как будто и не рад мне? — басил дьякон, причаливая к берегу.— А я-то плыву да думаю: вот обрадуется старик...

— Как не рад... Всегда рад.

Произошла неловкая сцена. Яков Семеныч всё мялся и

даже отвечал дьякону невпопад. Ах, испортит дьякон всё дело... Как это чудовище, генеральше Анне Федоровне показать? Еще как раз испугает.

— Да ты что жмешься-то, старче? — приставал дьякон.— Может быть, у тебя живот болит?..

— Нет, слава богу, ничего... только, значит, того...

— Ну, этого?..

— Маленько не во-время, значит... Уж я тебе прямо скажу: видишь ли, сюда приедут гимназистки справлять свое окончание, ну, с ними и генеральша приедет, Анна Федоровна. Значит, всё женский пол...

— А вы-то с Петром Афонасьевичем как?

— Наше дело сторона...

— Ну, и мое дело сторона... Я им еще такое закачу многолетие, что весь век поминать будут. Ничего, старче... Я не спесивый гость: меня хоть на лавку, хоть под лавку.

— Ах, дьякон, дьякон, что бы тебе в другое время приехать, право...

— Вот так приехал гость: проходите почаще мимо, без вас веселее. Погоди, старче, ведь с ними Огнев приедет, а мы с ним большая родня: вместе пешком путешествовали.

— Ты бы хоть спрятался в избушку,— советовал Яков Семеныч.— А то еще как раз напугаешь генеральшу... Старушка деликатная, а ты вон какой уродился.

Большая косная лодка причалила к Курье с веселыми песнями. Всех набралось человек двадцать и все были одеты по-новому, большинство — в простенькие ситцевые платья. Анне Федоровне очень понравилась Курья и Огневу тоже. Присутствие дьякона Келькешоза всех сначала немного смутило, а потом всё обошлось.

— Мадмуазель, силянс...

Весь день прошел очень весело. Гуляли, катались на лодке, пели, затевали разные игры. Дьякон некоторое время сделался душой общества, именно, когда подтянул своим могучим басом хору вчерашних гимназисток, а затем — когда принял самое живое участие в "горелках". Приехавший вечером Петр Афонасьевич, издали завидев бегавшего по берегу дьякона, только развел руками.

Огнев подвыпил и начинал несколько раз говорить речи "молодому поколению". Анна Федоровна сидела около огонька и вела тихую беседу с Яковом Семенычем.

— Какие у меня славные детки, Яков Семеныч,— говорила она.

— Да, ваше превосходительство... Вот смотрю я на них и

точно сам молодею. Пусть погуляют, порадуются, а там и опять за работу.

День закончился самой торжественной ухой.

VIII

Лето пролетело необыкновенно быстро, хотя и не с тем оживлением, как в прошлом году. Университетские разговоры были всё те же, повторялись те же имена, и научная терминология уже потеряла прелесть новизны. Вообще было что-то такое, что не говорилось, но тем сильнее чувствовалась какая-то глухая и скрытая рознь, какое-то недовольство. Чего-то недоставало... Сережа Клепиков держал себя еще с большей важностью, чем в прошлом году, а Гриша Печаткин усиленно занимался. Не было и прошлогодних веселых прогулок, потому что Катя Клепикова часто отказывалась принимать в них участие под разными предлогами: то какая-то работа, то занятия с Петушком, которого осенью нужно было сдавать в гимназию, то просто как-то нездоровится.

— Какая нынче Катя странная сделалась...— говорил Гриша Печаткин несколько раз сестре.— Совсем узнать нельзя.

— Ты находишь? — удивлялась Любочка.— Иногда мы принимаем перемену в самих себе за перемену в других...

— Кажется, я всё такой же...

— Ты забываешь только одно, что мы совсем большие девушки, Гриша, а это разница. Не всё же прыгать на одной ножке...

Как Катя Клепикова ни избегала всяких прогулок и пикников, но ей всё-таки приходилось участвовать в них. Наконец, этого требовала сама Марфа Даниловна.

— Что сидеть-то, в самом деле,— говорила она.— Посмотри на себя, какая ты худая да бледная... Отчего с Сережей и не съездить покататься. Не одна поедешь...

Сережа отправлялся на такие прогулки с недовольным видом, как человек, который делает кому-то очень большое одолжение. Это тяготило Катю, и она просто совестилась за брата. Этакая ломушка — этот Сережа... Нет, чтобы держать себя просто, как все, хоть так, как держал себя Гриша.

Кате случалось теперь подолгу и серьезно разговаривать с Гришей. Он так просто и хорошо рассказывал о своих занятиях, мечтал о будущей деятельности врачом и вообще поверял девушке все свои заветные планы.

— Мне бы не хотелось быть врачом в городе,— говорил Гриша.— И без того столько в городах врачей... Лучше поступить куда-нибудь в деревню и там работать. Все ищут теплых мест, больших доходов и забывают свои прямые обязанности — служить простому народу.

— Да, это хорошая мысль,— соглашалась Катя.— Только вам трудно будет привыкать к совершенно неизвестной обстановке... Мы всё-таки нисколько не знаем деревни.

Это "мы" чаще и чаше провертывалось в этих разговорах, смущая обоих. Окончательного решающего слова еще не было сказано, хотя есть вещи и положения, которые не нуждаются в словах, потому что подразумеваются сами собой. Между прочим, Катя откровенно призналась в том, что вынесла из своих уроков по богатым домам и как в ней зародилась зависть к богатой обстановке, к удобствам и вообще к комфорту.

— Это, знаете, просто потому, что вам не случилось жить в такой обстановке, а в сущности, всё это скучно и никого не делает ни лучше, ни счастливее.

— Я это знаю, но мне всё-таки нравится богатая обстановка, и я себя упрекаю за это, тем более, что выросла в самой трудовой и простой семье. Мне кажется, что у каждого человека это есть в душе, т.-е. будничные мысли и чувства, и есть праздничное настроение. Вы это испытали?

— Нет, т.-е. да... Одним словом, я понимаю, что вы хотите оказать, но только, по-моему, нельзя жить одними праздничными чувствами. На первом плане всё-таки должны стоять простые рабочие будни... Как нам вообще нужно много работать и трудиться, чтобы хоть сколько-нибудь сносно устроить свою жизнь. И как просто можно всё это устроить...

Окончательное объяснение произошло совершенно неожиданно для обоих. Гриша заговорил о том, что не рассчитывает приехать на будущее лето.

— Мне придется поработать и в клинике и в лабораториях,— объяснял он.— Лето незаметно пролетит, а там всего год до окончания курса...

— Будет очень скучно, если вы не приедете...— вырвалось у Кати.— Ведь целых два года не увидимся!.. Даже подумать страшно...

Он взял её за руку, тихо привлек к себе и прошептал:

— Это последнее испытание, Катерина Петровна... А там...

У неё на глазах показались слезы. Два года — нет, это

ужасно!.. Для чего существуют эти клиники и лаборатории? Да, это очень тяжелое испытание. Его тронули эти слезы.

— Катя, ведь вы знаете, что я вас люблю... О, давно-давно люблю! На всю жизнь, навсегда... Будем работать, трудиться вместе, и жизнь будет легка. Когда мне делалось трудно, я всегда вспоминал про такую хорошую, милую Катю и принимался за дело с новой энергией. Одна уже мысль о тебе была спасеньем...

— Милый... хороший...

Она крепко его обняла и долго смотрела в эти серьезные, хорошие глаза. Да, он весь хороший, душой хороший.

— А ты, ты меня любишь? — спрашивал он ласково.— Да? Так, немножко?..

— Я? Я не знаю, как назвать то, что я испытываю... Мне иногда кажется, что меня нет и что тебя нет, а есть что-то одно, такое чудно-хорошее. У меня нет ни одной мысли без тебя... И это давно. Я не помню, как и когда это случилось... Если бы тебя не было, я не могла бы жить. Я часто думаю об этом, и мне делается так страшно, так страшно... Мало ли что может случиться, Гриша, а я слишком счастлива, несправедливо счастлива...

Эта сцена происходила днем, в городском саду. В это время сад всегда оставался пустым, и никто не мог помешать влюбленной парочке. Как любовно светило июльское солнце, как красиво пестрели на куртинах цветы, как важно стояли старые почтенные липы, слышавшие этот разговор! Если бы деревья могли говорить, если бы цветы умели улыбаться... Боже мой, как хорошо жить, как хорош весь мир, каждая травка!.. О чем они говорили дальше? Сколько времени прошло, и зачем время идет? Нет, это был чудный сон, сотканный из цветов, солнечных лучей и безумно-хороших слов.

— Нужно итти домой...— спохватилась первой Катя.— Как странно звучит слово: дом. Мой дом — это ты...

— О, милая... Посидим здесь еще немного.

— Нет, мне пора... Ты меня не провожай. Я уйду одна... Мне и то кажется, что все видят мои мысли и чувства.

Она несколько раз поднималась со скамьи, чтобы итти, и опять садилась, уступая умоляющему взгляду. Ведь всего одну минуточку... Еще одну минуточку. Свидание закончилось появлением няни, которая везла детскую колясочку со спавшим в ней ребенком. Старушка строгими глазами посмотрела на молодых людей, поджала губы и несколько раз оглянулась. Кате вдруг сделалось совестно, и она быстро пошла домой.

— Милая... милая...— шептал Гриша, провожая глазами стройную, грациозную девушку.— За что я так счастлив?

Ему припомнился отец. Как бы старик был рад... Он так любил маленькую Катю. Тень дорогого человека пронеслась над этим молодым счастьем, благословляя его. Опьяненный своим настроением, Гриша долго сидел в тенистой аллее, повторяя в мыслях только что разыгравшуюся сцену во всех подробностях. Неужели всё это случилось сейчас, вот здесь?

Когда Катя возвращалась домой, ей пришла в голову одна мысль, которая чуть не заставила её вернуться в сад. Она даже сделала несколько шагов, но потом раздумала. Как эти ей раньше не пришло в голову? Удивительно... Разве она может не видеть Гриши целых два года? А между тем, стоит ей только самой отправиться в Казань — не сейчас, а через год. Петушок поступит нынешней осенью в гимназию, она с ним зиму будет заниматься, чтобы поставить дело, а потом может быть свободна. Зимой нужно скопить денег — вот и только. Отец будет за неё, это она вперед знала, а мать будет сопротивляться до последней возможности. Но что делать, хотя и неприятно огорчать её!

— Да, да, именно так и нужно сделать!— решила Катя.— Даже лучше ничего не говорить Грише и явиться в Казань к нему сюрпризом... Как он будет рад!..

Вернувшись в свою девичью комнату, Катя почувствовала, что точно пришла в чужой дом. Да, всё это чужое... Её поразило это сознание отчужденности. Вот её кровать, вот два стула, стол, на котором она занималась, две полочки с книгами, старый комод, на стене какая-то олеография, в уголке вешалка с платьями — и всё это чужое и всё это не нужно. Не нужен и этот вид из окна на двор, где бродили курицы и лежал теленок — ничего не нужно. А папа?.. Как тяжело будет с ним расставаться... И всё-таки нужно расстаться. Когда мама выходила замуж, она, вероятно, испытывала то же самое. И жаль немножко прошлого, и всё будущее впереди. Мужчинам это чувство незнакомо. Девушка мысленно уже прощалась и со своей комнаткой, и с старым отцовским домом, и со всем тем, что окружало здесь её детство и юность. У Марфы Даниловны хранились в особом сундучке даже игрушки, которыми она играла, её детские платьица, первые башмачки. А сколько стоило труда маме, чтобы вырастить её? Катя припомнила длинные зимние вечера, когда мать сидела за шитьем, припомнила детские болезни, когда она не отходила от неё, все те заботы, которыми она была окружена. Да, Марфа Даниловна была строга, но очень её любила,— может быть, даже больше, чем отец. И вдруг всё это отошло куда-то назад, потемнело, забыто к никому не нужно. Процесс отчуждения от своей семьи начался давно, но Катя его не замечала и только теперь поняла, что он уже совершился бесповоротно и что главной причиной здесь явился он, Гриша.

Первые дни Катя ходила в каком-то тумане, как человек, который сделал дорогую находку и не знает, куда её спрятать. Ей было немножко совестно, когда отец говорил с ней со своей обычной ласковостью — он был всё такой же, милый папа, а она уже другая. Что всего тяжелее, так это то, что она ни с кем не могла поделиться своими мыслями и чувствами, даже с Любочкой. Ей казалось, что каждое слово, раскрывавшее ей счастье, должно было его уменьшать. Нет, никто не должен знать ничего. Впрочем, Марфа Даниловна несколько раз с особенным вниманием посмотрела на неё, и Катя на мгновение опять почувствовала себя такой маленькой — сказывалась привычка к повиновению. Бедная мама, она и не подозревает, что прежней покорной Кати уже нет, а есть другая девушка, которая уже не свободна.. Да, не свободна на всю жизнь, до самой смерти...

С Гришей она увиделась только дня через два. Ей хотелось передать ему свой план, но она удержалась. Какой он смешной, Гриша: ничего-ничего не подозревает.

— Знаешь, Катя, я, кажется, не выдержу и приеду на будущее лето...— говорил он, держа её руку в своей.

— Чтобы потом я упрекала себя? Ведь ты приедешь для меня, значит, для меня пожертвуешь необходимыми занятиями... Нет, я этого не хочу. Что за нежности, а два года совсем не велики.

Катя хитрила, и ей было очень весело, что Гриша ни о чем не догадывается. Какие странные эти мужчины... Разве может она прожить без него целых два года? Право, какой он смешнон.

Теперь Катя приходила к Печаткиным совершенно смело. Она замечала, что Анна Николаевна попрежнему точно сердится на неё, но ведь она приходила не к ней. Какие они все смешные... А между тем Анна Николаевна первая догадалась, что что-то случилось, и зорко наблюдала за молодыми людьми. Уж очень Катя спокойно себя держит, точно к себе домой приходит. Материнское сердце почуяло в Кате соперницу.

— Тихоня-то опять зачастила к нам,— жаловалась Анна Николаевна Любочке.— Не лежит у меня к ней сердце...

— Перестань, мама... Мне просто совестно тебя слушать. А если бы Гриша и действительно женился на Кате, так лучшей жены ему и не найти.

— Хороша дочка Аннушка, только хвалят мать да бабушка...

— А тебе приятно будет, если Марфа Даниловна будет то же самое думать про меня?

Анна Николаевна, однако, не унялась и нарочно отправилась к Клепиковым, с решительным намерением откровенно обо всем переговорить с самой Марфой Даниловной. Что же, женщина серьезная, и обиды ни для кого нет в серьезном разговоре. Сама сына растит... Дома она застала только одного Петра Афонасьевича, который вдобавок собирался к себе в Курью.

— Как поживаете, Анна Николаевна? Давненько вас что-то не видать....

— А всё некогда, Петр Афонасьевич. Известное наше дело: то то, то другое. Глядишь, день-то и прошел... Что у вас новенького?

— Да всё по-старому...

— Невесту ростите.

— Какая еще невеста: девчонка девчонкой. Ваша Любочка походит больше на невесту... Девица, можно сказать, в полной форме. Ну, а что Гриша? Лягушек своих режет?...

— Ох, и не спрашивайте... Забота с сыновьями, Петр Афонасьевич. Растишь, поишь, хлопочешь, а тут, здорово живешь, женился, и нет его. Обидно это матери-то...

— Что же, дело житейское: не нами началось, не нами кончится.

Анне Николаевне показалось, что Петр Афонасьевич хитрит и притворяется, что ничего не понимает. Кажется, она ясно ему намекнула? Ведь вот простым кажется, а тут как ловко разговор отводит. Вся семейка, видно, на одну линию...

Так Анна Николаевна и ушла без откровенного разговора, оставив Петра Афонасьевича в большом подозрении. Нет, покойник Григорий Иванович не стал бы хитрить, а всё дело повел бы начистоту. При нем-то всё бы другое было, а её за простоту все в глаза обманывают.

IX

Когда студенты уезжали, Катя была спокойна и весела. Марфа Даниловна тоже не испытывала обычной тревоги. Прощаясь с Сережей, она серьезно заметила ему:

— Смотри, Сережа, приезжай... Я не могу даже подумать, что проведу без тебя целых два года.

— Мама, всё будет зависеть от обстоятельств,— уклончиво ответил Сережа, покручивая свои белокурые усики.

Гриша и Катя простились раньше, причем дело не обошлось без слез, взаимных уверений и присвоенных их положению нежных слов. Главное, они будут писать друг другу, много и часто писать. Вышло маленькое недоразумение из-за адреса Кати: посылать ей письма прямо домой неудобно, посылать "до востребования" — тоже (на почте все её знали). Устроили маленькую передаточную инстанцию — письма Кате адресовались на имя одной подруги, которая выходила замуж. Катю занимало какое-то детское тщеславное чувство — это были первые письма, которые она будет получать.

Итак, гости уехали, и в Шервоже жизнь потянулась своей обычной колеей. Как-то всегда случалось так, что именно с отъездом совпадало начало осеннего ненастья, точно сама природа накладывала печать старческой усталости на летние радости. Будет веселиться. Пора приниматься за работу. Так было и теперь. Бывшие гимназистки устраивались по-новому. Они были теперь уже самостоятельными людьми, и это их занимало, начиная с постройки новых костюмов. Вместо гимназии, теперь явилось хождение по урокам, а вечерами подготовка к ним. Всё было ново, интересно и возбуждало энергию. Кате, например, в первый раз пришлось пользоваться извозчиками, чтобы поспевать с одного урока на другой. Конечно, это были пустяки, но ведь вся жизнь складывается из таких пустяков. Любочка имела такой деловой вид и серьезно гордилась тем, что она больше не гимназистка и сама себе барыня. Работы было достаточно у обеих, только переменилась форма.

— Мы теперь будем ходить в театр одни,— мечтала Любочка.— Можем мы себе доставить такое невинное развлечение?

— Но ведь это стоит дорого...— уклончиво отвечала Катя, поглощенная мыслью об осуществлении своего плана: каждый отложенный рубль приближал её к любимому человеку.

146

— Ты, кажется, хочешь играть в благоразумие?— корила её Любочка.— Брось... Право, сидя в своей норе, заплесневеешь. И педагогика рекомендует разумные удовольствия...

Долго Катя обдумывала план того, как ей выделить из заработанных денег известную часть. Всё, что она зарабатывала, обыкновенно поступало в бесконтрольное распоряжение Марфы Даниловны. Как было заговорить с ней на такую щекотливую тему... Но всё дело разрешилось само собой, благодаря практичности Марфы Даниловны. Она сама первая сказала:

— Конечно, ты теперь зарабатываешь больше, чем стоит твое содержание. Мы говорили с отцом об этом и решили так: из твоих денег мы будем брать по пятнадцати рублей в месяц, а остальные я стану откладывать, как твои. Нужно иметь что-нибудь на черный день....

Кате всё-таки тяжело было слушать эти расчетливые речи, точно эта приличная бедность вносила в их отношения ненужную холодную струйку. Да, эти жалкие гроши заставляли что-то такое рассчитывать, разделять мое от твоего и вообще устраивать что-то неприятное и тяжелое. Катя не знала только одного, что богатые люди гораздо больше рассчитывают такие гроши и что заработанные своим трудом деньги отличаются от всех других.

Первое письмо от него... Как она ждала этого первого письма, как дрожали у ней руки, когда она разрывала конверт, как она инстинктивно чего-то боялась, хотя вперед знала содержание этих двух кругом исписанных листов почтовой бумаги. Любовь читает между строк, в её алфавите больше букв, а лексикон слов совершенно другой, т. е. слова те же, но у них другое значение. Нет ничего удивительнее, как читать такие произведения постороннему человеку, находящемуся в здравом уме и твердой памяти. Остается пожимать плечами, делать большие глаза и снисходительно улыбаться, как улыбаются милому ребенку. Мы не будем передавать содержания письма Гриши, отчасти из скромности, потому что нехорошо читать чужие письма, а отчасти потому, что крайне трудно было бы изложить в коротких словах его сущность — её не было... Ответ последовал в двойном количестве листов, и мы только удвоим нашу скромность. Авторы этих редких произведений были счастливы, чего же больше и лучше желать?.. Для Кати жизнь измерялась теперь этими "письмами от него", как меряется дорога верстовыми столбами — каждый новый такой столб приближал к заветной цели.

Глубокая осень "вступила в свои права", как выражалась

Любочка, приобретавшая слабость к высокому слогу. Шервож потонул в грязи. Городские дома так жалко смотрели своими мокрыми окнами, точно это были заплаканные глаза. Обыватели принимали какой-то обиженный вид и старались не смотреть друг на друга. Даже Любочка приуныла и уверяла всех, что этой грязи не будет конца.

— Это, наконец, просто невежливо!— жаловалась она Кате.— Я каждый день черпаю грязь в калоши, а на подол платья стыдно смотреть... Природа вообще могла бы быть поделикатнее, тем более, что девица — существо нежное, назначенное служить украшением.

Рыбный сезон тоже кончился. Снасти были высушены, приведены в порядок и разместились по стенам мастерской Петра Афонасьевича. Яков Семеныч ежедневно по вечерам являлся со своей трубочкой к Клепиковым и сидел до девяти часов, ведя бесконечную тихую беседу о разных разностях. Марфа Даниловна была какая-то скучная. Ей недомогалось. Определенного ничего не было,— как-то всё расклеилось, как старая посуда. Кончилось тем, что в одно прекрасное утро она серьезно слегла. Петр Афонасьевич переполошился, потому что жена почти никогда не хворала.

— Ничего, так пройдет...— успокаивала его Марфа Даниловна.— Вот какая непогодь стоит... Да еще в погребу простудилась, когда капусту солила. Ничего, передохну денька два...

Прошло и два дня, но лучше не сделалось. Наоборот, болезнь пошла быстрым ходом вперед. Пригласили врача, который определил воспаление обоих легких. Положение выходило очень серьезное. Катя страшно перепугалась. Ей показалось, что она в чем-то очень и очень виновата, потому что всё время думала только о себе, забывая о других. Мать была уже в том возрасте, когда нужен и отдых и уход. Первое, что следовало бы сделать — это нанять кухарку. Положим, что мать всю жизнь прожила без прислуги и привыкла вести всё хозяйство своими руками, но не мешало бы ей отдохнуть.

— Вот Сережа кончит, тогда и я отдохну,— отвечала Марфа Даниловна, когда Катя приставала к ней с прислугой.— Не люблю я этих кухарок... Хорошей не найти, а плохая только будет даром жалованье получать.

При расчетливости Марфы Даниловны нечего было и думать ввести в дом кухарку,— ей всё не нравилось бы, и кухарка явилась бы наказанием. Так дело и шло день за днем, а теперь Катя упрекала себя, что не настояла на своем: будь кухарка, матери не нужно было бы самой лазить в погреб — и следовательно, не было бы никакой простуды.

— Так и пустила бы она кухарку в погреб,— успокаивал Петр Афонасьевич горевавшую дочь.— Не таковский человек... И к печке бы тоже не пустила. Всё бы ей казалось, что не так и не ладно. Уж я-то её знаю.

Доктор в первое время успокаивал, и Петр Афонасьевич особенно не волновался. Ну, что же, все хворают. У него тоже было воспаление легких в молодости. Положение дел сразу изменилось, когда температура поднялась за сорок и Марфа Даниловна потеряла сознание. В бреду она всё говорила о Сереже, умоляя его приехать. Потом начала сама собираться к нему. Это последнее ужасно испугало Петра Афонасьевича: самая нехорошая примета, когда больной начинает собираться. Он совсем растерялся, побледнел, расплакался, так что Кате пришлось с ним отваживаться.

— Ах, Катя, Катя...— шептал он, хватаясь за голову.— Что мы наделали?!

— Папа, ведь мы же ничего не сделали...

— Нет, не то... Ведь она умирает, Катя, а мы-то надеемся, сами не знаем на что. Ах, боже мой...

Прошло ужасных три дня. Время теперь мерялось уже часами. Доктор приезжал по два раза в день и был очень недоволен ходом болезни, разыгравшейся против всех его расчетов с необычайной быстротой. Это был седьмой день, когда он как-то растерянно отвел Петра Афонасьевича и что-то сказал ему. Несчастный Петр Афонасьевич весь задрожал и закрыл лицо руками, сдерживая рыдания.

— Я только предупредил вас на всякий случай...— бормотал доктор.— Нужно воспользоваться моментом сознания...

Доктор предлагал пригласить священника. Дальше события полетели еще с большей быстротой. У Кати захолонуло на душе, когда приехал о. Евгений из женской общины.

— Ничего, ничего, бог милостив,— повторял добрый батюшка.— Не следует отчаиваться...

Приехала Анна Николаевна с Любочкой. По их лицам Катя сразу догадалась, что мать безнадежна: они это знали через Якова Семеныча, которого предупредил доктор. Анна Николаевна заплакала, когда о. Евгений прошел в комнату больной, на ходу надевая епитрахиль. Любочка убежала в комнату Кати. Петр Афонасьевич стоял в зале у стенки и тихо рыдал.

— Батюшка, не уходите...— умоляла Катя, когда о. Евгений вышел от больной.— Она умрет.

— Дитя мое, все мы умрем... Мы — гости в здешнем мире.

Он благословил рыдавшую девушку и пошел поговорить с обезумевшим от горя Петром Афонасьевичем.

— Как же это так... вдруг...— повторял Петр Афонасьевич, глядя на батюшку безнадежным взглядом.— Ведь всего неделю тому назад она была здорова... да, совершенно здорова, и вдруг... Нет, за что, о. Евгений?

Ровно в полночь Марфы Даниловны не стало. Она умерла в полном сознании, благословив детей. Последним её словом было дорогое имя: Сережа.

Что дальше происходило?.. Это знали только Анна Николаевна и дедушка Яков Семеныч, принявшие на себя все хлопоты. Катя помнила только, что из общины явилась сестра Агапита, что покойную перенесли в гостиную, что зажгли свечи, что приехал опять о. Евгений с монастырским дьяконом служить первую литию...

Ужасных три дня, целых три дня... Марфа Даниловна была уже гостьей в том доме, который создавался её трудом, где всё еще было полно ею, где каждая мелочь говорила о ней, где всё держалось ею и где на всем лежала её женская забота. С женщиной из дому уходит всё... Какая спокойная лежала она в гробу — как человек добре потрудившийся. Петр Афонасьевич с трогательной заботливостью убрал изголовье живыми цветами... Это были последние цветы, последние слезы, последняя ласка любящей руки, последний привет земли. Он больше не плакал, точно и сам умер.

Да, всё было кончено в маленьком домике, жизнь которого порвалась так неожиданно..

Хоронили Марфу Даниловну в общине, рядом с Григорием Иванычем. Вырос свежий холмик земли и похоронил под собой счастье всей семьи. Петра Афонасьевича насильно увели от могилы. Он был жалко-спокоен и всё повторял:

— За что?..

Как страшно было возвращаться в опустевший маленький домик, в свое разоренное гнездо...

— Ты теперь должна быть хозяйкой,— говорила Кате сестра Агапита.— Это великая обязанность женщины. У тебя есть отец и младший брат — о них некому позаботиться, кроме тебя.

Катя была совершенно убита неожиданно налетевшим горем. Она только теперь поняла, как она страстно любила мать. Боже мой, чего бы она ни отдала, чтобы сказать ей, как она её любит... А сколько прошло дней, недель, месяцев, лет, когда Марфа Даниловна была жива, и ни у кого не являлось даже мысли, что эти дни и недели уже сочтены. И вот её нет, а Кате всё казалось, что мать куда-то ушла ненадолго и может вернуться каждую минуту. Маленькой девочкой ей часто приходилось так её ждать... Ту же мысль читала она на лице отца, прислушивавшегося к каждому шороху и вздрагивавшего, когда хлопала где-нибудь дверь. Он плакал каждый день, запершись в своей мастерской, и единственный человек, который его мог утешить, был дедушка Яков Семеныч.

Разразившись над семьей Клепиковых, несчастье доказало еще раз ту истину, что только в такие трудные минуты познаются истинные друзья. Таким другом оказалась Анна Николаевна. Она приходила почти каждый день и входила во все мелочи, но здесь было дорого, главным образом, уже одно её присутствие. Свой человек, родная душа... Например, какой тяжелый момент переживался в маленьком домике, когда нанимали первую кухарку, и всё это устроила Анна Николаевна. Петр Афонасьевич горько заплакал, когда эта кухарка подала первый обед.

От Сережи было получено такое хорошее, теплое письмо. Он оказался не таким черствый, как казался Кате, и его искреннее горе примирило её с ним.

X

Смерть Марфы Даниловны внесла в жизнь маленького домика томительную пустоту, которую ничем нельзя было наполнить. Петр Афонасьевич страстно тосковал. Каждая мелочь домашнего обихода, весь порядок дня, хозяйственные заботы, праздники — всё ему напоминало дорогую покойницу, и он всё старался сделать так, как любила Марфа Даниловна. "Так любила мама" — сделалось своего рода законом. Все вещи в доме, до последней мелочи, оставались на тех же местах, где были при ней. Петр Афонасьевич ужасно сердился, когда Петушок что-нибудь передвигал.

— Мне кажется, Катя, что Петушок совсем не любил матери,— с грустью повторял Петр Афонасьевич.

— Папа, он еще слишком мал...

— А будет больше, и совсем позабудет.

Петушок был занят, главным образом, своей гимназией,

новыми товарищами и своим новым положением гимназиста. Он как-то сразу отстал от семьи. О матери вспоминал только тогда, когда говорили о ней большие. Это была не бесчувственность, а детское непонимание того, что случилось. Петра Афонасьевича всё это огорчало до глубины души. Ведь он был весь в прошлом и жил только этим прошлым. Ему было приятно видеть людей, которые знали Марфу Даниловну и которые могли говорить о ней. Вообще у него образовался какой-то культ покойницы. Всех дороже теперь для него была Анна Николаевна, обладавшая способностью по целым часам говорить о Марфе Даниловне. Общих воспоминаний было достаточно. Анна Николаевна сидит с какой-нибудь работой и речитативом ведет рассказ, а Петр Афонасьевич шагает по комнате и слушает. Это ему доставляло наслаждение, и он стал уходить по вечерам к Печаткиным, чтобы послушать Анну Николаевну. Раньше он у них бывал только редким гостем.

— Мне всё кажется, что у нас всё не так,— жаловался он.— Одна кухарка чего стоит... В кухню зайти нельзя: грязь, тараканы. И кушанья совсем не такие, и провизии больше выходит. Одним словом, совсем не то, что было при Марфе Даниловне...

— Это только так сначала кажется, Петр Афонасьевич, а потом привыкнете. Износится помаленьку горе-то... Что же, дети у вас уже большие, на своих ногах, недостатка ни в чем нет — и слава богу. Другие-то в сиротстве останутся, так голодом и холодом насидятся...

Это была единственная логика утешения, и Петр Афонасьевич смирялся. Только почему ему тяжело было возвращаться на своё пепелище? А какая тоска охватывала его по вечерам, когда всё стихало... Это мужское горе было тем тяжелее, что не могло вылиться жалобами и слезами, а оставалось внутри, как гнет.

Катя жила теперь совершенно новой жизнью, потому что на ней лежал весь дом. Уроки шли между прочим, а больше всего времени отнимали домашние мелкие заботы. Ведь всё нужно было досмотреть самой, везде поспеть, а тут еще хлопоты и с отцом и с Петушком. За всем они обращались к ней. Катя могла только удивляться, как мать успевала управиться везде одна, без всякой посторонней помощи. Перед ней раскрылась масса тех мелочей, из которых складывается жизнь хозяйки дома. До известной степени её поддерживало то, что она занимала теперь вполне самостоятельное положение, ни от кого не зависела, и Петр Афонасьевич постоянно советовался с ней, как привык советоваться раньше с женой.

Личная жизнь Кати на время отступила на задний план. Времени не оставалось, чтобы написать письмо Грише, т. е. время было, но недоставало настроения. Он ей писал попрежнему, так хорошо жалел Марфу Даниловну и вообще был тем хорошим человеком, которого Катя так беззаветно любила. Её теперь беспокоило больше всего то, что составленный летом план разлетался дымом. Как она теперь бросит отца и Петушка, чтобы уехать в Казань учиться? Это было немыслимо и означало окончательно разорить весь дом. Приходилось остановиться на том, что когда Сережа приедет летом, то съездить в Казань недели на две. Эта комбинация оставалась единственным исходом. И вдруг Сережа не приедет?

Время летело быстро. Прошла зима, и наступила весна. Это была грустная весна... Петр Афонасьевич не оживился даже с открытием рыбалки и увез в Курью свое домашнее горе. Вот и навигация открылась, и первые пароходы отправились вниз по Лаче. В маленьком домике сделалось еще скучнее. Кате приходилось сидеть больше дома. Заглядывала теперь к ней изредка одна Любочка, чтоб поболтать и рассказать какие-нибудь новости. Она завела себе новые знакомства и восхищалась какими-то чиновничьими вечеринками, где танцовали до-упаду. Катя слушала Любочку совершенно равнодушно и никак не могла разделить её настроения. Любочка была так далека от неё. Ей даже было её жаль, точно прежняя Любочка куда-то исчезла.

— Не одобряете, Екатерина Петровна?— спрашивала Любочка.

— Мне всё равно... Каждый по-своему думает и чувствует.

— Нужно же повеселиться...

— Я очень рада за тебя.

— А потом я выйду замуж, чтобы исполнить назначение женщины.

— Мне не нравится тон, которым ты говоришь о таких серьезных вещах. Вообще у тебя появилось какое-то легкомыслие...

Катя ошибалась, принимая болтовню Любочки за чистую монету. В сущности, Любочка была гораздо серьезнее и только под впечатлением минуты, по старой привычке, болтала глупости.

Ударом для Кати было письмо Сережи, полученное вскоре после открытия навигации. Он писал, что нашел себе урок и не приедет домой на лето. Этого именно Катя не ожидала от брата.

Все её планы рушились в окончательной форме. Петр Афонасьевич отнесся к этому известию с какой-то тупой покорностью и только заметил:

— Что же остались мы с тобой, Катя, одни... да.

Он не мог даже осудить Сережу, потому что за ним стояла тень матери. Значит, так нужно... У них свое, у Сережи свое. Пусть устраивается, как находит лучше для себя.

Сережино письмо стоило Кате больших слез. Мечта, которой она жила целую зиму, не могла осуществиться, а впереди еще целый год самых тяжелых ожиданий. Нет, это такое несчастие, от которого у неё опускались руки. Гриша тоже писал, что не может приехать. У него была своя работа и какие-то уроки. Кате показалось немного странным, что при отъезде он несколько раз предлагал ей приехать и она сама же отговаривала его, а теперь в своих письмах к ней он ни разу не упомянул об этом. Неужели он мог так скоро забыть? О, нет, она так верила в него, вернее — в себя, потому что не могла отделить себя от него.

Наступило и это грустное лето... Катя и Любочка, забрав Соню и Петушка, изредка ездили в Курью, но это были не те поездки, как раньше. Недоставало главных действующих лиц. Стояла хорошая погода, всё зеленело кругом, солнце так ярко светило, а на душе было у всех грустно, и всякий думал про себя свою одинокую думу.

— Уж скорее бы прошло это лето,— говорила Любочка, начинавшая скучать.

Она опять почувствовала склонность к Сереже и даже завела с ним переписку. Ей казалось, что она так его любит, как никогда. Серьезность чувства выражалась уже тем, что Любочка теперь никому не поверяла своей тайны. Кто выигрывал от неприезда студентов, так это Анна Николаевна, которая была теперь совершенно спокойна. Она начала лучше относиться и к Кате, но последняя не поддавалась на эту удочку. Спокойствие Анны Николаевны стоило ей слишком дорого...

Прошло и лето, как проходят дурные сны. Катя была рада, когда начались осенние дожди, слякоть и вообще все прелести городской осени. Погода совпадала с её настроением: у неё на душе тоже стояла осень. К довершению всех бед, письма от Гриши стали запаздывать. Он ссылался то на свои занятия, то на болезнь. Катя почувствовала что-то подозрительное в самок тоне этих писем. Конечно, год — большое время, по она-то ведь всё та же и так же любит его.

В сентябре письма от Гриши окончательно прекратились.

Он не отвечал уже на два её письма. Что-то вообще случилось, и Катя с тревогой встречала каждый день, ожидая какой-то нежданной беды. На неё нападали минуты тяжелого раздумья. Раз вечером, когда она занималась с Петушком, приковылял дедушка Яков Семеныч, ужасно чем-то встревоженный. Он поздоровался с ней как-то особенно ласково, погладил Петушка по голове и вообще старался что-то такое сказать. Петр Афонасьевич постукивал в своей мастерской, выковывая крючья.

— Да отец дома?— спрашивал старик во второй раз.

— Что-нибудь случилось, дедушка?— спросила Катя, встревоженная его поведением.

— Чему случиться-то, Катенька? Ничего, всё по-старому... Сидел-сидел дома и пошел вас проведать. Ты, Петушок, смотри, учись хорошенько. За битого двух небитых дают... Да. А после офицером будешь... Хочешь быть офицером?

— Хочу...— равнодушно ответил Петушок.

Дверь в мастерскую старик отворил как-то особенно осторожно, точно боялся что-нибудь пролить. Он и присел на стул как-то бочком и несколько раз прокашлялся, точно у него что засело в горле. Петр Афонасьевич постукивал своим молотком по проволоке и ничего не хотел замечать.

— Да... оно тово...— заговорил Яков Семеныч, раскуривая дрожащими руками свою трубочку,— дождь идет... да.

— Ненастье,— согласился Петр Афонасьевич, прислушиваясь, как барабанил дождь в окна.— Вот ужо морозом все деле исправится...

— Уж это на что лучше, если осенний морозец прихватит эту самую грязь. Да... тово... Анна Николаевна наказала кланяться. Так она убивается, так плачет...

— Что случилось?— встревожился Петр Афонасьевич.

— Ох, и говорить-то тошно... Нарочно я прибежал, чтоб предупредить на всякий случай.

Старик понизил голос, притворил дверь и прошептал:

— Гриша-то ведь женился... да. На какой-то оголтелой швейке... Ну, и пишет матери — значит, вполне обрадовал. Ну, Анна Николаевна и давай рвать и метать... Уж я с ней бился-бился. Боялся, как бы она сюда не набежала...

— Жаль бедную... Этакой грех, а? А ведь какой парень был хороший...

Яков Семеныч показал на дверь и закрыл глаза. Петр Афонасьевич понял этот жест... Неужели Катя его любила?..

— Ведь он жениться хотел на ней...— объяснил Яков Семеныч.— Я-то это самое дело смекнул, ну, конечно, молчал.

А только у них большое согласие вышло... Ах, какой грех!.. Вот я и прибежал предупредить, а то вдруг-то она узнает... Известно, дело молодое, горячее... Как-нибудь ужо заведу я с ней стороной политичный разговор.

Но политичного разговора Якову Семенычу не привелось заводить, потому что приехала на извозчике Анна Николаевна. Катя перепугалась, когда она вошла в комнату. Лицо опухло от слёз, волосы были не прибраны, осеннее пальто распахнулось. Яков Семеныч выскочил из мастерской и попробовал её остановить, но было уже поздно. Анна Николаевна ничего не видела, кроме Кати.

— Мне с тобой нужно поговорить, Катенька,— говорила она.— Пойдем к тебе в комнату.

Петр Афонасьевич хотел войти туда, но Яков Семеныч остановил его.

— Пусть они разговорятся...— шепнул он.— Женщины это лучше умеют сделать... Ах, какой грех-то!..

Анна Николаевна опустилась на кровать Кати и беспомощно зарыдала.

— Успокойтесь, Анна Николаевна,— уговаривала её Катя, обнимая:— хотите воды?.. Гриша болен?.. что случилось? Милая, не нужно так волноваться...

— И ты же меня уговариваешь, Катенька? Ах, растерзать меня мало... да... Вот до чего дожила... Приехала нарочно во всём покаяться тебе. Давно я стала примечать, что Гриша как будто припадает к тебе... Ну, я и рассудила так, что ему жениться не на тебе, а на богатой. От бедности своей так подумала и даже сердилась на тебя, будто ты нарочно подманивала его девичьим делом. Так и подумала. Вот я какая.

— Зачем вы это говорите?— взмолилась девушка.— Не нужно... ради бога, оставьте меня в покое.

— Нет, всё скажу... Не могу. Ах, головушка с плеч... да... Так к и сердилась на тебя. На богатой невесте хотела женить своего Гришу. Ну, радовалась, что он на нынешнее-то лето не приехал... Вот как всё верно рассчитала! А бог-то и наказал старую дуру.

— Гриша женился?— тихо спросила Катя.

— Вот это самое... На какой-то швее. Ох, снял он с меня голову. Куда он теперь со своей швеей?.. Сам пишет всё... должен был, говорит, жениться.

Катя поднялась, выпрямилась и спокойно проговорила:

— Это не может быть...

— А письмо-то, Катенька?

Девушка как-то странно улыбнулась и тем же спокойным тоном ответила:

— У меня есть десять его писем... Вам кто-нибудь другой написал.

XI

Монастырский колокол уныло и редко звонил к великопостной вечерне, сзывая духовное стадо к покаянной молитве. Ни на одной городской церкви не было таких колоколов, как у монашек,— звон получался певучий, тонкий, голосистый, точно это были колокола-женщины. Монашки немало гордились своим малиновым звоном, сравнивая его с горластыми городскими колоколами. Но всего лучше он был в великий пост, так ласково приглашая нагрешивших за год городских обывателей к примирению с собственной совестью. В воздухе уже чувствовалась наступавшая весна. Снег потерял зимнюю белизну; крыши обросли ледяными сталактитами; выдавались такие теплые весенние дни, когда живого человека охватывает какая-то смутная тоска. Говоря правду, ранней весной Шервож имел очень некрасивый вид, потому что на таявшем снегу выступал весь сор. накопившийся по улицам за зиму. Затем всё это превращалось на немощеных улицах в грязь, а летом в пыль.

Именно был такой весенний день, вернее — вечер. В монастырской общине тоже было невесело. И дни такие, да и наливавшаяся в воздухе весна возбуждала в монашках неопределенное, смутное беспокойство. В этом последнем не было ничего грешного, мирского, а так, просто, грустно по-женски, когда хочется присесть к окошечку и всплакнуть, не зная о чем. Старшие манатейные монахини отлично знали это весеннее настроение и зорко следили за молодыми послушницами, особенно за готовившимися к пострижению — нехорошо, всё-таки мирская тоска. Вот сестра Агапита, кажется, уже привыкла к монастырской жизни, а и та ходит, как в воду опущенная, единственное утешение — итти в церковь. Сестра Агапита была рада, когда раздавался благовест к вечерне. Служили в маленькой домовой церкви "всех скорбящих радости". Она надела свою темную ряску, взяла четки и монашеским неторопливым шагом отправилась в церковь. Она

157

дорогой думала о той девушке, которую там встретит. Действительно, в уголке, где шли около стены лавочки для старушек, стояла Катя. Проходя мимо, Агапита раскланялась с ней.

"Ах, бедная, бедная..." — думала монахиня, опуская глаза.

Катя теперь часто бывала в общине именно за вечерней. Свои уроки она кончала к этому времени и шла в общину отдохнуть душой. Ей нравилась монастырская служба: так красиво читают послушницы, а еще лучше поет женский хор. Было что-то особенное в этом пении, такое чистое и поэтическое, уносившее куда-то вверх. Немало слез выплакала покинутая девушка в своем уголке и только здесь находила то спокойствие, без которого нельзя жить на свете. Жить... какое это странное слово! Живут другие, те счастливцы и избранники, которым дорога скатертью, а ей приходилось гасить в себе эту жажду жизни и счастья. Нужно уметь отрешиться от этой жизни, которая несет и обман, и горе, и слезы, и тяжелое раскаяние. Нужно забыть прошлое... Если бы его можно было забыть!.. Оно приходило вместе с Катей даже в эту святую обитель, и она напрасно боролась сама с собой, чтобы отдаться другому настроению и сделаться такой же бесстрастно-спокойной, как сестра Агапита. Ведь никому не нужно ни её горе, ни её слезы... Одна и навсегда одна, и только горе останется, как черная тень. Пусть же этот злой и несправедливый мир остается там, за пределами монастырских стен...

Великопостную службу Катя всегда любила, а теперь она так соответствовала её настроению. А как хорошо служил батюшка о. Евгений!.. Весной он всегда прихварывал и делал возгласы таким тихим голосом; особенно хорошо он читал, выходя на амвон, молитву Ефрема Сирина. Какая хорошая эта великопостная молитва, которая просит о даре не зреть прегрешения брата моего... Да, именно нужно уметь не видеть эти прегрешения, и это величайший дар. Катя открыла в церковной службе много такого, чего раньше не замечала. Особенно ей нравилась эта скрытая грусть о человеческом несовершенстве — ведь оно, это несовершенство, во всех и в ней, может быть, больше, чем в других. Часто её охватывало такое хорошее и теплое религиозное спокойствие, и она уносила его домой, как святыню. Служба ей казалась даже короткой. Хотелось стоять в своем уголке долго-долго, без конца, и чувствовать, что есть что-то такое громадное, необъятное, всепоглощающее, перед чем отдельное существование не больше одной из тех пылинок, какие кружатся в солнечном луче. Она именно и чувствовала себя такой пылинкой и чувствовала теплоту и свет этого солнечного луча...

После каждой службы сестра Агапита подходила к Кате и смотрела на неё своими ласково-пытливыми глазами. Так было и теперь.

— Здравствуйте...

— Здравствуйте, сестра.

Сестра вздыхала. Прежней девушки уже не было, а перед ней стояла женщина, та женщина, которая сказывалась в этом серьезном взгляде и в выражении рта.

— Вы сегодня зайдете ко мне?

— Да... Сначала схожу на могилу к маме.

После службы Катя почти каждый раз заходила на могилу к матери. Это сделалось для неё потребностью. Тут же рядом и могила Григория Ивановича. Какие это хорошие, чистые люди... Катя смутно верила, что они сочувствуют её одинокому горю, видят, как она страдает. Да и к кому она больше пойдет? И места другого нет... Кажется, сама взяла бы да и легла рядом с ними. Тихо, спокойно, безмятежно... А тут певучий звон монастырских колоколов, огоньки в кельях, монашеское пение. Хорошо. И, главное, ничего не нужно.

На паперти Катю и сестру Агапиту догнал монастырский дьякон, сильно чем-то встревоженный.

— Ну, не есть ли он болван и дурандас? — обратился он к сестре Агапите.— Я ему так и в глаза скажу...

— Вы это про кого, отец дьякон?

— Как про кого? Всё про него же, про своего племяша... Помните: Володька Кубов? Недаром из гимназии-то выгнали... Бо-олван!..

Сестра Агапита только пожала плечами. Во-первых, она не знала никакого племяша Володьки, а во-вторых, её пугали мирские энергичные слова... Она даже вздрогнула, когда о. дьякон начал браниться.

— Вы забыли, что мы идем со службы,— тихо заметила она, ипуская глаза.

— Я-то не забыл, а он всё-таки болванище...

— Что он сделал? — спросила Катя, живо припоминая Володю Кубова.

— Он-то? Он отлично сделал... Бить его некому, болвана.

Дьякон протянул свою могучую десницу и, откладывая один палец за другим, изложил по пунктам все вины племяша.

— Во-первых, человек имеет место в селе Березовском и получает жалованье... раз!.. Во-вторых, человек обзавелся всем сельским хозяйством, которое ему приносит дохода рублей двести в год... два! В-третьих, он зарабатывает в кузнице каждое лето более ста рублей... три!.. Скажите, ради бога, какого ему чорта нужно?

— Отец дьякон...

— Нет, позвольте... Человек сыт, всё у него есть, а он что мне пишет: вот кончу экзамены, распущу школу и брошу всё. Понимаете? Есть у него в башке хоть капля здравого смысла? Да пусть только он явится сюда... пусть... Дьяконица первая у меня ему выцарапает его бесстыжие глаза. Просто, бесстыдник...

— Может быть, он на службу хочет поступить...

— На службу? Ха-ха... Кому таких-то оболтусов нужно... Извините, сестра Агапита, а мой племяш — болван... Я его просто растерзаю...

Лицо почтенного о. дьякона раскраснелось от волнения, а кулаки сжимались самым угрожающим образом, так что сестра Агапита даже попятилась от этого живого олицетворения чисто-мирского гнева.

— Нет, я ему задам!.. — повторял о. дьякон, когда сестра Агапита и Катя уже ушли и он остался на паперти один.— Нет, брат, погоди... Ужо вот дьяконица-то тебе задаст, болванищу...

Сходив на могилы, сестра Агапита провела Катю к себе в келью. Девушка теперь часто заходила к ней и просиживала здесь, пока не стемнеется. Сюда же она принесла и свое девичье горе, здесь выплакивала его, а сестра Агапита утешала её какими-то необыкновенно ласковыми словами. Собственно, смысл этих утешений оставался для Кати неизвестным, она не понимала самых слов, а только чувствовала самый тон утешавшего тихого и ласкового голоса. Келья сделалась для неё чем-то родным, и она каждый раз входила в маленькую белую дверь с этим чувством родной близости.

— Ну, что нового? — спрашивала сестра Агапита, снимая свою шапочку.— У вас сегодня вид нехороший, моя дорогая... Вы, вероятно, получили письмо?

— Да... Как вы догадались, сестра?..

— Право, не знаю... Есть необъяснимые вещи. Ну, что он пишет?

Катя заплакала. Сестра Агапита оставила её успокоиться, а сама отправилась ставить самовар — это была её единственная слабость, вынесенная из мирских прихотей.

— Большое письмо? — спрашивала она из коридора.

— Да... Я не понимаю, для чего он писал его. Ведь всё кончено, позабыто — зачем же еще напрасно тревожить меня?

Я целую ночь проплакала над этим письмом. Ведь он хороший, Гриша... всё-таки хороший.

Самовар в руках сестры Агапиты сделал судорожное движение, явно высказывая негодование к "всё-таки хорошему" человеку.

— Это даже не письмо, а целая исповедь,— продолжала Катя.— Главное, что меня огорчило в нем, так это то, сестра, что он совсем не любит той девушки, на которой женился, к чувствует себя глубоко-несчастным... Вот уж я этого не понимаю!.. Пишет о том, как он виноват передо мной, что постоянно вспоминает обо мне, что... Нет, вы сами лучше прочитайте, сестра, а я не могу.

Сестра Агапита сделалась поверенной Кати в её горе и знала все мельчайшие подробности её печальной истории. Она взяла дрожавшей рукой роковое письмо — большой лист почтовой бумаги, исписанный кругом — и принялась его читать, строго сложив свои бескровные губы. Странно было видеть это откровенное послание любимого человека, всё пропитанное еще юношеским чувством, острым горем и раскаянием, именно в руках у монахини, отрешившейся от мира. Перед этими кроткими глазами вставали живьем вот с этих страниц и зло, и несправедливость, и обман. Да, хуже всего — обман...

— Таких людей даже не стоит жалеть,— резюмировала сестра свои мысли, возвращая письмо.— Сам виноват... Что же можно сказать больше?

— Знаете, сестра, оно мне напомнило моего дядю по матери... Может быть, вы знаете доктора Конусова? Так вот у него тоже вышла подобная же история, т. е. приблизительно. Он сам мне рассказывал... Какой он жалкий сейчас. Пьет, опустился... Неужели и Гришу ждет такая же участь? Ведь это страшно, сестра... Вся жизнь испорчена, и нет выхода, нет счастья!

— Не будем говорить об этом, милая. Не стоит... Молодые люди слишком много позволяют себе, а потом платятся за это всей своей жизнью да еще чужую прихватят по пути. Зачем чужой-то век заедать?.. Это несправедливо. Конечно, мы должны прощать даже своим врагам, но...

Чисто-мирское волнение охватило сестру Агапиту, и она с трудом удержалась, чтобы не высказать осуждения человеку, который продолжал тревожить невинную душу даже своим раскаянием. Ах, как тяжело прощать... Катя не плакала, но сидела, как приговоренная к смерти.

— Сестра милая, я поступлю к вам в общину...— шептала

она.— Здесь так хорошо... тихо... и мама будет всегда со мной... и Григорий Иваныч. И никто, никто не посмеет ко мне прикоснуться. Я часто теперь думаю об этом.

— Рано, голубушка... Твоя жизнь еще впереди. Кто знает, что будет. Не нужно принимать таких решений, от которых потом захочется отказаться... Не в одном монастыре спасение. Ты еще молода, много сил, и место им найдется... Нет такого горя, которое бы не износилось. Вот смотри на меня и учись...

— А если мне тяжело? Если я не знаю, куда мне деваться? Всё мне опостылело... Сама я себе чужая. Ведь так страшно жить...

— Пройдет. Молодость свое возьмет... Ведь не ты одна так-то горюешь. И, наконец, отчаяние — смертный грех... У каждого найдется свое горе, а слезы и через золото льются... В монастырь-то всегда успеешь еще поступить.

— Для чего же жить?..

— А отец? а маленький брат?

Катя любила эти тихие душевные разговоры с сестрой Агапитой, от которых у неё делалось легче на душе. Горе оставалось, а всё-таки легче...

Хорошим другом Кати оказалась также Любочка. Катя даже не ожидала встретить в подруге такого искреннего и энергичного участия. Впрочем, и Любочка совсем была другая. Она быстро изменилась, точно вместе с гимназической формой сняла с себя детское веселье и милые маленькие глупости. Совсем другой человек. В Любочке всё сильнее начали проявляться отцовские качества: решительность, прямота и даже нетерпимость. Период увлечения чиновничьими вечеринками соскочил с неё так же быстро, как налетел. Дома она держалась настолько самостоятельно, что Анна Николаевна во всем безусловно подчинялась её воле.

"Вся в отца издалась,— часто думала Анна Николаевна, наблюдая дочь.— И смотрит так же... А Гриша-то, видно, в меня пошел. Лучше бы уж ему в отца-то уродиться..."

Любочка часто теперь приходила к Клепиковым и вносила с собой такое хорошее энергичное настроение. Петр Афонасьевич очень её любил, особенно за цветущее здоровье — вот это так девица вполне. Рядом с ней Катя выглядывала "заморышком".

— Перестань ты, Катя, хандрить! — постоянно говорила Любочка, делая энергичный жест.— Этакая важность... Стоит горевать о такой тряпице, как мой братец Григорий Григорьевич. Разве это люди? Разве такие настоящие люди должны быть?

162

— А какие?

— Ну, это мы увидим... Не стоит, вообще, разговора. Хорош и твой братец Сереженька...

— Однако ты его любила.

— Я? Никогда... И любовь вздор. Ведь можно без неё обойтись — значит, пустяки всё.

XII

Петр Афонасьевич переживал первый трудный год без жены. Ему всё казалось, точно он начинает жить снова, а прошлое отошло куда-то далеко назад. В сорок три года трудно начинать жить новой жизнью. Конечно, в домашнем обиходе Катя заменяла до известной степени мать, но только до известной степени. По праздникам Клепиков аккуратно отправлялся в общину на могилу к жене и горько рыдал, оплакивая свое одиночество. Ведь живут же другие, а Марфа Даниловна смело могла бы прожить еще лет пятнадцать, при жизни пристроила бы детей и умерла бы спокойно в том возрасте, когда уже всё земное совершено. Всего больше беспокоила Петра Афонасьевича судьба детей. Всё шло как-то не так, как при покойной жене: Катя бродит, как в воду опущенная. Сережа в первое же лето не приехал домой. Петушок тоже отбивался от родного гнезда. Всё не так, не по-старому...

По логике людей, потерявших любимого человека, Петр Афонасьевич перенес теперь всю нежность на старшего сына, как любимца матери. Раньше он всегда отдавал преимущество дочери, а теперь сосредоточил всё свое внимание на Сереже и жил только письмами от него. Даже горе Кати как-то мало его тронуло. Да и как ему, мужчине, вмешиваться в эти женские дела? Конечно, Гриша Печаткин хороший малый и был бы отличным зятем, но что же поделаешь, если не судьба? Суженого конем не объедешь...

— Вот у нас скоро Сережка курс кончит,— всё чаще повторял Петр Афонасьевич кстати и некстати.— То-то покойница Марфа Даниловна была бы рада... Эх, не дожила, сердечная!.. А хлопот-то сколько, забот... Легко это выговорить: юрист. Не то, что наш брат, почтовый чинарь... Вон как адвокаты-то поживают...

Выслушивал эти размышления, главным образом, дедушка Яков Семеныч. Старик заметно опускался. Изменяли и глаза, и ноги, и поясница. Что же, подходил роковой предел, его же не прейдеши.

— Мы хоть посмотрим на старости лет, как добрые люди живут на белом свете,— объяснял Петр Афонасьевич.— Понимаешь, дедушка, юрист... Может штатским генералом быть, ежели на службу поступит.

— Ну, до генерала-то, положим, далеко, а всё-таки оно тово... любопытно. За битого двух небитых дают...

— Вот только мать-то не дожила до нашей радости... Вместе ростили, поили и кормили, сколько муки приняли с одной гимназией, а теперь Сережа кончит, а матери-то и нет. И то писал он мне как-то про неё... Жалеет.

С приближением весны усилилась и тревога Петра Афонасьевича. Он по-своему начал готовиться к приезду "юриста". Купил новых обоев и оклеил собственноручно все комнаты, тоже сам обтянул мебель новой материей. Особенное внимание было обращено на ту комнату, в которой будет жить Сережа. Явился и коврик, и новое кресло, и даже драпировка на двери. Устраивая всё это, Петр Афонасьевич думал о жене, которая, конечно, одобрила бы его. Ведь она так любила Сережу... Затем, по какому-то необъяснимому мотиву, Петр Афонасьевич избегал говорить о своих планах с Катей, точно боялся встретить с её стороны отпор. В самом деле, девичье дело: сегодня у отца живет, а завтра и поминай как звали. А Сережа-то уж никуда не уйдет... Этого Петр Афонасьевич не рассказывал даже Якову Семенычу, потому что и в нем подозревал встретить какое-нибудь неодобрение, а это было бы больно переносить.

Открытие навигации совпало с самым разгаром этих трогательных родительских приготовлений. Сережа писал, что экзамены кончатся только к июню, и времени оставалось достаточно. Следовало им воспользоваться. Петр Афонасьевич уступил сыну свой письменный стол и поставил на него новенькую чернильницу, которую присмотрел в одном магазине еще с осени.

В трудных случаях, когда Петр Афонасьевич сомневался в собственной компетентности, он отправлялся к Анне Николаевне и под рукой выспрашивал её, как лучше сделать. Например, занавески на окно, покрывало на кровать, гардероб,— да мало ли набралось этих пустяков. Не пошел бы в чужие люди, если бы Марфа Даниловна была жива.

Анна Николаевна давно уже присматривалась к Петру

Афонасьевичу, многого не понимала в его поведении и решила про себя, что старик немного повихнулся с горя.

— Не то, чтобы совсем, а похоже... Всё как будто ладно говорит, а потом что-нибудь такое несообразное ответит. От тоски это бывает...

У Анны Николаевны даже явилась совершенно женская мысль, именно, не женить ли Петра Афонасьевича? Положим, он в годах и сильно даже в годах, а всё-таки что ему одпому-то маячить? Дети на возрасте, того гляди, разлетятся в разные стороны, а он-то и останется один, как перст. Тоже по человечеству нужно судить. Конечно, молодая девушка за него не пойдет, а вдова какая мли девица в годах даже с удовольствием, потому что и дом свой и всякое хозяйство, а умрет — пенсия вдове останется. Одно время эта мысль настолько заняла Анну Николаевну, что она не утерпела и высказала её Любочке.

— Что же, отличное дело,— согласилась та совершенно серьезно.— Хочешь, я тебя посватаю за него?

— Тьфу, бесстыдница!.. Тоже и скажет... Ведь я его же жалеючи говорю.

— А я тебя жалеючи...

Открывшаяся рыбалка нынче мало интересовала Петра Афонасьевича, да и рыба как-то плохо ловилась. Год такой, да и Лача совсем обмелела, а тут еще пароходы пугают — оно уж всё вместе. Дедушка Яков Семеныч один огорчался за всех: прежде всё было лучше, даже рыба.

Катя относилась к наступавшему лету как-то равнодушно. Брата она очень желала видеть, но ничего особенного от этого свидания не ожидала, зная его характер. Сережа приехал совершенно неожиданно, не предупредив никого. Петр Афонасьевич был на службе, Катя на своих уроках, Петушок пользовался каникулами и тоже куда-то убежал; дома оставалась одна кухарка, которая видела Сережу в первый раз.

— Тебе кого нужно-то?.. — спрашивала она, недоверчиво оглядывая гостя.

— А тебя, милая...

Войдя в пустой дом, Сережа испытывал неприятное чувство: на него так и пахнуло чем-то мертвым. Не так, как бывало прежде.

— Для начала недурно,— заметил он, снимая дорожное пальто.— Эх, жизнь, жизнь...

В нем на минуту проснулось теплое чувство к матери, тень которой еще витала в этих стенах, к раннему детству, даже к тем невзгодам, какие переживались вот под этой кровлей. Да, всё это было, и теперь ничего не осталось... Тяжелое и неприятное чувство.

Встреча с отцом и сестрой несколько оживила его.

— Какой ты большой,— удивлялся Петр Афонасьевич.— Вот и борода выросла... Если бы мать-то жива была... Ах, Сережа, Сережа...

Петр Афонасьевич как-то жалко зарыдал и припал своей сильно поседевшей головой к сыновнему плечу. Катя отвернулась, чтобы скрыть навернувшиеся на глаза слезы, а Петр Афонасьевич продолжал всхлипывать, как-то по-детски, и Сережа чувствовал только, как по его лицу катятся эти отцовские слезы. Конечно, матери жаль, но всё-таки слезы в таком большом количестве... да...

— Папа, а как ты постарел...— заметил Сережа, чтобы сказать что-нибудь.— Вот и голова совсем седая...

— Да, да... Ведь два года не видались, Сережа, а сколько за это время было пережито. Мать-то всё думала: вот Сережа курс кончит... всё ждала. Вот и кончил, а и порадоваться некому по-настоящему.

— Ну, будет, родитель... Еще успеем поговорить.

Это замечание точно испугало Петра Афонасьевича. Он как-то сразу весь съежился и хлопотливо начал показывать Сереже его комнату. Вся эта сцена произвела на Катю самое тяжелое впечатление. Чувствовалась какая-то фальшь. Кате было обидно за мать, за ту бесконечную любовь, какую она вложила в этого самого Сережу, который теперь же морщится из-за отцовских слез. Что-то несправедливое и жестокое было во всей этой сцене, и сердце Кати сжалось глухой болью. Хорошо еще, что отец ничего не замечает. Дальше Катя заметила, как Сережа поморщился, когда отец показывал ему всю обстановку, созданную с таким трудом. И обои мещанские, дешевенькие, и обивка на мебели тоже, и стол, и чернильница, и занавески, и гардероб — всё было прилично по-мещански.

— Сам обои-то наклеивал, — объяснял Петр Афонасьевич.— Как же, два дня старался... Ведь пригласить мастера, так весь рубль — целковый выложь ему, а я уж сам. Да еще испортил бы мастер-то не один кусок... Покойная мать тоже всё сама делала, всё своими руками.

О чем бы ни заговорил Петр Афонасьевич, в конце концов всё сводилось на покойную мать, и в его голосе слышались подавленные слезы, заставлявшие Сережу каждый раз морщиться.

— Ну, не буду, не буду...— торопливо извинялся Петр Афонасьевич, объясняя гримасы Сережи тем, что память о

166

матери его сильно тревожит.— Еще успеем наговориться. Теперь, брат, больше некуда ехать... Шабаш!..

Когда Сережа распаковал свои новенький чемоданчик, Петр Афонасьевич ахнул от изумления, потому что в чемодане оказалось столько удивительных вещей, назначение которых ему было даже неизвестно, как разные щеточки для чистки ногтей. И всё, должно быть, очень дорогое. Да, Сережа аккуратен, весь в мать пошел. И как всё уложено, точно укладывала женщина — одна вещица к другой — и зеркальце, и мыльце в футляре, и бритвы с прибором, и головные щетки. Расспросы отца, для чего все эти вещи, даже обидели молодого человека, и он заметил недовольным тоном:

— Какой ты странный, папа... Удивляешься, как ребенок.

— Нет, я так... Вот если бы покойная мать посмотрела, так она бы всякую штучку разобрала сама, что и к чему следует. Ну, не буду, не буду...

Как на грех, пришла Любочка и застала конец этой сцены во всей красоте.

— Вот мы какие, Любовь Григорьевна...— хвастался Петр Афонасьевич, подмигивая на Сережу.

— Вижу, Петр Афонасьевич... Очень рада за вас. Я только думала, что все эти туалетные принадлежности привезены Сергеем Петровичем в подарок какой-нибудь даме.

— А вы считаете грязные ногти необходимой принадлежностью каждого порядочного человека?— уязвил Сережа, делая злые глаза.— Помните, у Пушкина сказано: "И можно быть довольно умным человеком и думать о красе ногтей". Одним словом, что-то в этом роде...

— Да, в этом роде.

— А помните, Любовь Григорьевна, каким сопляком Сережа был, когда мы его в гимназию отдавали?— вспоминал Петр Афонасьевич.— Как теперь помню, только поступил в гимназию и в тот же день подрался с сапожничьими детьми... Курячьим исправником его назвали. Покойница мать... Ну, не буду, не буду!

Сережа покраснел и ушел к себе в комнату, чтобы не наговорить отцу чего-нибудь лишнего. Петр Афонасьевич окончательно растерялся и только безмолвно разводил руками.

— Он, устал с дороги,— объяснила Любочка, пожалев родителя.

— Да, да... Конечно, устал, а я-то болтаю.

Девушки ушли в комнату Кати. Они ничего не говорили друг другу, но это не мешало им чувствовать одно и то же.

Любочка как-то смешно фыркала, а потом расхохоталась и заговорила:

— Нет, это отлично, как родитель сопляком этого джентльмена назвал... Ха-ха!.. А мне, откровенно говоря, жаль старика... Он отличный человек, простой и скромный, а тут... Ну, не стоит говорить. Кто бы мог это ожидать, Катя? Чистоплюй какой-то...

Катя молчала. Ведь это было только началом: из щеточек и футляров для мыла вырастут в свое время привычки настоящего богатого человека и презрение ко всему, что бедно. От своего, от прежнего ничего не останется... И стоило для этого вытягивать из себя все жилы хоть тому же отцу, отказывать себе во всем, целых двенадцать лет ждать. Нет, это просто ужасно, как могут быть ужасны одни мелочи, из которых главным образом складывается вся наша жизнь. Катя кстати припомнила брюзжанье дедушки Якова Семеныча на эту тему и в душе не могла не согласиться с ним. Как обидно-правы бывают иногда такие брюзжащие старики...

Под недовольством Любочки скрывалось другое чувство, как далекое эхо минувшего детства... В самом негодовании на чистоплюйство Сережи сказывалась хотя и детская любовь, но всё-таки любовь. В душе оставалась если не надежда вернуть что-то такое хорошее и близкое, то тень такой надежды — есть чувства, которые не умирают, как не умирает жизнь в зерне, пока оно само не разрушится. Катя отлично понимала, что чувствовала сейчас Любочка, и молчала. Собственное горе выучило её читать чужие мысли и чувства, даже когда они в скрытом состоянии. Собственно и женское горе само по себе совсем другого характера, чем у мужчины: оно въедается такими мелочами, которых мужчина никогда не заметит.

— Вообще поучительно...— резюмировала Любочка свои впечатления.— И стоило огород городить и капусту садить... Кажется, это и называется жизнью! Ха... Благодарю покорно! Один — тряпица, другой — карьерист... Помнишь, Катя, как мы их делили и ревновали друг друга?

— Мне обидно за то, главным образом, что самое образование как-то не при чем... Насмешка какая-то получается. Оно, конечно, не виновато, но виноваты мы сами, потому что... потому что... ну, не знаю, почему.

— Потому что мы сами дрянные людишки, которых не спасает даже святая наука. Всё дело в характере, в крови, в известных традициях... Помнишь, как я одно время увлекалась богатой обстановкой?.. Ведь это то же, что у Сережи, только у него это составит цель жизни, а у меня прошло эпизодом.

XIII

Кончив экзамены в своей школе, Кубов приезжал на несколько дней в Шервож. У него были какие-то замыслы, о которых не знал даже дьякон. Кубов приходил к дьякону только ночевать, а целые дни проводил где-то на пристанях или в Теребиловке.

— Вчерашний день ищешь?— ядовито спрашивал дьякон.— Напрасно беспокоишься... Вот ты считаешь себя, Володька, умным человеком, а у нас своих умных людей — как у вас в Березовке дров. Не знают сами, куда деваться...

— А вот, когда найду вчерашний день, тогда и поговорим.

Потом начали приходить на квартиру к дьякону какие-то неизвестные люди: кузнецы, слесаря, плотники. Кубов подолгу толковал с ними о какой-то паровой машине, о каких-то плотах, а больше всего о барже. Между прочим, из этих рассказов дьякон узнал, что Кубов арендовал старую кузницу на берегу Лачи. Что же, это еще походило на дело. А всё-таки жаль Березовки... Положим, Кубов сделал посев в полном размере, значит, проживет там до осени, но зачем же тогда кузница? Добродушное лицо дьякона выражало одно недоумение. Впрочем, Кубов скоро уехал к себе в Березовку, даже не повидавшись ни с кем из знакомых.

— Ах, болванище, болванище! — повторял дьяком.— Всё знает, а того не может понять, что от добра добра не ищут... Променяет синицу на ястреба.

Дьякон нарочно ездил в Курью, чтобы посудачить с дедушкой Яковом Семенычем. Старик внимательно выслушивал дьякона н только качал головой. Да, мудреный нынче народ пошел,— пожалуй, ничего не разберешь. Петр Афонасьевич, прислушавшись к этим разговорам, заметил:

— Просто Володе завидно, а вы удивляетесь...

— Кому ему завидовать-то?— удивился дьякон.

— А как же: Сережа юристом кончил, Гриша через год доктором выйдет. Будут жалованье большое получать, а он и лег и встал — всё тот же учитель. Из своей кожи не выскочишь. На такую уж зарубку попал... В гимназии-то вместе учились, а теперь вот какая разница вышла. Ну, вот он и мечется, Володя-то...

Дьякон и Яков Семеныч только переглянулись. С Петром Афонасьевичем не совсем было ладно: точно на пень наехал со своим юристом и везде его сует, к месту и не к месту.

Кубов показался в Шервоже ровно через месяц. Это было в начале июля, когда собрался съезд народных учителей. Руководил съездом Огнев. Кубов продолжал свои таинственные хлопоты и, между прочим, не пропускал заседаний съезда. Раз он случайно встретил здесь Катю.

— Я слышала, что вы здесь, Владимир Гаврилович. Отчего вы к нам не зайдете?

Этот вопрос точно смутил Кубова.

— Да всё как-то некогда, Катерина Петровна... А впрочем, что же, я могу сказать вам правду. Только, пожалуйста, между нами. Свое учительство я бросаю и завожу новое дело. Вот и не хочется встречаться со старыми знакомыми, потому что будут расспрашивать, что, да как, да почему, а я этого не люблю. Когда всё устроится, тогда сами увидят.

— Одним словом, тайна... Ну, бог с вами и с вашей тайной. Для меня остается непонятным только одно, как вы так легко расстаетесь со своей школой... Ведь у вас там, кроме школы, всё хозяйство поставлено и, как рассказывают, очень большое хозяйство. Одним словом, образцовый учитель и вдруг бежит.

— Можно говорить с вами откровенно?

— О, конечно.

Этот откровенный разговор происходил в зале земского губернского собрания, где собирался учительский съезд. Катя, по обыкновению, занимала самый дальний уголок и отсюда слушала доклады, сообщения и происходившие дебаты. Ей очень нравилось ходить сюда, чтобы многому поучиться самой. Огнев отлично вел дело, и работы съезда шли самым оживленным образом. Чувствовалось, что собравшиеся здесь люди делали большое и серьезное дело. У Кати уже было много знакомых, особенно среди учительниц.

— Так вот, видите ли, в чем дело...— заговорил Кубов после длинной паузы.— Учительское дело, конечно, прекрасная вещь, и я очень рад, что поработал учителем целых шесть лет. Да... Но остаться навсегда учителем — этого я лично не могу. У меня другая натура. Меня неудержимо тянет к другой деятельности.

— А это не кажется вам?..

— Нет... Я благодарен своему учительству, потому что сам прошел известную школу. Но ведь есть другая жизнь, другая деятельность. Посмотрите на американцев — вот для нас живой пример. Сегодня он учитель, завтра огородник, послезавтра кондуктор и т. д. Уже в самой перемене занятий кроется источник энергии. Может быть, поэтому только в Америке мы и видим таких смелых предпринимателей, не отступающих ни перед какими препятствиями. Это в порядке вещей...

— Всё это так, но ведь у нас не Америка...

— Правда, но с некоторыми поправками... Вообще не Америка, а в частности может быть и Америка. Здесь я, например, бываю с некоторой специальной целью. Хочется найти подходящего заместителя в свою школу... Ведь жаль дела, на которое убито столько времени и сил. Но, к сожалению, я его не нахожу... Много хороших людей, но всё не то. Главное, обидно то, что всё это только учителя, а у меня дело поставлено гораздо шире. И вот, я не могу найти такого человека, который не только взял бы школу, но и всё мое хозяйство. Ведь жаль пашню, над которой трудился столько лет, рабочую скотину, которая разделяла твой труд, твой огород, все мелочи хозяйственного инвентаря... Всё это приобреталось на гроши, годами...

— Неужели никого нет?

— В принципе все, конечно, одобряют, но тут, кроме принципов, требуется живой человек... Да. Есть, пожалуй, и охотники, но я им как-то не верю. Большею частью увлекающиеся натуры, а этот товар в нашем деле ничего не стоит. Всякое увлечение остывает... Нужны работники, строгие, серьезные, последовательные...

Кубов помолчал, перевел дух и неожиданно проговорил:

— А что бы вам, Катерина Петровна, занять мое место в Березовке? Ей-богу, отличная была бы штука... Вы подумайте серьезно. Я бы вам уступил половину хозяйства, т.-е. огород и разную домашность. Конечно, пашню вам не пахать, а всё-таки маленькое хозяйство повели бы. А главное, сейчас вы работаете только на богатых людей, которые могут вам платить, а там вы служили бы серьезному делу.

Это неожиданное предложение с первого раза показалось Кате совершенно несбыточным, начиная с того, что она не могла даже представить себя в совершенно неизвестной обстановке и в такой ответственной роли, как сельская учительница; с другой стороны, как же она могла оставить семью? Всё это было невозможно, хотя слова Кубова и запали глубоко. Она много и долго думала о них и постепенно привыкла к мысли сделаться вельской учительницей. Ведь живут же другие, и не вечно же она будет жить при отце, тем более, что Петушок уже не нуждается в её помощи, а Сережа заменит её отцу. Главным подкупающим обстоятельством являлась мысль о том, чтобы уехать из Шервожа. Что-то такое впереди мелькало, луч слабой надежды на какое-то будущее и избавление от настоящего. Ведь через год в Шервож вернется Гриша врачом,— он должен отслужить здесь земскую стипендию. Какой мукой будет для неё жить с ним в одном городе, может быть, придется где-нибудь встретиться. Да и для него не сладко будет видеть её... Получалось вдвойне неловкое положение, которое разрешалось бы само собой, если бы она поступила учительницей в Березовку. Огорчало Катю то, что ей решительно не с кем было посоветоваться. Вот если бы была жива мать — совсем бы другое дело. Но её не было, и Катя чувствовала с какой-то болью свое полное одиночество. Ведь шаг решительный, который изменит всю жизнь. Раз она попробовала заговорить стороной с отцом на эту тему, но он отнесся с странным равнодушием к ней.

— Что же, и учительницы хлеб едят...— говорил он.— Только ведь скучно в деревне, особенно молодой девушке.

— Какая же скука, папа?.. Тысячи учительниц живут по деревням...

— И всё-таки скучно. То ли дело в городе: вышел на бульвар... пошел в театр... Взял извозчика... Одним словом, город, а не деревня. Что хочу, то и делаю, только были бы деньги. Вот погоди, как мы с Сережкой заживем... Он уж фрак себе заказал, Понимаешь, ему нельзя без фрака... Цилиндр, говорит, куплю. Вот как мы... хе-хе...

В Петре Афонасьевиче сказался городской чиновник, приросшин к своему городу, как улитка к раковине. Другой жизни он не мог себе представить. Раньше Катя этого не замечала и была очень огорчена. В отце она привыкла видеть не одного чиновника.

Оставалась в запасе одна Любочка, которая отнеслась к её плану с таким увлечением, что Катя даже испугалась. Ведь это начиналась уже та область фантазии, о которой говорил Кубов.

— Лучше и не придумать! — повторяла Любочка, расхаживая по комнате.— Да тут и думать не о чем... С богом!.. А когда Гриша приедет со своей принцессой, тогда я к тебе в помощницы поступлю. Честное слово... Э, что нам город? Зиму в деревне, а летом вольные птицы... Я даже сама думала об этом. Надоело этих богатых оболтусов учить.

— Кубов то же самое говорит...

— Кубов, Кубов — и без него знаем. Только и свету в окне, что Кубов. Свой ум, слава богу, имеем... Не люблю я этих бабьих пророков... Сам, небось, бежит из деревни.

— У него какое-то дело в городе.

— В дьякона поступит...

У Любочки явилось какое-то необъяснимое предубеждение против Кубова. Она готова была спорить до слез, стоило только сказать, что так думает Кубов или это говорил Кубов. Вообще она относилась к людям с большим пристрастием, особенно к самостоятельным, точно завидовала чужой энергии. В данном случае, впрочем, нерасположение уже решительно ничем не объяснялось.

— Ты нападаешь на Кубова,— говорила Катя.— И без всякого основания...

— Мне всё равно, есть ли, нет ли на белом свете твой г. Кубов. Много чести, если я буду даже говорить о нем...

— Напрасно ты так думаешь. Он хороший человек...

— Хороший, да для себя. Видали мы таких-то... Ну, да не стоит об этом.

Кубов вернулся в Шервож только после сенокоса и заявил дьякону, что покончил все дела в Березовке. Дьякон даже сел, точно его ударили палкой. Ну, не сумасшедший ли человек, а?..

— Бо-ол-ван!..— проговорил он, наконец.— Если себя не жаль, так хоть бы скотину пожалел... Ведь деньги за неё даваны.

— Я скотину продал...

— Ах, ты... Нет, мало тебя бить, акробата.

— У меня теперь другая скотинка завелась.

— Это еще что за мода?.. Таракана черного сторговал по сходной цене?

— Около того... В восемь лошадиных сил паровую машину купил. Подержана она, ну, да починим как-нибудь. Восемьсот рублей дал, т.-е. половину наличными отвалил, а другую половину через год.

— Вот за другую-то половину тебя в острог и посадят, где неоплатные должники сидят. Так и следует... Эй, дьяконица!..

Дьяконица была скромное и очень невзрачное существо, всё поглощенное домашним обиходом и своим гнездом. Она вечно где-то возилась, что-то тащила, торопилась и в определенное время дарила мужу нового ребенка. Сам Келькешоз почему-то любил в трудных случаях ссылаться на неё: ужо, вот дьяконица моя задаст! Так было и теперь. Когда она показалась в дверях, дьякон торжественно провозгласил:

— Вот полюбуйся: новомодный арестант приехал. Хорош?...

Дьяконица так ничего и не сказала, а только повернулась и вышла.

— Видел? — заметил дьякон с торжествующим видом.— Она, брат, шутить не любит... Вон каким зверем посмотрела на тебя: разорвать готова. Да ты чему смеешься-то, отчаянный?..

— Подожди, дядя, другое заговоришь,— уверенно заметил Кубов.— А тетке я на новое платье куплю...

— Хо-хо... Не оставьте уж и меня, нижайшего!

173

Эта комичная сцена навела на Кубова невольную грусть. Ведь и другие так же посмотрят на него, хотя и не выскажутся с такой откровенностью.

XIV

Петр Афонасьевич изнывал от потребности высказаться и поделиться с кем-нибудь своей радостью. Он долго крепился, пока не выбрал своей жертвой Анну Николаевну. Время стояло летнее, рабочее, дохнуть, кажется, некогда, а он находил минутку, чтобы завернуть к старой приятельнице. Входил Петр Афонасьевич с каким-то таинственным видом, точно заговорщик, оглядывался и только после некоторых предварительных пустяков заводил речь о настоящем. Придвинув свой стул к Анне Николаевне, он наклонялся к ней всем корпусом и говорил осторожным канцелярским шопотом:

— Сережка-то мой... Нечего сказать, из молодых да ранний...

— Что опять случилось? — недовольным тоном спрашивала Анна Николаевна.

— А как же... Только получил фрак от портного...

— Фрак-то в долг, поди, заказывал?

— Ну, это пустяки, потом заплатит!.. На всех судейских один портной шьет. Знаете, вывеска у него на Тихонькой улице? Кривой на левый глаз... Ну, только сшил он фрак, надел его Сережка и сейчас пых! к председателю суда с визитом. Понимаете? Ведь тот заслуженный генерал... ленту имеет через плечо... От председателя всем членам суда сделал визиты... Тоже генералами будут. Вот он каков, Сережка-то... Смел, нечего сказать. Ведь генерал, так я нарочно на другую сторону улицы перехожу, когда встречусь, а он к нему с визитом разлетелся... Прямо за руку здоровается... Это с генералом-то! Хе-хе. Совсем бесстрашный!.. Мне так вчуже жутко.

— Чего бояться-то?.. Такие же люди, как и мы, грешные. А у судейского генерала две дочери на возрасте, ну, вот он и принимает молодых-то. Ужо женится ваш Сережа на генеральской дочери...

Петр Афонасьевич даже хихикнул и подмигнул Анне Николаевне: дескать, это еще цветочки. Придвинувшись уже совсем близко, так что одной коленкой задевал толстую ногу

Анны Николаевны, Петр Афонасьевич сообщил уже совсем шопотом:

— А ведь я, грешный человек, сам думал об этом... ей-богу!.. И даже весьма думал... Хе-хе!.. Ну, генеральские дочери — это точно, ну, генерал — и это есть, а Сережка-то не туда совсем смотрит. Я уж подметил... Генерал-то одним своим жалованьем живет, а у дочерей ничего и нет. Возьми-ка такую голенькую генеральскую дочь да и майся с ней... Не-ет, Сережка обмозговал это дело. Третьего дня я завернул вечерком к себе за снастью, чтобы в Курью к деду свезти, а тут пых! коляска!.. Сережи-то, как на грех, дома не случилось. Понимаете, коляска прямо к моей хибарке подкатила... Вижу, в коляске Болтины сидят — эта самая Женя с братом. Лошади какие, кучер — осетер-осетром. Ну, я сейчас к Кате... Сам-то испугался, не знаю чего. Ей-богу... Даже ноги трясутся. А Катя мне и отрезала: "Это не ко мне, а к Сереже". Нечего делать, выхожу за ворота — сюртучишко на мне старый-старый, без шапки, в туфлях, ну, дурак-дураком. Ну, вышел и говорю, что Сережи дома нет... А болтинская барышня посмотрела на меня и ласково так спрашивает: "Если не ошибаюсь, вы папаша Сергея Петровича?". Красивая такая, кровь с молоком девица... И до того она меня сконфузила, что я стою дураком, смотрю на неё, а напротив неё в коляске-то другая барышня, еще красивее — Клочковская. Помните, с нашими вместе училась? Ну, я и отперся сам от себя... ей-богу!.. Так и сказал прямо: "Извините, сударыня, я буду дальний родственник Сергею Петровичу"... Тоже догадался, чтобы не конфузить Сережку-то... Ловко сделал? Хе-хе... И мы тоже не лыком шиты. А Катя-то у окна стояла и всё слышала. Стыдно мне потом сделалось, потому как ничего она не понимает. Сережа-то теперь у Болтиных и Клочковских, почитай, каждый день бывает. Известно, богатые люди, ну, веселятся себе, а тут еще такие девушки невесты, что все глаза проглядишь... Молодому-то человеку, конечно, и любопытно. Вот бы покойница Марфа Даниловна посмотрела: то-то порадовалась бы.

Подобные откровенные разговоры для Анны Николаевны были настоящей пыткой, потому что она еще сильнее на фоне Сережина благополучия чувствовала свое фамильное горе. Своим материнским аршином она прикидывала судьбу Гриши и тяжко вздыхала. Вот так же и Гриша развернулся бы, если бы не женился на какой-то забвенной мещаночке... Злейший враг не мог бы придумать для неё большей пытки, как эти разговоры о Сереже, а Петр Афонасьевич, увлеченный успехом Сережи, решительно ничего не хотел замечать и тянул жилы из старой приятельницы. Только очень добрые люди могут устраивать такие пассажи.. Анна Николаевна раз даже расплакалась.

— О чем вы, Анна Николаевна?

— Так, смешное вспомнила...

Петр Афонасьевич спохватился.

— Ничего, и у вас всё устроится, Анна Николаевна... Вот приедет Гриша, тогда и вы заживете.

— Гриша-то приедет, да куда мы с этой его-то мещанкой денемся? Ведь людям на глаза стыдно показать нашу-то королеву... Ни ступить, ни сесть, ни сказать... Ох, такое горе, что и не выговоришь! А легко мне это, столбовой-то дворянке?

— Иногда и из мещанского звания очень умные девушки издаются, Анна Николаевна.

— Уж лучше не говорите, Петр Афонасьевич... Не раздражайте!..

Появление Петра Афонасьевича вызывало в Анне Николаевне тяжелое и неприятное чувство. Она даже как-то начала его бояться: вот придет, усядется и заведет канитель. Потом это чувство перешло в озлобление. Чего он, Петр Афонасьевич, жилы из неё тянет? Этакая важность, что Сережа у генерала бывает! А захворает генерал, Гриша будет его лечить. Ежели с умом, так доктору-то вот как можно жить да поживать. Раз обозленная Анна Николаевна не вытерпела и заметила вскользь:

— Вот вы радуетесь, Петр Афонасьевич, любуетесь на своего Сережу, а того не подумаете, что ему и жить-то у вас не придется...

— Как не придется?

— Да уж так... Вот вы отперлись от самого себя, когда Болтина с Клочковской приехали, а как-то Сережа адвокатствовать будет? Ведь ему нужно и квартиру хорошую и обстановку приличную...

— Чего же ему еще лучше? Кажется, всё прилично... Ничего не жалел: обои, мебель, занавески — всё в порядке.

— Ах, вы, простота-простота... Разве такую обстановку нужно настоящему адвокату? Клиенты-то разве будут разыскивать по всему городу вашу избушку? Клиента нужно ловить богатого, а богатые не любят себя затруднять, да и хлеб за брюхом не ходит. Квартиру Сереже нужно на главной улице, по крайней мере рублей на шестьсот в год, да обстановка будет стоить на худой конец, ну, рублей тысячу. Да... Ведь Сережа-то не ходатай по делам, как покойничек Григорий Иваныч, а форменный адвокат.

Эта мысль для Петра Афонасьевича была ударом грома. Как это раньше он сам-то не догадался? Ведь всё верно говорит Анна Николаевна, в самую точку.

— Ах, я дурак, дурак! — проговорил, наконец, Петр Афонасьевич и даже ударил себя ладонью по лбу.— Вот уж поистине, век живи, век учись, а дураком умрешь. Как это я сам-то раньше, не мог догадаться, Анна Николаевна?.. Вот покойница Марфа Даниловна, так та сразу бы проникла всё. А Сережа-то какой скромный: молчит, точно так и нужно. Ведь видит, как другие адвокаты живут, а мне ни гу-гу... Не хочет старика тревожить.

Подсказанная Анной Николаевной мысль засела в голову Петра Афонасьевича клин клином. Он вставал и ложился с ней. Потихоньку от всех, он ежедневно осматривал какую-нибудь квартиру, прицеливался, рассчитывал и приходил в ужас от предстоявшего подвига. Съест всё одна квартира... Дома в Шервоже были ему известны наперечет, а скоро он изучил досконально все свободные квартиры. Нужно было дело сделать скоро, потому что к осени и совсем не останется квартир. Именно в разгар этих хлопот Катя заговорила с отцом о своем желании взять место сельской учительницы. Она долго не решалась на это объяснение из страха огорчить отца и была поражена, когда отец отнесся к её решению почти безучастно.

— В сельские учительницы хочешь итти? — повторил Петр Афонасьевич, точно стараясь что-то припомнить.— Да... да... Что же, дело хорошее. Отлично... Я к тебе зимой в гости приеду. Да.. Вот только Сережу устроить... гм.. да...

— Мне, папа, тяжело оставлять тебя с Петушком...— заметила Катя, опуская глаза.— Как вы тут без меня будете жить?..

— Мы-то?.. Э, о нас, пожалуйста, не беспокойся... Всё будет отлично. Да... Вот только...

— Что?

— Ну, всё пустяки. Одним словом, отлично... Мы с дедом приедем.

— Папа, а я хочу пригласить дедушку жить вместе со мной... Ему будет хорошо в деревне... И мне веселее...

— Отлично...— обрадовался Петр Афонасьевич.— Старик форменный. Он в деревне-то вот еще каким орлом себя покажет. Одной девушке, точно, оно как будто и неудобно. Да...

Катя из этого объяснения поняла одно,— именно, что она отрезанный ломоть в доме и что отец всецело поглощен Сережей. Ей сделалось ужасно грустно и тяжело,— тяжело до слез. Не так она думала расстаться с родным гнездом... Одни могилы не обманут... И Катя отправилась в общину выплакать своё одиночество на этих дорогих могилах. Может быть, не то было бы, если бы живы были Григорий Иваныч и Марфа Даниловна. Конечно, не то... Сестра Агапита одобрила решение Кати и благословила её образком.

— Лучше этого нельзя и придумать,— говорила она.— Это и есть жизнь... хорошая жизнь. Будешь трудиться, как пчела в улье... И сердце отойдёт. Я буду молиться за тебя...

Сестра Агапита отнеслась к решению Кати с искренним и горячим сочувствием. Девушка теперь смотрела на неё, как на свою вторую мать, и чувствовала то тепло, которого недоставало ей дома. Когда Катя жаловалась на отца и на брата, сестра Агапита только качала головой, но не осуждала ни того, ни другого.

— Всякий по-своему живёт, Катя... У них — своё, у тебя — своё. Нехорошо роптать на судьбу...

Уговорились окончательно с Кубовым, Катя подала прошение в земскую управу. Через несколько дней получился утвердительный ответ. Другим человеком, высказавшим Кате горячее сочувствие, оказался дьякон Келькешоз. Он даже прибежал к Клепиковым.

— Молодец, Катерина Петровна, братец ты мой... А Володька болван! Вот пусть смотрит на вас и казнится. Поделом вору и мука... Ведь был сыт, одет — нет, не хочу. Разыгралось комариное-то сало... тьфу! Видеть даже его не могу... Противно. Такой болванище... Благопотребно, Катерина Петровна. Весьма одобряю...

Катя принялась готовиться к отъезду. Это её заняло недели на две. Нужно было многое предусмотреть, обдумать и устроить. Например, сестра Агапита подарила ей домашнюю аптечку, составленную ею самой.

— Для чего это? — удивлялась Катя.— Ведь я здорова.

— Другие могут заболеть. Ведь там доктора нет. Прибежит какая-нибудь деревенская баба, будет плакать, а ты и помочь не умеешь. Нужно всё знать... Летом по деревням дети мрут, как мухи, а иногда стоит дать только касторки да красного вина. И большие тоже пойдут за помощью... Да вот сама увидишь, как сделаешься знахаркой. К учителю, пожалуй, бабы и не пойдут за лекарством, а тебя осадят. Учителька, значит, должна всё знать... И они правы по-своему. Живя в городе, ты этого не видела и могла не понимать, а там нельзя.

Сестра Агапита прочла целую лекцию о своих лекарствах и первой помощи, которую можно подать без врача. Катя многое записала и была благодарна сестре Агапите. Пред ней раскрывался совершенно новый, неведомый мир, и она как-то вперед чувствовала себя уже легче, потому что ведь она там будет нужна. В ней проснулось смутное сознание какой-то обязанности. Нет, есть еще и жизнь, и свет, и еще что-то такое хорошее, что она не умела даже назвать, но что уже чувствовала. Именно теперь, точно подхваченная этим новым чувством, она совершенно иначе отнеслась к отцу и к Сереже. Ведь они по натуре не злые люди и совсем не виноваты, что не могут чувствовать того, что она чувствовала.

— Здесь и твое образование не имеет особенного значения,— объясняла сестра Агапита.— Мало ли в городе кончивших курс гимназисток... Перебивают друг у друга уроки, ищут переписки, вообще перебиваются. А в деревне твое гимназическое образование уже целый капитал, и громадный капитал... Ты сама удивишься собственному богатству.

— Сестра, родная, да ведь это... это счастье!..— почти вскрикнула Катя, обнимая святую женщину.

— Ну, до счастья еще далеко... А впрочем, там будет и своя мерка для счастья и несчастья. Не будем загадывать вперед...

Лето для Кати промелькнуло в этих приготовлениях как-то незаметно. Да разве нынче было лето?

В августе месяце она отправилась в свою Березовку вместе с дедушкой Яковом Семенычем, который сильно недомогал и выехал из Курьи раньше окончания сезона. Какая теперь в нем польза, когда еле ноги передвигает?

— На подножном корму отдышишься, дедка,— говорил Петр Афонасьевич, провожавший путешественников за городскую заставу.— Ну, с богом... Ужо, по первопутку, проведать приеду.

При прощаньи с отцом у Кати явилось грустное настроение. Ей вдруг сделалось его жаль, жаль до слез, и в то же время она не могла высказать ему теснившихся в её груди чувств. Как-то неловко нежничать... Да и Петр Афонасьевич точно был рад, что сбывает её с рук. Это и было так, потому что нужно было устраивать Сережу. Любочка простилась раньше. Она пришла к Клепиковым вместе с Кубовым, и прощанье вышло довольно холодное, потому что Любочка всё время ссорилась со своим кавалером.

Когда город остался позади, Катя оглянулась и облегченно вздохнула, точно после грозы — впереди было светлое ясное небо, а туча пронеслась.

179

XV

Кубов ужасно хлопотал. Он целые дни проводил на берегу Лачи, там, где кончались пароходные пристани. Там, около вымосток, причалена была старая полубаржа, приводившаяся в новый вид. Палуба была превращена в широкий помост, по котором устанавливалась приобретенная по случаю паровая машина с какими-то мудреными приводами. От них прямо в реку шел отлогий деревянный спуск. Снаружи вся эта городьба вызывала только недоумение проезжавших по берегу и по реке. Никто не мог догадаться, в чем дело.

— Землечерпательная машина,— говорили специалисты, видавшие работы на волжских перекатах.

— Нет, это что-то такое вообще...— замечали скептики.— А впрочем, чорт его знает что.

Особенно интересовались мещане, перебивавшиеся разной работишкой на берегу. Они по целым дням высиживали на берегу и обсуждали мудреную посудину на все лады.

— Паром налаживают. Вон и взвоз...

— Не паром, а паровую лебедку. Причалит к большой барже и начнет выкидывать оттуда кули... Хлеб только у крючников отобьет.

— Не похоже что-то... Коноводку старинную так же вымащивали, только там паровой машины не было.

— А может, баня, братцы. Как напустит в баржу пару — всего обварит. Будет ездить около бережка да собирать народ... Сама к тебе баня приедет.

Часть этих замечаний, серьезных и шутливых, доходила до Кубова, но он ни на что не обращал внимания, поглощенный своей затеей. За лето он загорел и сильно похудел. Трудно приходилось... Главное, нехватало денег и приходилось занимать там и сям разными правдами и неправдами. Мудрено занимать деньги вообще, а тут в особенности. Дело совершенно новое, и денежные люди смотрели на Кубова, как на тронувшегося человека. Большие скептики эти денежные люди, особенно, когда дело хоть чуть-чуть касается их мошны. Кубов объяснял свое предприятие во всех подробностях, приводил цифры, разъяснял план — и это не помогало. Особенно трудно ему достались последние триста рублей. С другой стороны, шли большие неприятности с набалованными городскими рабочими. Судовые рабочие пользовались бойким навигационным временем, запрашивали дикие цены и работали "через пень колоду". Городские слесаря были не лучше. Прогульные дни особенно возмущали Кубова, потому что каждый час был дорог. Он рассчитывал закончить всё в начале июля, а кончил только в августе. Одним словом, неприятностей было достаточно.

Наконец всё сооружение было закончено. Любопытная публика, следившая за работой, увидела, что всё это значит — это была самая обыкновенная лесопилка, с тою разницей, что она сама могла подплывать к плотам с бревнами, сама вытаскивала бревна из воды, распиливала в доски, и рабочим оставалось только эти доски складывать в штабели. На пробе лесопилка действовала отлично, хотя и вызывала большое сомнение в рабочих, как всякое новое, непривычное дело.

— Что, хорошо?— спрашивал Кубов, любуясь своей затеей.

— Хорошо-то оно хорошо, Владимир Гаврилыч, только того...

— Чего?

— Сумлительно... Прежде плоты с бревнами к лесопильням плавали, а теперь лесопильня к плотам поплывет. Оно даже обидно, другим-то лесопилам обидно...

— Ну, в этом я уже не виноват.

— Оно, конечно, а всё-таки того...

Окончив работу, Кубов пригласил своих друзей отпраздновать открытие работы. Из званых явились Огнев, дьякон Келькешоз и Петр Афонасьевич. Сережа обещал, но не приехал к назначенному часу.

— Ему нельзя...— таинственно объяснил Петр Афонасьевич, улыбаясь.— Делишко одно у него есть. Да...

— Очень жаль... Ну, всё равно, потом увидит.

Дьякон Келькешоз и Огнев держали себя с большой солидностью, как и следует званым почетным гостям. У дьякона проявлялись очевидные признаки неисправимого скептицизма. Когда он еще подъезжал на извозчике с Огневым к лесопилке, то не мог удержаться от смеха. Очень уж забавная городьба... Входя на лесопилку, он зажимал рот рукой, чтобы не расхохотаться. Дьяконский скептицизм дошел до того, что он с какимто недоверием относился к каждой доске и к каждому винту. Одну деревянную стойку он чуть не выворотил.

— И это называется работа...— заметил он, ухмыляясь.— Курам на смех. А сколько затравил денег-то, Володька?

— Все, какие были свои, да чужих прихватил...

— Ну, всего-то сколько?

— Побольше трех тысяч, дядя.

Дьякон только посмотрел на Огнева и развел руками: легко

это выговорить — три тысячи! Дом бы себе лучше купил в городе или мелочную лавочку открыл. Огнев осматривал постройку с таким видом, как булочник, попавший куда-нибудь на патронный завод. Его всё интересовало, и в то же время он решительно ничего не понимал.

— И всё это нужно?— спросил он Кубова в заключение.

— Да... Ничего лишнего. А вот сами увидите.

— Вот ежели бы жив был Григорий Иваныч, так тот бы уж разобрал,— говорил Петр Афонасьевич дьякону.— Он все знал...

Когда осмотр кончился, Кубов велел зацепить приготовленное для пробной резки бревно. Застучали шестерни, завертелись колеса, и зацепленное бревно покорно поползло из воды на помост, а отсюда на станок, где работали пилы. Что-то точно взвизгнуло, когда конец бревна попал в станок и стальные пилы врезались в дерево. Баржа вздрагивала от работы паровой машины, и казалось, что вздрагивает распиливаемое бревно. Именно такое чувство эта проба подняла в душе эстетика Огнева.

— Отлично! — первым похвалил Петр Афонасьевич, как самый практичный из гостей.— Не вредно задумано...

Дьякон всё время молчал, наблюдая, как станок с пилами точно проглатывал бревно; с другой стороны из него веером выходили совсем готовые доски.

— Ну, что, дядя, какова работа?— спрашивал Кубов.

Вместо ответа, дьякон обнял "новомодного арестанта", облобызал и крикнул "ура". Стоявшая на берегу кучка любопытных, следивших с напряженным вниманием за пробой, подхватила этот крик. Общее одобрение заставило Кубова даже покраснеть.

— Как это тебе в башку-то пришло?— удивлялся Келькешоз.— Умственная штука...

— Нужно удивляться, что никто раньше меня не додумался до такой простой штуки,— скромно объяснял Кубов.— Моего тут ничего нет... И баржи всем известны, и лесопилки, только стоило поставить лесопилку на баржу.

— Ну, а как же ты зимой?

— В затон поставлю куда-нибудь, а бревна буду подвозить обыкновенным способом, как это делается у других лесопилок. У меня зато в выигрыше целое лето, когда идет главная работа. Весь расчет во времени...

— А сколько в год думаете заработать?— полюбопытствовал Огнев.

— Тысячи полторы на первый раз, а там и больше, когда

дело разовьется. Нужно воспользоваться первыми пятью-шестью годами, а там явятся конкуренты. Это уж всегда так бывает... Сначала смеются, а потом сами за то же примутся.

Пошабашив работу и выдав рабочим могарыч, Кубов отправился вместе с другими в город, чтоб вспрыснуть новинку. Решено было отпраздновать по-домашнему, в квартире дьякона. В первоначальном проекте предполагалось учинить празднество в ресторане, но Келькешозу это было неудобно: не дозволял дьяконский сан. Уже темнялось, когда компания подходила к городу. Всё равно торопиться было некуда.

— Сие благопотребно!..— повторял Келькешоз.

— Вот что, господа, не возьмем ли мы некоторого извозца?— предлагал Огнев, уставший раньше других.

— Вот что, вы поезжайте с Кубовым вперед,— заявил Петр Афонасьевич, делая таинственный знак Келькешозу.— А мы с дьяконом догоним уж потом. Дельце маленькое есть...

Компания разделилась. Огнев и Кубов поехали прямо к дьяконской квартире, а Петр Афонасьевич свернул с дьяконом на главную улицу.

— Коньячку купить для вспрыска? — догадывался дьякон.

— Около того...

Около мужской гимназии Петр Афонасьевич остановил извозчика и велел ему дожидаться, а сам повел дьякона в одну из боковых улиц. Дело совсем не коньяком пахнет, как догадался недоумевавший дьякон. Было уже совсем темно. Огни светились только в двух-трех домах.

— Да ты куда меня ведешь-то?— спросил дьякон.

— Тише...— остановил его Петр Афонасьевич.— Ведь вот как гаркнул, точно часовой.

Петр Афонасьевич замедлил шаги, прислушался и молча указал на дом напротив, у которого второй этаж был ярко освещен.

— Ну, что?— удивлялся дьякон.— Именины кто-нибудь справляет...

— А вот и нет: это мой Сережка свое новоселье празднует. Вчера он от меня совсем переехал...

— Еот так фунт!.. А ты-то как же, т.-е. почему ты не на новоселье? Ведь не чужой человек, слава богу...

— Я-то... гм... Вот то-то и оно-то, дьякон, что мне там не рука. Только буду конфузить напрасно Сережу: ни сесть, ни встать, ни сказать. Я уж как-нибудь в другое время лучше заверну... Сам и квартиру я подыскал и всё устраивал тоже сам, а Сережа на готовое переехал. У него там свои судейские веселятся, куда же я с ними компанию водить...

— Ну, это уж ты напрасно! — возревновал возмущенный дьякон.— Ты отец — и всё тут. Кто же родного отца стыдится?.. Эх, ты, голова!

— Ах, какой ты, дьякон... Ничего ты не понимаешь!..

Петр Афонасьевич был совершенно счастлив и с восторгом прислушивался к веселому говору, доносившемуся в раскрытые окна новой квартиры Сережи. Что же, пусть веселятся... Это была последняя жертва отцовского самоотвержения.

В заключение Петр Афонасьевич провел дьякона по тротуару, под самыми окнами Сережиной квартиры, и торжественно указал на медную, ярко вычищенную доску, прибитую на дверях подъезда. На ней было выгравировано: "Помощник присяжного поверенного Сергей Петрович Клепиков".

— Каково? — шопотом спрашивал Петр Афонасьевич.— Тут почище лесопилки-то дело выйдет...

Дьякон только махнул в пространство своим широким рукавом.

I

Медленно и тяжело занимается зимнее утро, точно какое просонье, когда глаза хотят и не могут проснуться. Кругом всё бело, и свет белый,— солнца еще не видно, а только чувствуется его присутствие по бликам и свежеющим зимним краскам. Но вот и оно, зимнее солнце без лучей, подернутое туманной дымкой, всё в радужных переливах...

— Дивны дела твои, господи! — шепчет дедушка Яков Семеныч, наблюдая первый солнечный луч, заглянувший в подернутое инеем окно.— Вся премудростию сотворил еси... Ну, публика, пора и за работу. Скоро и учителька выйдет...

"Публика" состояла из шести белоголовых ребятишек. Они были из соседней деревни и оставались в школе ночевать,— всю ночь бушевала метель и все дороги были переметены. В такую погоду детвора оставалась на ночь в школе.

— Дед, а дед, ужо картошка-то пригорит,— тихонько

заметил самый меньший из публики, Пронька,— его с раннего утра томил настоящий деревенский аппетит.

— Не пригорит, малец...

Печка только что была истоплена, и на горячих углях стояла большая железная сковорода с жарившимся картофелем. Старик умел готовить это незамысловатое кушанье с особенным вкусом: одно — картошка вареная "в мундире", а другое — жареная. Городские кухарки жарят вареную картошку, а это совсем не манер. То ли дело взять её да нарезать ломтиками сырую, разложить на сковороде, посолить круто, по-солдатски, и поджарить на вольном огоньке — совсем особый вкус. Хорошо тоже и ржаной хлеб поджарить, да вот зубы, у деда немного сконфузились — мало их осталось, да и те, как старые пни в лесу.

— Ну, публика, поснедаем, что бог послал...

Первое удовольствие для старика прикармливать эту деревенскую детвору. Любо смотреть, как работают эти острые молодые зубы, как отдуваются пухлые детские щеки, как блестят глаза — копится молодая мужицкая сила. Всё это будут работники, кормильцы и поильцы. Вот хоть Проньку взять — вдовий сын, в сиротстве растет, а по деревенской поговорке "растет сирота — миру работник". Этот Пронька особенно близок старому сердцу деда, и старик часто оставляет его в школе. Что ему делать дома-то, где и хлеб не всегда есть, а тут и в тепле малец и сыт. Да и самому веселее в длинные зимние вечера. Сидит старик на любимом своем месте у печки, плетет сеть по заказу Петра Афонасьевича, а сам что-нибудь рассказывает, снова переживая всё, что было и быльем поросло. Пронька слушает с раскрытым ртом и часто засыпает, припав к деду своей белой головенкой.

— Дед, ужо скажи про войну...— просит он в просонье.

— Что же, можно и про войну, Пронька... Я в Свеаборге был, когда при блаженной памяти государе Николае Павлыче англичаны на кораблях приходили. Как жс, было дело... Да ты уж спишь, пострел?

Все ребятишки любили больше всего слушать, как дед воевал с англичанкой — хлебом не корми, а только расскажи.

Школа в Березовке была выстроена всего год назад. Новые сосновые бревна еще пахли смолой, сочившейся там и сям золотой слезой. Село было богатое, и школа поставлена образцово. Длинное деревянное здание в один этаж делилось сенями на две неравных половины — большую, в пять окон по улице, занимала собственно школа, при которой дедушка Яков Семеныч занимал должность сторожа, и маленькую, всего в два окна, где была устроена квартира для учителя. Собственно школьное помещение отличалось массой воздуха и света, хотя для шестидесяти школьников было и недостаточно, т.-е. недостаточно по тем требованиям, какие предъявляет школьная гигиена. Приходилось отказывать новым ученикам, именно покоряясь этим требованиям. Старик каждый раз ужасно сердился.

— Уж эта мне гегеена! — ворчал он.— Тоже придумают... Как не быть месту? Да еще столько же уйдет... Нет, какие-то там кубические футы не выходят. А как дома-то живут ребятишки? Без всяких футов... Всё немцы придумывают.

По переезде из города в Березовку дедушка прямо заявил непременное желание занять должность школьного сторожа. Это несколько смутило Катю.

— Неудобно будет, дедушка... — отговаривала она.— Живите так... Пенсия у вас есть, а много ли в деревне нужно!

— Пенсии-то мы место найдем, внучка. Тебя смущает самое слово: сторож. Что же тут худого? Хлеб буду зарабатывать, только и всего. Если не нравится слово, ну, зови меня главнокомандующим. Экая работа — подмести пол, истопить печь, принести воды. Слава богу, еще можем послужить... Солдатскую лямку вытянул, в писарях военных отслужил двадцать лет — ничего, внучка,— врт как еще послужим. А то что без дела болтаться... Засиделся я в городе, надо поразмять старые кости. Ты вот по-городски думаешь: нехорошо, дескать, деду сторожем служить. А што же тут нехорошего? Воровать нехорошо, а работать нужно...

Так дело и устроилось. Потом Катя должна была согласиться, что старик был прав. Теперь она особенно его любила и ценила. Такой хороший старик... С школой он управлялся по-военному и даже заменял иногда учительку, когда ей случалось прихворнуть: задаст ребятам "уроки" и командует. Впрочем, у старика была своя педагогическая система: главное, чтобы школяры сидели смирно. Он был против новой легкой грамоты и новых приемов, потому что отсутствовал тот страх, на котором основана была вся старая школа.

— Никакого страха не нужно, дедушка,— сказала Катя.— Дети должны любить школу, а не бояться.

— Любить-то любить, да и опасаться надо, чтобы, грешным делом, не влетело за леность и разные подобные качества. И родителей любят — любят и боятся... А между прочим, я так, потому как сам-то учен на медные деньги, из пятого в десятое. Много уж очень нынче бесстрашных людей развелось...

Когда школа без страха пошла у него на глазах, старик все успехи приписал не системе, а внучке Кате. Еще бы у такой учительки да плохо стали учиться... Все науки произошла, и теперь от книги не оторвешь,— какого же чорта, с позволения сказать, нужно? Старик много помог Кате в первое самое трудное время, когда она входила в деревенскую жизнь. Он лучше её знал людей вообще, а деревенских людей в особенности. Были и тут свои дипломаты, политики и просто хитрецы, которые могли доставить много неприятностей. Были и свои партии... Одним словом, всё, как и следует тому быть. Главными действующими лицами являлись батюшка о. Николай, волостной писарь Флегонт, старшина Пимен Савельич да еще пять-шесть богатых мужиков. Был еще псаломщик, вдовая попадья-просвирня, кабатчик Спирька; последним замыкался тесный круг высшего березовского общества. Новая учительница должна была, волей-неволей, знать всех, хотя бы, повидимому, какое ей дело до того же кабатчика! Но в деревне жизнь теснее, и невозможно себя изолировать.

Так постепенно складывалась жизнь день за днем, неделя за неделей, месяц за месяцем, пока не прошло целых три года. Просыпаясь утром, Катя иногда удивлялась вслух именно этой быстроте — неужели три года?.. Прошлая жизнь в Шервоже ей казалась чем-то таким далеким, точно это была не она, а кто-то совсем другой.

Итак, занималось утро. Малец Пронька утолил свой деревенский голод. Дедушка прибрал остатки завтрака, подмахнул пол веником и посмотрел на дешевенькие стенные часы. Скоро уж набегут ребятишки... Трудовой школьный день начинался.

— Катерина Петровна чай пьет, надо полагать,— заметил он.

С чаем они чередовались: сначала пила Катя, а когда она открывала занятия в школе — шел пить дедушка. В это время он по пути кое-что прибирал у неё в комнате, топил печь и вообще заводил порядок. Прислуги Катя не держала и готовила себе обед сама. Старик помогал ей в этом маленьком хозяйстве. Так было и теперь. Катя вышла ровно в восемь часов.

— Дедушка, иди чай пить...

— Хорошо, хорошо... У нас сегодня бараньи котлеты?.. — Мне всё равно...

— Щи-то вчерашние, ну, а котлеты я живой рукой оберну.

Школа гудела, как улей. Ребята собирались группами, внося с собой тот молодой гам, без которого нет жизни.

Сначала Катю оглушала эта оригинальная музыка, а теперь она её не замечала, как не слышит мельник шума своего мельничного колеса — здесь тоже начинало вертеться свое колесо. Когда начинались каникулы, Катя некоторое время чувствовала, что ей чего-то недостает,— недоставало именно этого трудового шума.

Пришла её помощница, молодая девушка, сестра священника. Она кончила курс в епархиальном женском училище всего год назад. Звали её Сусанной Антоновной. Школа делилась на два отделения, и занятия чередовались. Раньше Кубов занимался один, и первые два года Катя тоже, но число учеников прибывало, и нельзя было обойтись без помощницы.

— Вы займитесь с женским отделением, Сусанна Антоновна, а я проверю младшее отделение.

Кто не знает, как идут занятия в школах. В деревенской школе свежее внимание, детские лица здоровее — в общем получается впечатление чего-то такого полного и хорошего, что может вырасти только под открытым небом, на свежем воздухе, на просторе родных полей, среди здоровой трудовой обстановки. Катя часто сравнивала свое маленькое стадо с теми городскими детьми, с которыми ей приходилось заниматься раньше, и это сравнение было не в пользу этих последних. Да, она полюбила вот эту деревенскую детвюру, как можно полюбить молодую крепкую поросль, из которой потом вырастет настоящий лес.

Первый школьный гам быстро сменился сдержанным гулом, точно жужжала какая-то громадная муха. Старшее отделение вело занятия тихо, но младшее затрачивало слишком много энергии, которая и выражалась в целой струе звуков. Как хороши были эти детские лица, с их сосредоточенным выражением, с серьезными глазами — дети отдавались работе всецело. Малец Пронька сидел на первой парте и с большими усилиями преодолевал четырехсложное слово. Он скоро начнет читать, и теперь переступалась последняя ступенька. Катя проверяла его успехи и только хотела выразить свое одобрение, как Пронька бросил мудреное слово, посмотрел на учительку большими голубыми глазами и тревожно проговорил:

— А ведь это земские...

— Какие земские?

— Ну, кони земские...

— Где они?

— А колокольчик...

Чуткое детское ухо поймало далекий звук. Всё отделение встрепенулось. Появление в Березовке "земских" всегда вызывало сенсацию, и это сердило Катю.

— Пусть земские едут, а ты читай...

— Да нет, кому ехать-то, Катерина Петровна? — серьезно ответил Пронька, сдвигая брови.— Акцизный был у Спирьки на той неделе... урядник в Болтевой... Разе к попу кто.

— Нас это не касается... Дети, сидите смирно...

— Может, купец какой... — озабоченно ответил детский голос с задней парты.

Нет, это было невозможно. Мальчуганы знали решительно всё, как большие люди, и относились ко всему тоже как большие люди. Ведь они принимали такое деятельное участие во всех заботах больших людей. А "земские" были всё ближе, даже Катя могла расслышать замиравшую трель колокольчика.

— В гору к церкви поднимаются,— заметил Пронька.

— К школе заворачивают! — крикнул тоненький детский голос.

Действительно, на улице послышался скрип полозьев, громко и весело звякнули дорожные колокольчики под самыми окнами, слышно было, как остановился экипаж у крыльца. Школа притихла.

— Инспектор... — пронесся шопот.

Кате трудно было не выдать своего волнения. Она поджидала инспектора с большим нетерпением, потому что старый инспектор недавно умер, и теперь должен был приехать новый. Кого назначили — она не знала. Вот тяжелые шаги на ступеньках крыльца, вот открывается дверь, и в облаке ворвавшегося холодного воздуха показывается высокая мужская фигура, закутанная в городскую енотовую шубу. Катя остается на своем месте, потом делает нерешительный шаг по направлению к гостю и останавливается.

— Имею честь рекомендоваться: новый инспектор народных школ, — весело говорит знакомый голос из енотовой шубы.— Не узнаете, m-lle Клепикова?

— Павел Васильич... неужели это вы?..

Это был Огнев... Он оставил гимназию и получил место инспектора народных школ. Катя обрадовалась ему, как родному человеку, и бросилась помогать раздеваться. Последнее было не особенно легко сделать, потому что инспекторские руки скрючились от холода, инспекторская борода примерзла к воротнику шубы, а сам инспектор походил на связанного — с непривычки городского человека связал деревенский холод.

II

Огнев произвел сейчас же полную ревизию школы. Катя предлагала ему чаю, чтобы согреться после дороги.

— Успеем и чаю напиться, Катерина Петровна, а дело прежде всего. Да... Я сам увлекаюсь своим новым делом. Раньше приходилось заниматься только с городскими детьми, а теперь получается совсем другая картина. Березовская школа в моей практике всего третья...

Катя могла только любоваться умением Огнева обходиться с детьми. Это был настоящий старый педагог, смотревший на свое дело, как на священнодействие. Дети почувствовали сразу любящую мужскую руку и быстро освоились с новым начальством. Наблюдая за своим бывшим учителем, девушка поняла одну обидную вещь, именно, что дети всегда предпочтут учителя учительнице. Это какое-то темное органическое чувство детской натуры, может быть, слепое преклонение пред мужской силой... В самых приемах у того же Огнева больше уверенности, именно того качества, которое неотразимее всего действует на ребенка. Лучшая и очень опытная учительница всё-таки следит за собой, проверяет каждый шаг и этим лишает свои занятия необходимой авторитетности. Но, с другой стороны, учительница всегда лучше поймет детскую натуру, настроение ребенка, а особенно те загадочные психические уклонения от нормы, которые может разгадать только женское сердце.

С своей стороны, Огнев наблюдал свою бывшую ученицу. Как она изменилась за эти три года — выровнялась, поздоровела, вообще сделалась женщиной. Девичья застенчивость сменилась милой уверенностью молодой женщины,— это было во взгляде, в тоне голоса, в каждом движении. Только самостоятельный упорный труд дает этот общий тон, формируя настоящего человека. Огневу хотелось по-отечески обнять Катю и высказать ей так много хорошего, что он пронес, как святыню, через всю свою жизнь и что вез теперь с собой из школы в школу. Березовская школа была поставлена хорошо, хотя были и свои недостатки.

— Вы слишком много помогаете своим ученикам,— заметил Огнев, покончив с младшим отделением.

— Кажется, это не недостаток, Павел Васильич.

— Как это вам объяснить... Ребенок начинает учиться ходить. Конечно, его поддерживают, водят под руки, но наступает такой критический момент, когда его нужно предоставить самому себе. Нужен собственный опыт, даже, если хотите, некоторый риск, выкупающийся синяками и маленькими крушениями. Так и здесь... Важно уловить этот критический момент и дать ребенку необходимую самостоятельность. Впрочем, мы об этом еще поговорим.

В двенадцать часов сделана была передышка. Катя повела дорогого гостя к себе, где дедушка Яков Семеныч успел уже приготовить деревенский завтрак.

— А, старый знакомый...— обрадовался Огнев.

— Имею честь представиться: школьный сторож.

— Да? Что же, отличное дело...

Огнев внимательно осмотрел две комнаты, из которых состояла квартира учительницы. Ему очень понравилась простота всей обстановки, без всяких претензий, кроме той чистоты, которую вносит одна женская рука. Простенькие белые занавески на окнах, деревенские дорожки на полу, простой деревянный белый стол с письменными принадлежностями, две полочки с книгами, простенькая рыночная мебель, цветы на окнах — вот и всё. В следующей комнате виднелся угол железной кровати под белым чехлом.

— Закусить, Павел Васильич,— предлагал Яков Семеныч, появляясь из кухни с яичницей.— За вкус не ручаюсь, а горячо сделано. У нас так говорили корабельные повара...

Деревенский завтрак, состоявший из яичницы, соленых грибов, капусты и душистого пшеничного хлеба, был превосходен.

— У меня сегодня какой-то бессовестный аппетит,— шутил Огнев, истребляя деревенскую стряпню.— А знаете, Катерина Петровна, я ведь бывал в Березовке... и очень оригинально... мы ходили с дьяконом пешком в гости к Кубову. Я свои нервы лечил... Впрочем, летом Березовка имела совсем другой вид. Кстати, вы здесь не скучаете?

— О, нет... Первое время было немного жутко, а потом привыкла.

— У вас не является мысль о том, чтобы вернуться в город? Можно устроить вас учительницей при одной из городских школ.

— Нет, благодарю. Мне здесь отлично... Говоря откровенно, ваше предложение меня даже обижает... Да...

— Не совсем понимаю...

— Мне кажется, что именно здесь я на своем месте, Павел Васильич. Больше,— мне кажется, что здесь я нужна.

— А там?

— Нет, вы сейчас не поймете меня, Павел Васильич... Вот когда вы поближе познакомитесь со всем складом деревенской жизни, тогда, может быть, согласитесь со мной. Знаете, меня совсем не тянет в город... Я бываю там раз в год, и то на несколько дней, чтобы проведать отца. И опять к себе в Березовку, где я чувствую себя дома. Это очень большое чувство, особенно для женщины, которая вся в своем угле, в своем маленьком женском деле. Нельзя даже приблизительно сравнить мое положение с положением учительницы городской школы. Там больше официальности в отношениях к ученикам, какая-то особенная городская безучастность, а здесь я знаю ученика не только по школе, но со всей его домашней обстановкой. Я здесь могу следить за ним и вне школы... Во мне дети видят больше, чем учительницу. Наши отношения не прерываются и во время каникул. Одним словом, это совсем иной мир.

— Да, да...

— Мое время занято с утра до ночи и занято не пустой суетой, а настоящим делом, так что каждому прожитому дню можно подвести итог. Чувствовать полным свой день — ведь это уже счастье... Кроме школы и своих школьных занятий, у меня много другого дела. У нас с дедом свое маленькое хозяйство, которое одно почти обеспечивает деревенскую дешевую жизнь. У нас всё свое: молочное хозяйство, овощи, яйца. Покупаем только хлеб, чай и еще кое-какие мелочи...

— А говядина?

— В деревне как-то мало едят мяса, а мы живем по-деревенски. Не из принципа сделаться вегетарианцами, а просто так, как складывается жизнь сама собой. Мясо у нас только по праздникам или по сезонам, когда бывают свои цыплята, своя телятина, своя баранина... Как видите, мы оба здесь совсем здоровы.

— А дальше?

— Дальше? Вот вы смотрите на деревенскую учительницу городскими глазами, как на какую-то подвижницу, которая заживо похоронила себя в непроходимой глуши... Не правда ли? Вы даже жалеете её. Я сама так же раньше думала. А между тем никакого подвига нет, а просто хорошая нормальная жизнь. Даже иногда делается совестно за свое привилегированное положение. Помилуйте, сельская учительница, как я, получает 25 рублей жалованья каждый месяц,— ведь это целый капитал, и громадный капитал. Вон бабы говорят, что у меня райская жизнь, и по-своему они правы... У нас своя мерка, как у вас своя.

Дедушка Яков Семеныч слушал эти внучкины речи и в такт им качал своей седой головой. "Так, внученька... Так, Катерина Петровна! Вот какие мы нынче разговоры разговариваем, Павел Васильич. Взошло зернышко и в цвет пошло".

Беседа была прервана появлением какой-то бабы, которая пробралась через кухню.

— Матушка, Катерина Петровна, к тебе я пришла... — причитала баба.— Ребеночку неможется... криком кричит второй день...

— Хорошо, я потом зайду, Марья.

— Иди, иди... — выпроваживал бабу Яков Семеныч.— Дай школе окончиться.

— Да ведь криком кричит...

— Придет после школы. Откуда ты будешь?

— А там, голубчик, за кабаком изба. Катерина Петровна знает... Была она у меня по осени, когда Петька разнемогся, а теперь меньшенького ухватила болесть.

Когда баба ушла, Огнев проговорил:

— Давайте я за вас займусь в школе, Катерина Петровна, а вы идите к этой бабе. Мы управимся с помощницей...

— Нет, я еще успею... Если бы мне бегать ко всем больным, то и школу пришлось бы бросить. Бабы смотрят на меня, как на знахарку.. Случается, что и напрасно вызовут. Я знаю эту Марью. Вероятно, какие-нибудь пустяки.

Вторую половину школьного дня Огнев провел с помощницей в женском отделении. Девушка сильно растерялась, когда пришлось давать объяснения самому инспектору,— ей приходилось еще в первым раз иметь дело с начальством.

— Вы занимайтесь, как будто меня совсем нет в классе,— ободрял её Огнев.— У вас свое дело, у меня свое.

Помощница скоро ободрилась, и занятия пошли своим порядком, как всегда. В конце пришел священник, узнавший о приезде нового инспектора. Это был еще молодой человек, кончивший семинарию всего три года.

— Очень рад познакомиться,— несколько раз повторял Огнев, которому понравилось простое, серьезное лицо сельского попика.— Вот приехал познакомиться с вашей школой... Всё хорошо.

После занятий о. Николай стал приглашать его к себе обедать. Огнев сначала отказался, а потом, сообразив что-то, согласился. Ведь он теперь был в Березовке не простым гостем, а начальством, и должен был держать себя с большим тактом. Батюшка мог обидеться. В деревне еще больше церемоний.

— И хорошо сделал,— одобрял Яков Семеныч, усаживаясь за свой обед со внучкой.— Все бы загалдели, что вот новый инспектор держит руку учительницы, а попа пренебрег... Да еще прибавили бы...

— Что же могут прибавить? — удивилась Катя.

— Мало ли что... В деревне такие же люди, как и везде. Мы здесь всё-таки чужие, что тут ни говори... Так и смотрят на нас. Помощница-то спит и видит занять твое место... А за неё и церковный староста, и псаломщик, и, кажется, писарь.

— Перестань, дедушка. Всё это пустяки...

Сейчас после обеда Катя отправилась к своему маленькому больному и пробыла там больше чем предполагала. Огнев заехал проститься без неё. Земских лошадей подали ему на квартиру священника.

— Как же быть?..— думал Огнев, стоя в шубе.

— Малость обождите, Павел Васильич,— уговаривал Яков Семеныч.— Уж так будет жалеть внучка, так жалеть. Сию минуту воротится. Куда-нибудь в другую избу затащили: бабы так её и рвут. Да снимите шубу-то...

Огнев разделся и присел отдохнуть. После обеда он чувствовал некоторую усталость, а тут нужно было ехать дальше. Да и деревенские наливки располагают к отдыху.

— Да, дедушка... — проговорил Огнев, вслух продолжая какую-то мысль.— Одним словом, сила. Вы только сосчитайте: в Шервоже в женской гимназии учится шестьсот учениц, нынче параллельные классы открыли, потом в епархиальном женском училище около трехсот, а там еще целых десять уездных городов, в которых две гимназии женских да шесть прогимназий. Вод-то все и выпустят около трехсот учениц, а в десять лет это составит целых три тысячи... Понимаете, настоящая армия.

— Уж это что говорить... Сумма, Павел Васильич.

— Нет, ведь это дело надо обмозговать, Яков Семеныч. Три тысячи в одной губернии. И всё это будущие жены, матери... Около каждой такой девушки этакой огонек священный затеплится. Сколько света внесут они в жизнь,— того света, который останется у себя дома, у своего очага, который загорится в детях... Да...

...Жита по зернышку
Горы наношены.

— Ах, Павел Васильич: правильно. Вот я на старости лет сызнова точно начинаю жить... Что прежде-то было: темнота,

194

зверство. Да... А уж девушка, это точно: она вся у себя дома. Всё домой принесет. В деревне-то это еще позаметнее будет, чем в городе, Павел Васильич.

— Да, в деревне... Хорошо у вас, дедушка. Тепло...

— Мы в город-то даже очень не любим выезжать. Так, приедем, повернемся — и назад на той же ноге... Скучно нам в городе-то. Хе-хе... Особенное дело-с...

— Да... Кстати, Катерина Петровна и не спросит ничего о городе, а у нас там много общих знакомых. Недавно я встретил этого молодца Кубова... Он уже бросил свою лесопилку и теперь какими-то подрядами занимается. Что-то я не совсем его понимаю.

— У всякого своя линия, Павел Васильич...

— Американец какой-то. Очень обрадовался, что я еду в Березовку, и поклоны посылает. Даже, кажется, сам собирался в гости к вам... Потом встретил братца Катерины Петровны. Ну, этот из другой оперы... На парах разъезжает. Чуть меня не задавил. Говорят, женится на какой-то богатой... Тоже своя линия.

Дедушка только пожевал губами и ничего не сказал. Он недолюбливал шустрого адвоката, уродившегося ни в мать, ни в отца. В ожидании внучки он многое рассказал Огневу о своем житье в Березовке. Огнев слушал и в такт качал головой. Да, хорошо...

III

Кубов, действительно, приехал в Березовку перед самым рождеством. Он в три года совсем изменился — зарос бородой, окреп еще больше и походил на купца, особенно по своему костюму.

— Давненько мы с вами не видались, Катерина Петровна,— весело говорил он, пожимая ей руку.— Вот и школу новую выстроили... да. Давненько.

— Где же вас увидишь... Вы ведь вечно заняты. Да и сюда, наверно, тоже по какому-нибудь делу приехали....

— Волка ноги кормят... А дело есть, это точно. Нужно с березовскими мужичками потолковать относительно разных разностей. Знаете, у меня теперь кирпичный завод орудует... А здесь есть поблизости белая глина. Вот и хочу попробовать огнеупорный кирпич делать: прочнее он в десять раз, а дороже будет на пустяки. Кстати, я вас увезу в город, Катерина Петровна... Чтб вам здесь делать на святках, а в городе всё-таки есть кой-какие развлечения.

— Право, я не знаю...

— А я отлично знаю.

Катя улыбнулась, поддаваясь этому решительному мужскому тону.

Кубов в подробностях осмотрел школу, ученические тетрадки, квартиру учительницы, всё хозяйство, даже спустился в погреб.

— Ничего, не вредно, дедушка,— похвалил он.— Только вот картошка у вас сгниет, ежели не переберете заново...

— А вот и не сгниет...

— Сгниет, говорю... На прошлогодний песок свалили, а она этого не уважает. Понимаешь? Репа у вас уродилась хорошая... Телочку растите правильную. А петуха приколите... Хороший хозяин петуха больше трех лет не держит... Понимаешь?..

Кубову до всего было дело, и он знал, кажется, всё на свете.

— Увертлив больно,— ворчал старик, обиженный петухом.— Тоже, поди, жаль... Вон какая птица: генерал.

— Я тебе говорю: заколите... А что касается жалости, так это пустяки. Президента Северо-Американских Соединенных Штатов и то меняют через каждые четыре года, а тебе петуха жаль...

Весь день Кубов провел в деревне, в переговорах с мужиками, потом ездил смотреть свою белую глину и вернулся в школу только вечером, когда уже стемнело,— вернулся усталый и недовольный.

— Вы устали, Владимир Гаврилыч? — спрашивала Катя, угощая его чаем.

— Язык устал... Портится мужик в Березовке. Меня, Кубова, хотели надуть... Не-ет, шалишь!.. Ведь время глухое, зимнее, работ своих нет, а я им даю дело, небольшое, правда, а всё-таки из-за хлеба на квас добудут. Так нет, поднимают городскую цену...

— Они свои интересы отстаивают.

— Если бы так, то еще ничего, а в сущности, просто хотят ободрать. Только не на того напали... Ну, поломаются и образумятся.

Спать Кубов улегся в школе, вместе с дедушкой Яковом Семенычем. Раздевшись, он добыл объемистый бумажник и, раскрыв его, показал несколько пачек ассигнаций.

— Во сколько денег-то, старина...

— Володька, спрячь ты деньги! — всполошился старик.— Еще, неровен час, кто-нибудь в окно увидит...

— Ничего, пусть посмотрят...

— Чужие, поди, деньги-то, Володя?

— А вот и нет: все свои. Сам заработал...

— Ну?

— Верно говорю... Тут всего около двух тысяч, да дома осталось два столько.

Дедушка Яков Семеныч даже руками всплеснул. Он таких больших денег даже и не видал. Старик долго ворочался на своей постели, а потом, потушив огонь, проговорил:

— Спрятал бы ты, Володя, деньги-то... Ну, в банк бы положил. Процент будешь получать.

— В банке мне дадут четыре процента, а я на них наживу, по крайней мере, двадцать — наш купецкий процент.

Молчание. Яков Семеныч лежит и вздыхает. Его мучит какая-то неотвязная старческая мысль. А Кубов уже начинает засыпать. Слышно, как дышит его богатырская грудь.

— Володя... ты спишь?

— Нну?..

— Нехорошо, вот что!

— Что нехорошо-то, старина?

— А вот это самое... Денег у тебя много, а человек ты молодой. Умок у тебя всё-таки легонький, да и характер-то того... увертлив... С деньгами-то пустяки в голову полезут. Баловать начнешь... Это от денег, брат, бывает.

— Ну?..

— А тут и друзья-приятели найдутся. Один лучше другого... Вот тебе и баловство: сегодня в театр, завтра в гости... там домой пришел поздно. Говорю, увертлив... Надо тебя с твоим характером-то прямо на цепь приковать.

— Это ты правильно, дед...

— Не зря говорю. Не долго замотаться-то по молодому делу...

Опять молчание, и опять старик тяжело вздыхает, а Кубов начинает опять засыпать.

— Погоди, Володя, спать-то... Послушай, что тебе старик скажет.

— Ну?...

— Жениться тебе надо, Володя...

— Жениться?.. Правильно...

— Только тебе жену нужно бойкую, чтобы тебя вот как держала. В ежовых рукавицах... А смирной-то девушке, пожалуй, и не управиться с тобой. Надо такую жену, чтобы первым делом друзей-то-приятелей разобрала хорошенько... Уж она, брат, устроит всё.

— Есть у меня, дед, некоторая девица на примете...

— Есть? Ах, ты, плут... Когда это ты успел заприметить-то? Строгая девица?

— Уж такая строгая, дед, что и не выговоришь. Целый год около неё хожу, а сказать не смею...

— Ну вот тебе, значит, в самый раз. Правильная самая...

— Хороша девица... Похаживаю, поглядываю, а сказать не смею.

— Совестно?

— Нет, боюсь, что пропишет мне сразу отставку. Ах, хороша девица, дедушка... Отдай всё — и мало. Мне бы в самый раз.

— А ты не бойся, Володя. От судьбы не уйдёшь...

На другое утро Катя заявила, что не поедет в город. На неё напало какое-то непонятное упрямство.

— Я уж сказал, что поедете,— уверенно повторял Кубов.— Дело в том, что нужно будет посмотреть вам хорошенько Петра Афонасьевича... Я как-то заходил к старику. Не нравится мне... Особенного ничего, а такой скучный. Вообше, сами посмотрите хорошенько. Нехорошо одного старика оставлять...

— А Сережа?..

— Сережа... гм... Сереже некогда. Он пошел в гору...

Ничего не оставалось, как ехать в город, хотя Кате и не хотелось попасть туда именно к празднику. Старая гроза улеглась, но всё-таки тяжело. Кубов отлично понимал настроение девушки и ни слова не говорил о Печаткиных, о том, как живет Гриша. Только деду Якову Семенычу сказал перед отъездом:

— Не красно живется Григорию Григорьичу...

— А что?

— Да так... вообще... Сам-то он ничего... Впрочем, не наше это дело.

Всю дорогу Катя молчала. До города всего было две станции, и они промелькнули незаметно. Погода стояла крепкая, зимняя. Дорога — скатерть скатертью. Кубов тоже молчал, наблюдая молчаливую спутницу. На морозе Катя вся раскраснелась, и только глаза попрежнему смотрели грустно.

— О чем вы думаете, Катерина Петровна?

— Я?.. А так... Хорошо думается дорогой. Мысли точно плывут... одна за другой... О чем я сейчас думала? Да, вот о чем: об отце... Тяжело старику. А между тем каждый так же должен кончить, т.-е. старостью. Ведь это страшно, Владимир Гаврилыч... Ничто не спасет от этой старости, т.-е. от разрушения, и каждый из нас кончит жизнь банкротом. Сегодня глаза отказались, завтра ноги, а там и весь человек никуда не годится...

— Какие у вас грустные мысли, Катерина Петровна.

Катя ничего не ответила, а только отвернулась.

Отец встретил её с каким-то странным равнодушием, точно она была чужая.

— Ты здоров, папа?

— Ничего, кажется.

За эти три года Петр Афонасьевич сильно состарился. Как-то весь осунулся, поседел, сгорбился. Теперь он мало обращал внимания на всё, что делалось кругом него и даже в собственном доме. На Катю так и пахнуло этим разрушением.

— А где Петушок, папа?

— Ушел куда-то... скучно ему со мной. Кажется, к Печаткиным ушел.

Петушок перешел уже в пятый класс, вытянулся и выглядел большим гимназистом. К Кате он относился покровительственно, усвоив тон брата Сережи.

Катя целый день провела в том, чтобы привести в порядок весь дом. Всё выглядело как-то неуютно. Кухарка жила новая и не знала заведенных порядков. Комнаты оставались неметеными, везде валялись неприбранные вещи, вообще царил самый обидный беспорядок. Катя всё время наблюдала отца, и её поразило больше всего то, что он и к Сереже относился с тем же непонятным равнодушием.

— Ты у него давно был?— спрашивала Катя, наблюдая отца.— Ну, что он?

— Сережа-то? А ничего... Живет.

— Хорошо живет?

— А кто его знает...

Петр Афонасьевич грустно улыбнулся, посмотрел на дочь какими-то грустными глазами и прибавил:

— Того, Катя... как это тебе сказать... ну, не понимаю я.

— Что не понимаешь?

— А так... Помнишь, как Сережа-то поступил в гимназию? Сколько было хлопот, работы... да... Ждали всё Сережу. Мать так и не дождалась. Всё я её жалел, что не дождалась она. А теперь... Ну, да это я так.

— Нет, говори, папа...

— Да ты бы сама посмотрела на Сережу, Катя. Точно вы чужие... Даже обидно. А впрочем, как знаете, сами не маленькие... Да, что я тебе хотел сказать?.. Ах, да... Мать-то я всё жалел, а теперь... Устроился наш Сережа хорошо, как все адвокаты, всё у него есть... своих лошадей держит. Посылаю к нему как-то вдову-соседку... Помнишь, сапожник рядом жил? Ну, так он умер... пил сильно... После него осталось какое-то имущество, избенка, а дети-то мать и выгнали. Пришла, плачет. Послал я её к Сереже, чтобы он помог ей.

Петр Афонасьевич сделал передышку, точно ему трудно было выговорить роковое слово.

— Не принял...— тихо проговорил он наконец.— Некогда, говорит. Ежели я всякие пустяки буду разбирать, говорит, так поесть некогда. Вот как он разговаривает, наш Сережа-то... Забыл, как сам рос в бедности да в нужде. Чужая-то беда не трогает... Обидно это мне стало, Катя, ну, я и сказал: "А помнишь, Сережа, как покойный Григорий Иваныч всякую бедноту призревал? Никому отказа не было..." Он, Сережа-то, только этак усмехнулся и говорит: "Ну, папа, перестань разводить сентиментальности". Вот я тогда и вспомнил про мать-то. Разве для этого мы растили Сережу? Ну, женится он на богатой, еще пару лошадей заведет, купит себе дом,— всё, как у богатых. Только всё это в свою кожу, для собственного удовольствия... Горько мне стало, Катя. Грешный человек, подумал, что, пожалуй, и хорошо сделала мать-то, что во-время умерла...

Катя стала защищать Сережу, чтобы разогнать тяжелое настроение старика, но Петр Афонасьевич не поддался на это.

— Ах, не то, Катя... и сама ты не то думаешь. Помнишь, когда Сережа поступил в гимназию, так Григорий Иваныч устроил целый бал. И речь сказал. О богатых он тогда правильно выразил всё. Ну, вот я и вспомнил...

В уме Кати пронеслась далекая картина раннего детства. Да, Григорий Иваныч был прав, как сейчас прав отец. В маленьком домике незримо прошла тень честного труженика, предостерегавшего детей от увлечения богатством.

IV

Присмотревшись к отцу в течение нескольких дней, Катя убедилась в том, что у него, действительно, встречаются ненормальные моменты. Иногда Петр Афонасьевич горячился и выходил из себя по какому-нибудь ничтожному поводу, иногда не хотел ничего замечать, иногда упорно молчал —

вообще, было что-то ненормальное, но что такое — определить было трудно. Один случай неожиданно поразил Катю. Это как раз происходило накануне рождества, в сочельник. В прежнее время этот день справлялся у Клепиковых с некоторой торжественностью. Вся семья была в сборе, и все готовились к встрече праздника постом — до вечерней звезды. Марфа Даниловна никому не давала ни крошки, даже маленьким детям. Так это и шло из года в год, как некоторая семейная традиция. Именно всё это и напомнил Петру Афонасьевичу и Кате наступивший нынешний сочельник, хотя прямо они ничего и не говорили друг другу. Петушок крепился до обеда, а потом потихоньку отправился к брату Сергею и там закусил. Это ничтожное обстоятельство очень огорчило Петра Афонасьевича. Он даже рассердился на Сережу.

— Ну, что же, сам пусть живет, как знает, а зачем Петушка портит? — жаловался он Кате.— У немцев сочельник даже празднуют, веселятся, а у нас, православных, наоборот — постятся. Может быть, это и глупо, но такой обычай. И отцы, и деды, н прадеды соблюдали сочельник, а мы вот не можем потерпеть пустяков. Мальчику нужна выдержка, а то не будет ничего знать — ни бога, ни чорта.

Катя молчала. Она привыкла в деревне соблюдать посты по необходимости, потому что все стали бы указывать на неё пальцами. Посты в Березовке соблюдались с особенной настойчивостью, и в конце концов она пришла к заключению, что в них нет ничего страшного, а даже известная польза — получалась известная выдержка, а затем даже в физическом отношении это было полезно.

— А главное, скверно то, что Петушок обманывает,— продолжал Петр Афонасьевич.— Пошел и потихоньку наелся. Нет, нехорошо.

Вообще выдался грустный день. Катя провела всё время в хлопотах по хозяйству, как это делалось при матери. Заставила кухарку вымыть полы, окна и двери, переменила занавески на окнах, постлала новые половики, затеплила лампадки перед образом,— одним словом, делала то же самое, что всегда делалось при Марфе Даниловне.

— Вот это хорошо...— похвалил её Петр Афонасьевич, принимавший деятельное участие в этих хлопотах.— Праздник так праздник. Утром я пойду к заутрене в общину.

Катя устала и хотела просто выспаться. Она уже была два раза в общине у сестры Агапиты. Спать легли рано. Петр Афонасьевич весь вечер чувствовал себя как-то особенно оживленно и походил на прежнего Петра Афонасьевича, домовитого, деятельного, старательного. Неожиданно ночью он разбудил Катю.

— Что тебе, папа? — удивилась Катя.

Было два часа ночи. Он стоял перед ней в своем халате, бледный, испуганный, с округлившимися от страха глазами.

— Что случилось, папа? Ты болен?

— Нет, я так... Мне страшно, Катя. Стал засыпать, даже, кажется, заснул, и вдруг напал на меня страх. Такой страх, такой страх. Сам не знаю, чего боюсь. Лежу и не смею пошевелиться.

— Может быть, видел дурной сон?

— Не помню...

Он поставил свечу на стол, присел на стул и горько заплакал.

— Папа, ты просто болен... У тебя нервы расходились.

— Ничего не знаю...

Катя быстро оделась и дала отцу выпить холодной воды. Он немного успокоился, но продолжал смотреть на Катю такими глазами, точно боялся, что она его выгонит из комнаты.

— Ты этого не поймешь, Катя,— объяснял он, подбирая слова.— Надо это самому испытать... Так нехорошо, так нехорошо. Знаешь, какой со мной недавно случай вышел: принял заказное письмо и позабыл записать в книгу. Понимаешь: позабыл. В течение тридцати пяти лет моей службы это был первый случай... Мне тогда тоже страшно сделалось, и было это среди белого дня... Сидел у себя в конторе, кругом всё знакомые чиновники, а я сижу и дрожу.

— Тебе нужно просто отдохнуть, папа. Ты ведь никогда даже отпуска не имел...

— Нет, не случалось, кроме двух дней, когда женился. Ведь другие так же служат, совестно отдыхать-то... Пока еще в силах, могу работать.

— И всё-таки необходимо дать себе отдых. Вот поедем ко мне в Березовку. У меня отлично...

Петр Афонасьевич отрицательно покачал головой. Он даже обиделся. От чего отдыхать-то?.. Слава богу, еще в силах, здоров. Конечно, почтовая служба каторжная, да ведь другие-то тянут ту же лямку, а на людях и смерть красна.

Затем Петр Афонасьевич сделал неожиданный переход к Сереже и проговорил сдержанным шопотом:

— Ведь я о нем думал, Катя... И знаешь, пришел к убеждению, что Сережа дрянь. Да... Больно это думать, а ничего не поделаешь. Карьерист он, себялюбец, в богатые люди выйдет... И горько и обидно. Да... А как я радовался, когда он кончил свой университет, как его устраивал, даже стыдился показать себя его отцом. И ничего этого не нужно... совсем не нужно. Стыдно мне, седому человеку, честно проработавшему всю жизнь, не видеть того, куда он идет... Ах, нехорошо, Катя!..

Петр Афонасьевич опять расплакался, а потом принялся громко бранить Сережу. Что же, он пойдет к Сереже и скажет ему всё в глаза. Решительно всё... Перед чужими людьми стыдно, что дармоеда вырастил. Петр Афонасьевич говорил с ожесточением, сжимая кулаки. Лицо побледнело, глаза блуждали.

— Мы об этом потолкуем завтра, папа,— пыталась остановить отца встревоженная Катя.— А теперь иди спать...

— И всё-таки дрянь наш Сережа!.. Дрянь!.. Мне по улице стыдно ходить, точно все видят мои мысли...

Так до утра Катя и провозилась с отцом, стараясь отвлечь его мысли от больного пункта. Для неё было ясно одно,— что он болен и болен серьезно и что эта сцена являлась только началом чего-то. Нужно будет посоветоваться с опытным доктором. Но вопрос — с кем? Лечивший мать старичок-доктор умер; доктор, который состоял при их гимназии, перевелся в другой город. Конечно, дядя не откажет в совете, но Кате не хотелось к нему итти. У неё неожиданно мелькнула мысль о Грише,..

Утром в первый день рождества Катя отправилась к Сереже, у которого не бывала больше года. Он теперь занимал большую квартиру на главной улице. Дверь ей отворил лакей — новое лицо в хозяйстве холостого молодого человека.

— Барин дома?

— Точно так-с... Как прикажете доложить?

Сережа вышел в модном шлафроке из какой-то восточной материи, расшитом пестрыми шелками. Он пополнел, оброс бородой и принял вид молодого человека, "подающего блестящие надежды".

— Я к тебе по делу, Сережа, и не задержу,— предупредила Катя.

— Ах, пожалуйста, без церемоний, Катерина Петровна. Мы не чужие люди, и ты можешь считать себя здесь дома... У меня очень развита родственная шишка. Ну, как ты поживаешь?

— Ничего, попрежнему... Я пришла поговорить с тобой об отце. Мне не с кем посоветоваться.

Лицо Сережи приняло прилично-кислое выражение, точно он говорил с безнадежной клиенткой. Катя присела на какое-то вычурное кресло и в коротких словах передала сегодняшнюю ночную сцену.

— Упрямый старик,— заметил Сережа, барабаня пальцами по ручке кресла.— Ведь я сколько раз предлагал ему переехать ко мне... Не желает. Что же я поделаю? Конечно, я не могу доставить всех тех удобств, какие желал бы иметь, но что у меня есть...

— Я нахожу положение отца серьезным, Сережа, гораздо серьезнее, чем ты предполагаешь. Единственное, что я желала бы, это уговорить его переехать ко мне в Березовку... Старик отдохнет и поправится. Ты, может быть, уговоришь его лучше меня...

Сережа только развел руками.

— Он какой-то странный, Катя... да. Мне даже кажется, что он намеренно избегает меня. Я это заметил... да. Хотя, с своей стороны, решительно не подавал никакого повода... Если хочешь,— попробую, но за успех не ручаюсь.

— Нужно же что-нибудь сделать?..

После некоторого размышления Сережа просветлел.

— Знаешь что, Катя?.. Я как-нибудь завезу к нему Гришу. Будто мы случайно встретились и завернули навестить старика. А Гриша его посмотрит и решит вопрос...

— Мне кажется, что это будет не совсем удобно...

— Ах, да... гм... Катя?.. да ведь все это пустяки, нужно же когда-нибудь серьезно смотреть на вещи и перестать ребячиться. Ты понимаешь, что я хочу сказать... Есть свои детские болезни...

Катя поднялась и проговорила:

— Мы оставим этот разговор, т.-е. детские болезни. Каждый ошибается по-своему...

— Хорошо, хорошо. Ведь я же так сболтнул, к слову пришлось. А Гриша знает дело...

Вернувшись домой, Катя серьезно обдумала предложение брата и написала ему письмо, что согласна. Она назначила день и час, когда Сережа должен был привести доктора, а сама ушла на это время в общину к сестре Агапите.

Петр Афонасьевич отнесся к молодым людям довольно подозрительно, и Грише большого труда стоило разговориться с ним. Старик отвечал уклончиво и как-то по-ребячьи заинтересовался больше всего военным мундиром Гриши.

— Вот и офицер...— повторял он.— Давненько я не видал тебя, т.-е. вас, Григорий Григорьевич...

— Зовите меня попрежнему Гришей,— говорил Печаткин, наблюдая старика.

Тяжело было Грише ехать в старый клепиковский дом, в котором всё говорило о прошлом и невозвратном. Да, те же маленькие комнатки, та же обстановка, та же приличная бедность. А сколько хорошего и доброго было похоронено вот в этих стенах... О присутствии Кати он догадался по дорожным вещам, лежавшим на отдельном столике. У Гриши явилось мучительное желание увидеть эту хорошую девушку хотя издали, сказать ей... Позвольте, что он скажет ей? Да, вот что — он всё тот же, нет — больше, чем "тот". Ему хотелось остаться вот в этих маленьких комнатках, где так всё просто, уютно и понятно, где он мог бы видеть её, говорить с ней, просто чувствовать её присутствие и отдохнуть душой. Много-много хорошего он сказал бы этой девушке и еще раз покаялся бы во всем, чтобы снять давившую сердце тяжесть. Где она? Что она делает? Как живет? Гриша даже не решался спросить. А старые отцовские глаза смотрели на него так пытливо и так просто...

— Вы нас совсем позабыли,— говорил Гриша на прощанье.— Нехорошо, Петр Афонасьевич. Мама на вас сердится... Теперь ведь она живет у меня вместе с Любочкой. У меня большая казенная квартира, и я их перевез к себе...

— Что же, доброе дело...— согласился Петр Афонасьевич и неожиданно прибавил, продолжая какую-то свою тайную мысль:— Ах, Гриша, Гриша... Вся беда в том, что хороший ты человек.

— Какая беда?..

— Разве я сказал? Ну, дело твое... Ужо как-нибудь забреду к вам. Давно собираюсь и всё не могу собраться.

Выходя на улицу, Гриша покачал головой.

— Ну, как ты нашел старика?— спросил Сережа, усаживаясь в свои щегольские сани.— Кажется, особенного ничего...

— Нет, я этого не скажу. Меня беспокоит его рассеянность. Как-нибудь заверну еще раз, чтобы проверить...

Этрт ответ очень встревожил Катю, и она решилась переговорить с Гришей лично, а не через брата. Тут было не до своего личного настроения. У Печаткиных она была в последний раз летом, когда Анна Николаевна и Любочка жили еще на отдельной квартире. Теперь было просто неловко не зайти к ним, и то Любочка уже сердится, да и Анна Николаевна тоже. Есть такие ничтожные факты, совершение которых требует большого мужества, даже героизма, как в данном случае. Видеть Гришу удобнее всего было у него же в квартире, на глазах у всех, чтобы не подать повода к ненужным разговорам, на которые так щедра добродушная провинция. Неудачный роман Кати уже не был тайной...

V

Утро в квартире военного врача Печаткина приблизительно начиналось одинаково. Квартира была большая, целых восемь комнат. Обставить её по-настоящему до сих пор еще не удалось: там не хватало мебели, тут нужно переменить обои и т. д. Большие холодные комнаты походили на казарму. Анна Николаевна поднималась утром раньше всех и будила кухарку, кухарка будила солдата-денщика, и утро открывалось. Гриша пил чай у себя в кабинете и в восемь часов уезжал на службу, в свой военный госпиталь. Затем выходила Любочка и пила чай в столовой, не отрываясь от книги. Последнее всегда злило Анну Николаевну.

— Чтой-то за напасть такая: и легла и встала с книгой,— ворчала она, с перевальцем десять раз обходя стол.— Брось, Люба... и чай простынет.

Любочка ничего не отвечала. Она вообще не любила говорить и жила своей собственной жизнью. Суровые черты в характере переходили в неприятную резкость, так что Анна Николаевна побаивалась дочери, как раньше боялась мужа. Кто её знает, какой она ногой встала... Уткнет нос в книжку и сидит, а потом убежит на уроки. И так изо дня в день, как часы. Знакомых у Любочки было мало, две-три подруги, да и те по неделям не заглядывали. Пробовали появляться молодые люди, но и из этого ничего не вышло. Любочка или запрется у себя в комнате, или книжку свою читает, или что-нибудь нагрубит.

— Уж и характер!— удивлялась Анна Николаевна.— Вот помяните мое слово, Любовь Григорьевна, что засидитесь вы в девках... Тоже не сладко вековушей-то остаться. А всё от характера... Другие-то подруги замуж повыскакали, а ты вот сиди да посиди.

— Одна добрая мать, оставь одну добрую дочь,— отвечала Любочка.

— Вот помяни мое слово... Какое у тебя обращение с кавалерами? Непременно что-нибудь обидное скажет. Ну, кавалер и в подворотню... Взять хоть этого, ну, еще у

206

губернатора в канцелярии служит... Ты ему нравилась. И он ничего, аккуратный такой, вежливый...

От подобных разговоров Любочка уходила к себе в комнату.

Нынешнее утро было похоже на все другие, с той разницей, что по случаю праздников Любочка оставалась дома и не вышла из своей комнаты. В столовой пила чай жена Гриши, молодая белокурая женщина с каким-то бесцветным лицом. Она имела дурную привычку постоянно курить папиросы, что постоянно возмущало Анну Николаевну. Сегодня Анна Николаевна была не в духе и не вытерпела.

— Вы бы, Людмила Григорьевна, бросили свою папироску, а то, как солдат, надымили в столовой...

Людмила Григорьевна посмотрела на милую тещу своими бесцветными глазами и сделала отчаянную затяжку.

— Разве настоящая дама будет табак курить?— не унималась Анна Николаевна.— Противно смотреть... А туда же: "я казанская, я в Панаевском саду гуляла, я по театрам да маскарадам ходила"... Тьфу!..

— Вы слишком много себе позволяете, сударыня,— ответила лениво Людмила Григорьевна.— И при этом мне решительно всё равно, что вы будете говорить. Вашу необразованность я достаточно видела...

— Ты образованная... Я-то столбовая дворянка, а ты из петербургской подворотни выскочила. Много вас таких-то там, в Казани. Ну, и обманываете, кто попроще попадет. Вертите хвостом, глазами закатываете, лясы точите, а молодой человек и попался. Разе у нас не стало своих девушек? Получше вас будут, а вот сидят в девушках... Сурьезные девицы есть вполне.

— Еще что можете прибавить?.. А впрочем, я удивляюсь тому, что вы начинаете ругаться у меня в доме...

— И не у тебя, а на квартире у собственного сына!

— А чей сын-то теперь? Вот захочу, и завтра же вас не будет...

— А мы и сами уйдем!.. Сдуру согласилась переехать-то сюда. Очень уж Гриша просил...

— Он это из вежливости сделал, а вы и обрадовались.

— Значит, вы меня гоните из дому, невестушка?!..

— Что мне вас гнать: сами уберетесь...

— Это матери-то вы так отвечаете?..

Лица у обеих раскраснелись, в голосах послышались резкие ноты. Людмила Григорьевна даже поднялась со своего места и приняла угрожающую позу. Анна Николаевна тоже приготовилась сделать какой-то воинственный жест. В самый критический момент в дверях столовой показалась Любочка.

— Люба, она нас гонит!— кричала Анна Николаевна.— Она говорит, что Гриша пригласил нас жить к себе на квартиру из вежливости, а мы сдуру согласились... Она...

— Я не говорила: "сдуру". Вы вечно выдумаете что-нибудь...

— Значит, я, по-твоему, лгунья!...

— Мутерхен, пренебреги,— заметила Любочка, повернулась и вышла.

Это безучастие дочери окончательно дорезало Анну Николаевну. Она расплакалась и сейчас же начала собирать свой вещи.

— Ни одной секунды не останусь здесь... Да!— повторяла она, отбирая свою чайную посуду.— Вы скоро бить меня будете... да.

— Не уедете,— поддразнивала Людмила Григорьевна.— Так, моду свою показываете, чтобы поломаться...

— Что-о? Разве я актриса, чтобы ломаться?..

Произошла одна из тех жалких семейных сцен, когда стороны начинают осыпать друг друга самыми нелепыми упреками, оскорблениями и жестокими словами. В самый разгар этой сцены в гостиной кто-то так громко крякнул, что Анна Николаевна вскрикнула и даже присела. Через секунду двери столовой были заслонены мощной фигурой дьякона Келькешоза.

— Многоуважаемой Анне Николаевне многая лета!— забасил дьякон.— А я там ждал-ждал в гостиной, никто не выходит, ну, я и крякнул...

— Ох, испугал, отец!.. — смеялась Анна Николаевна сквозь слезы.— Точно вот пароход рявкнул...

Людмила Григорьевна воспользовалась удобным моментом и торжественно вышла из столовой, шелестя шелковой юбкой. На поклон отца дьякона она не ответила даже кивком, а только сделала гримасу.

— Видел нашу-то принцессу?— спрашивала Анна Николаевна.— Сейчас выгнала меня из дому... Вот собираюсь. И родная дочь тоже хороша: хоть зарежь мать, а она будет книжку читать. Ох, согрешила я, отец...

Анна Николаевна опустилась на стул и разлилась рекой, так что о. дьякон принужден был крякнуть вторично.

— А я к вам, многоуважаемая матрона, по некоторому очень важному казусу...

Вытерев слезы, Анна Николаевна могла убедиться в серьезных намерениях о. дьякона и по выражению лица, а главное, по его костюму — новенький люстриновый подрясник и новенькая суконная ряска.

— На именины куда-нибудь собрался?

— Около того... гм... да... Вообще же мне нужно видеть Любовь Григорьевну.

— Она дома... Мальчика какого-нибудь учить?

— Около этого... Есть такой мерзавец, которого нужно поучить. Могу я видеть оную девицу?..

— Отчего же, можно. Ужо я схожу к ней...

Пока Анна Николаевна ходила к дочери, о. дьякон прогуливался по гостиной. Между прочим, он подошел к окну и показал кому-то кулак. Любочка вышла с вопросительным выражением на лице.

— Очень рада вас видеть, отец дьякон... Садитесь. Чем могу служить?

О. дьякон сел не торопясь. Потом расправил полы рясы, огляделся и заговорил:

— По пути зашел, Любовь Григорьевна... т.-е. даже и не по пути, а нарочно к вам. Да... Думаю, еще помешаю... Нынче ведь всё занятой народ, всем некогда, все куда-то торопятся. Вообще суета суетствий...

— Мама говорит, что вы предлагаете урок?

— Урок? Ах, да... Видите ли, Любовь Григорьевна, как это вам сказать... только вы, пожалуйста, не сердитесь... Он ничего не знает, а я сам... Ей-богу, сам! Мы уже давно с дьяконицей всё дело обмозговали, ну, она и послала меня к вам... Какой я человек, ежели бы не дьяконица? Совсем бы пропал...

— Извините, я решительно ничего не понимаю...

— Вот то-то и есть, Любовь Григорьевна... И дьяконица моя то же самое говорит: "ничего, говорит, Любовь Григорьевна не понимает".

— Благодарю...

— Нет, в самом деле. Сурьезно... Девушке, говорит, дьяконица, и понимать этого не следует. Да...

Любочка сделала нетерпеливое движение.

— Пожалуйста, не сердитесь... Я сейчас всё скажу. Есть некоторый человек, который весьма подвержен вам и вместе с сим робеет. Хороший человек, ежели особенно к рукам. Ну, вот я пришел...

— Кажется, вы сватаете меня за кого-то?..

— Вот это и есть... Именно сватаю... Весьма хороший человек.

— Надеюсь, у него есть даже собственное имя?

— Всё есть... Мой племяш, Владимир Гаврилыч Кубов.

Последнюю фразу о. дьякон произнес с большой натугой, как человек, исполняющий какую-то ответственную роль. Затем, когда роковое слово было сказано, он вытер лицо шелковым платком и торжествующе посмотрел на свою собеседницу.

— Скажите, пожалуйста, он знает о вашем походе?

— Как вам сказать... Нет, не знает, хотя сейчас должен зайти. Мы уговорились встретиться здесь... Он сам-то того, не решается. Всё откладывает...

Любочка, несмотря на свой решительный характер, вдруг как-то растерялась. Дьяконская непосредственность её обезоружила. Она вдруг почувствовала себя барышней и даже покраснела.

— Что же, Любовь Григорьевна?

Любочка поднялась, посмотрела на о. дьякона улыбающимися глазами и проговорила:

— О. дьякон, спросите мою маменьку, а сама я ничего не знаю...

В следующий момент Любочка вдруг покраснела и убежала к себе в комнату.

Знаменитое сватовство закончилось появлением Кубова. Любочка долго не хотела ни за что выйти из своей комнаты.

— Вам не стыдно устраивать такие комедии?— заявила она довольно сурово.

— Любовь Григорьевна, я тут не виноват... Был простой разговор... О. дьякон настойчиво советовал мне сделать вам предложение, а я отшучивался и говорил, что пошлю его сватом. Вот и всё. Действительно, вышло очень... очень как-то некрасиво, т.-е. для меня... Я, право, не знаю...

В этот момент ворвалась в комнату Анна Николаевна и со слезами бросилась на шею к Любочке.

— Мама, что с тобой? Ты опять ссорилась с кем-нибудь?..

— Нет... Ах, Люба, отчего ты мне сама-то ничего не сказала... Дьякон так меня напугал. Ведь всё вдруг...

Когда вечером этого дня Катя пришла к Печаткиным, Анна Николаевна встретила её известием, что "Любочке, наконец, господь послал судьбу".

— Ну, это еще старуха на-двое сказала,— объяснила сама Любочка.

— Да ведь ты же сама дала согласие? — наступала Анна Николаевна.

— Да, дала, чтобы отвязаться от вас... Будет. Надоели с пустяками. Я и сама еще хорошенько не знаю...

Встреча с Гришей вышла довольно официальная. Он видимо смущался, подбирал слова и вообще не знал, как ему быть. Свидетельницей этой сцены была и Людмила Григорьевна. Она в первый раз видела Катю, о которой слышала, как о своей сопернице.

"Ну, это не опасная конкурентка",— презрительно думала она, оглядывая скромный костюм Кати.

VI

Катя прожила все святки в Шервоже и теперь довольно часто была у Печаткиных, главным образом по утрам, когда Гриша уходил на службу. Она ближе познакомилась с Людмилой Григорьевной, которая сначала сторонилась её, а потом привыкла.

— Я слышала о вас и думала, что вы совсем не такая,— откровенно признавалась эта довольно странная женщина.

— Какая же я, по-вашему, должна быть?

— Как вам сказать... ну, гордячка. Вообще неприятная, и я заранее ненавидела вас.

— За что?

— А так, просто...

У Людмилы Григорьевны был какой-то странный характер. Она то сердилась на всех, то пускалась в откровенные разговоры. Катя понимала её положение и относилась к ней с сочувствием. Она ставила себя на её место и невольно жалела. В другой семье и с другим мужем Людмила Григорьевна была бы счастлива по-своему, а теперь сама чувствовала свое неловкое положение и плакала.

— Они меня все ненавидят,— жаловалась она Кате:— Анна Николаевна поедом съела... Ну, да и я тоже живая в руки не дамся. А сестрица Любочка гордячка... да.

— Всё-таки не следует ссориться,— уговаривала её Катя.— Ведь вы знаете, что они обе очень добрые женщины...

— Да, добрые для других, а не для меня... Нет, уж вы это оставьте, Катерина Петровна. Посадить бы вас в мою кожу, так вы не то заговорили бы... Просто, иногда жизни своей не рада.

Между свекровью и снохой время от времени разыгрывались очень бурные сцены, и Катя являлась примирительницей. Обе плакали, обе жаловались, и обе были правы и неправы. Раз после одной такой сцены, когда Катя устраивала примирение, Людмила Григорьевна сквозь слезы проговорила:

— Смотрю я на вас, Катерина Петровна, и удивляюсь...

— Именно?

— Не совсем вы умом, ежели разобрать... Вы не обижайтесь, я правду говорю. Доведись до меня, да я бы растерзала свою разлучницу, а вы меня же жалеете. Ведь я это чувствую, что вы одна меня жалеете.

— Ведь дурного в этом ничего нет, почему же я не совсем умом?

— Да так, как-то не по-людски всё выходит... Ведь и я вас должна бы ненавидеть, и не могу. В другой раз стараюсь рассердиться, и ничего не выходит... Ведь я-то вижу, что Гриша любит вас. Да, да, любит... Я это чувствую, когда он о вас думает, и так бы, кажется, растерзала его. А в другой раз думаю: брошу всё, уйду, куда! глаза глядят, не буду чужой век заедать... Вы выйдете замуж за Гришу и будете счастливы. Опять мне иногда кажется, что я умерла, лежу в гробу, а Гриша рад, что развязался... Ведь он будет рад... Да, да! Не спорьте, я знаю всё... Вот вы все ученые да образованные, а ведь я тоже понимаю, хотя и малограмотная... Всё понимаю, до ниточки... И всё-таки я не виновата, что меня не учили, а Гриша видел, кого брал замуж. Вы думаете, у меня своих женихов не было? Сколько угодно... Меня отличный портной сватал в Казани. Конечно, дура, польстилась быть благородной — вот теперь и казнюсь.

— Ничего, всё устроится понемногу...

— Нет, не устроится, Катерина Петроина. Не такое дело... Сердце не повернешь. Если бы еще у нас были дети, ну, тогда другое дело...

Людмила Григорьевна вздыхала и задумывалась. Катя теперь уж знала всю её несложную биографию. Она осталась после отца, портного, сиротой и десяти лет была отдана в ученье в модную мастерскую. Много пришлось перенести здесь бедной девочке и побоев, и голода, и непосильной работы. Катя с ужасом слушала, чего стоят эти пышные дамские наряды, особенно перед праздниками, когда идет "спешка". Швеи иногда работают целые ночи напролет, не разгибая спины, работают до обморока. Это настоящая каторга... Потом маленькая Людмила перешла уже в разряд платных швей, и её положение значительно улучшилось, хотя приходилось голодать попрежнему, потому что нужно было сберегать крохи на костюмы.

— В магазине чумичкой-то не будешь сидеть,— объясняла Людмила Григорьевна,— а жалованья шесть рублей в месяц... Каждую пуговку высчитаешь, каждую ленточку. Не дай бог никому... А тут кругом соблазн. Тоже, по молодому делу, и погулять хочется, отдохнуть от работы, а куда ни повернулся — везде подавай деньги. Как я завидовала богатым, Катерина Петровна, до слез завидовала. Вот, думаю, живут да радуются, а ты тут сохни над работой. Всё мечтала за богатого замуж выйти, чтобы на меня другие девушки работали. Конечно, молода была, глупа... Ну, вот и вышла, всё у меня есть, а я себя не знаю, куда девать. Так тошно делается в другой раз... Опять бы пошла в свой магазин. Ведь я уж была закройщицей под конец и пятнадцать рублей жалованья получала. Потом ушла из магазина и дома стала работать, ну, а потом познакомилась с Григорием Григорьичем... Ах, зачем он тогда откровенно ничего не сказал! Ну, погоревала бы я, поплакала, а потом, может быть, и свою настоящую судьбу нашла...

Это слово "настоящая судьба" отзывалось в душе Кати режущей болью. Ей делалось как-то обидно и за себя, и за Гришу, и за Людмилу Григорьевну. Всем было тяжело, и все, отдельно взятые, были люди недурные. Была какая-то обидная несправедливость в этой "настоящей судьбе"... Если обвинять во всем одного Гришу, то опять будет неверно, потому что какая же роль достается на их долю — всё зависело только от одного Гриши, а сами по себе они ничего не значили... Нет, так просто не задалось счастье...

Анна Николаевна никак не могла понять, почему Катя "дружит" с Людмилой Григорьевной, и только качала головой.

— Мудреная ты какая-то, Катенька, с младенчества,— говорила старушка, покачивая головой.— Ни к чему тебя не применишь.

— Ничего нет мудреного, Анна Николаевна, такая же, как и все другие люди.

— Такая же, да не такая... То-то, поди, Людмила Григорьевна золотит меня? а? Она и то тигрой меня как-то назвала...

— Нет, она ничего не говорит... Она хорошая, Анна Николаевна.

— Людмилка хорошая? Значит, я кругом виновата, по-твоему? Значит, я напрасно её браню?

— Я ничего не сказала про вас, Анна Николаевна. Отдельно и вы хорошая и Людмила Григорьевна тоже, а вместе вам трудно... Знаете, мой совет вам разойтись. Лучше будет...

— Ну, так я и знала: это Людмилка тебя научила.

— Честное слово, она ничего не говорила. Это я говорю...

— Пожалуйста, не заговаривай зубов, немного пораньше тебя родилась, да и яйца курицу не учат... Людмилка хороша, да и ты, пожалуй, не лучше была бы: тоже в шею погнала бы богоданную матушку. Тихоня, а свое не упустила бы...

Анна Николаевна умела как-то смешно сердиться и говорила в такие минуты удивительные вещи, так что Катя могла только улыбаться.

— Тоже вот дочку бог послал,— не унималась Анна Николаевна, входя в азарт:— я про Любовь Григорьевну свою... Родная дочь, а скажу. Тоже невеста называется... Володя-то к ней и так и этак, а она уткнет нос в книгу или запрется у себя в комнате. Чему это только в гимназии учили?.. Никакого обращения. А Володя хороший, всё меня маменькой навеличивает... К нему и жить перееду, на службу в тещи поступлю. Тогда меня и рукой не достанешь...

Любочка, действительно, порядочно дичила и всё никак не могла освоиться со своей ролью невесты. Последнее ей казалось чем-то таким нелепым и даже обидным. Что такое невеста?.. Такой же человек, как и все другие, а тут чуть пальцами не указывают: невеста, невеста, невеста... Ведь никому и дела нет, а смотрят. Раз пять Любочка наотрез отказывала жениху, и сватовство начиналось с первых шагов. Выручал дьякон Келькешоз, который являлся в качестве парламентера для необходимых переговоров.

— Так нельзя, достоуважаемая Любовь Григорьевна... Неблагопотребно.

— А вам какая печаль?— грубила Любочка.— Вообще отвяжитесь...

— Ах, мадмуазель, рессюреву келькешоз...

Любочка сдавалась только тогда, когда дьякон заставлял её улыбнуться. Кубов ужасно волновался каждый раз и принимал выходки Любочки за чистую монету. Он вообще терял всякий апломб и выглядел таким смешным,— роль жениха тоже тяготила его. День свадьбы назначался несколько раз и откладывался из-за каких-нибудь пустяков. В минуты огорчения он отправлялся к Анне Николаевне и открывал ей свою душу.

— Да ты построже с ней,— учила Анна Николаевна.— А еще мужчина называется... Слыхал, как в церкви дьякон читает: жена да убоится своего мужа. Вот и ты испугай чем-нибудь Любу... Что она ломается, в самом-то деле! Другая бы была рада-радешенька... Да что тут говорить, ежели бы мне двадцать пять лет убавить, так сама бы с радостью пошла за тебя. Какого еще мужа нужно?

Кате очень нравился Кубов в этом настроении. Он благоговел перед своей избранницей и восхищался ею издали.

Тот Кубов, который являлся таким решительным и энергичным во всех остальных делах, точно исчезал под обаянием молодого чувства. Бедняга был до того счастлив, что даже стыдился показать это, точно его счастье могло обидеть всех остальных. С Катей Кубов ничего не говорил, тоже из деликатности, чтобы своим примером не напоминать её одиночества. Эта деликатность не ускользнула от внимания Кати, и она оценила её по достоинству.

— Ведь вам хочется поговорить о Любе?— спрашивала его Катя.— Да?..

— Ах, Катерина Петровна, это такая девушка, такая... Слов даже нет выразить всё.

— Одна такая в целом мире, и никогда еще такой не было?.. Мне как-то Анна Николаевна жаловалась на вас, что вы даже не поцеловали невесту ни разу...

— То-есть видите ли... гм... Любочка не выносит нежностей вообще, а поцелуй еще ничего не значит. Да...

Всего смешнее было то, что Кубов ревновал Любочку к Сереже. Прямо он этого не высказывал, но не умел и скрывать предательского чувства. Когда Любочка хотела рассказать ему про свою детскую любовь, Кубов даже побелел от волнения и умоляюще проговорил:

— Ради бога, ничего не говорите... Я не желаю ничего знать. Я... я убью его... да.

— Да ведь ничего серьезного и не было.

— Всё равно, убью...

На Любочку эта энергия произвела особенное впечатление, и она посмотрела на жениха удивленными глазами. Какой он страшный, этот Володя... Ведь в самом деле может убить. Она подозвала его ближе к себе, усадила рядом и, глядя в глаза, тихо спросила:

— Ведь этак ты и меня убьешь?..

— Нет, зачем же...

— А ты меня любишь, Володя? очень?

— Я-то люблю, а вот вы...

— Я не знаю... я не понимаю ничего в этих делах... Одним словом, пустяки, о которых не стоит говорить. Ах, какой ты смешной...

Анна Николаевна случайно подслушала эту сцену и только покачала головой. Очень уж кроток Володя-то, пожалуй, этак ничего и не выйдет. Да и Любочка совсем на невесту не походит... Вон какие слова выражает, только слушай. Тоже это нехорошо, когда курица петухом запоет. Анна Николаевна вообще приняла сторону будущего зятя и откровенно высказывала это Любочке.

— Очень уж скорые на слова нынешние девицы... Тоже надо и свою девичью скромность знать. Да и дело не шуточное: век вековать с мужем-то будешь. Теперь-то он смирнее теленка, а тоже и свою прыть вот как может показать...

— Добрая мать, ты меня пугаешь.

— Вот и ты разговариваешь со мной, точно Людмила. Все вы на одну колодку... Ох, замаялась я с вами!..

Это ворчанье у Анны Николаевны иногда сменялось беспричинной жалостью к дочери. Ведь легко это сказать: невеста... Прежде-то девушки-невесты река рекой разливались, да и самое замужество "судом божиим" называлось, а нынче всё равно, что стакан воды выпить. Дальше Анна Николаевна начинала думать о покойном муже. Дети-то подросли и почти не вспомнят отца. Разве когда так, к слову придется. Конечно, молодое дело, самим до себя. Раздумавшись, Анна Николаевна про себя начинала напевать старинные свадебные песни, особенно те, которые сложены были про невесту-сироту. Уж и хороши песни, столько-то жалобные, столько-то умильные, так что Анна Николаевна потихоньку от всех плакала от них. И тоже молодые-то ничего слышать не хотят: трень-брень на фортепьянах модный романс по нотам — и всё тут. А настоящего-то свадебного ни-ни...

VII

Присмотревшись ко всему, что делалось в Шервоже, Катя с особенным удовольствием начинала думать о своей Березовке. Она положительно тосковала о деревне, о своих двух комнатках, о деревенской детворе, о дедушке Якове Семеныче. Там была настоящая жизнь, настоящая работа, настоящие радости и огорчения. Оставалась в городе Катя до конца святок потому, что свадьба Любочки должна была состояться сейчас после крещенья. С другой стороны, ей хотелось окончательно выяснить вопрос о здоровье отца. Петр Афонасьевич с её приездом заметно почувствовал себя лучше, т.-е. сделался бодрее, разговорчивее, вообще оживился. Это успокоило Катю, и она занялась Петушком, который учился уже в шестом классе гимназии. Глядя на него, Катя часто удивлялась, когда это

216

время успело пройти... Давно ли, кажется, Сережа поступал в гимназию, давно ли сама она с Любочкой ходила в гимназической форме, а вот уже и Петушок совсем большой. Мальчик вырос как-то так, между прочим, без особенных хлопот, и раньше Сережи сделался самостоятельным. Катю забавлял покровительственный тон, которым он говорил с ней. Точно так же выросла незаметно у Печаткиных рыженькая Зиночка, вытянулась, выровнялась и тоже почти большая. Она училась уже в четвертом классе и резко отличалась в семье своими рыжими волосами. Петушок и Зиночка представляли уже второе поколение, у них были свои интересы, заботы и отношения. Да, нарастало новое, а старое должно было уступать свое место. Умер и добряк-генерал "Не-мне", а начальница Анна Федоровна отказалась от своего места и жила в Шервоже на покое.

С Гришей Катя почти не встречалась, или встречалась мельком, при других. Она не избегала его и не искала встреч. Теперь у неё явилось какое-то особенное спокойствие, и девушка даже спрашивала сама себя, было ли то, что пронеслось грозой. Бывают такие страшные сны, которых никак нельзя припомнить. Ужели всё это было ошибкой, и она никогда не любила его? Кате иногда начинало казаться, что именно так.

Раз на святках Сережа привез Кате билет в концерт, который давали местные любители в помещении благородного собрания. Это было с его стороны большой любезностью, так что Катя даже немного сконфузилась: она не привыкла к таким знакам внимания.

— Ты не подумай, что я тебе завез свой билет, потому что сам раздумал ехать,— объяснил Сережа.— Нет, я буду добрым братом до конца и провожу тебя в концерт и даже из концерта.

По привычке Сережа скрыл, что билет был приготовлен одной даме, за которой он ухаживал и которая не поехала почему-то. Юный адвокат с особенным вниманием отнесся к простенькому костюму сестры, сделал несколько указаний и вообще держал себя большим специалистом по части дамских костюмов.

— Откуда ты всё это знаешь?— наивно удивлялась Катя.

— Я? А приходится иметь дело и с вашими костюмами, как... с вещественными доказательствами. Понимаешь, на суде, когда разбираются дела об убийстве или грабеже. Гм... Приходится всё знать.

Сам Сережа одет был с иголочки, и Петушок каждый раз

смотрел на него завистливыми глазами. Катя поймала такой взгляд и покраснела, припомнив, как одно время завидовала богатым. Впрочем, это пустяки и в свое время пройдет. Между прочим, Сереже хотелось похвастать новой лошадью, которую он только что купил. Он вообще быстро шел в гору и имел успех. Катя даже не заметила новой лошади и дорогой завела разговор о свадьбе Любочки.

— Ах, да, я что-то такое слышал...— неохотно ответил Сережа, кутаясь в шинель с дорогим бобром.— Что же, я желаю им всего лучшего. Кажется, так принято...

— А тебя не мучит совесть?

Сережа засмеялся.

— Меня всегда удивляет, как это женщины умеют делать из мухи слона. Вообще сентиментальности... Если считать всех женщин, в которых я был влюблен, то составится целый монастырь.

— Ты всегда отшучиваешься, Сережа.

— Да ведь и Любочка давно забыла о моем существовании. Одним словом, всё в порядке вещей...

— А я думаю, что ты был бы гораздо счастливее с Любочкой, чем с той мифической богатой невестой, о которой говорят.

— Может, быть,— равнодушно согласился Сережа.— А вот в концерт мы с тобой запоздали.

— Важные лица всегда запаздывают...

Концерт мало интересовал Катю, а также и провинциальная публика, за исключением некоторых подруг по гимназии и бывших учениц, которых она надеялась встретить здесь.

Первое отделение, действительно, уже началось, и Клепиковы должны были остановиться в проходе, чтобы здесь подождать антракта. Что-то такое пели и играли, но Катя была занята только публикой. Она обрадовалась, когда в первых рядах стульев увидела седую голову Огнева. Он очень любил музыку и не пропускал ни одного концерта. Потом в толпе мелькнула фигура дяди Павла Данилыча Конусова. Он за эти два года, в течение которых Катя его не видала, ужасно изменился — сгорбился, поседел, обрюзг. Павел Данилыч шел в толпе с таким видом, точно ему было решительно всё равно, где ни итти, только бы убить вечер так или иначе. В клубе он был старшиной, и, кажется, это звание доставляло ему больше всего удовольствия.

— А вон и Гриша,— предупредил Сережа.— Третий ряд кресел, налево.

Катя даже вздрогнула. Она совсем не думала о Грише, который редко куда-нибудь показывался. Ей вдруг сделалось страшно, безотчетно страшно, как это бывало в раннем детстве. Явилось даже малодушное желание убежать и скрыться. Вероятно, она так бы и сделала, если бы не Сережа. В антракте её выручил Огнев, который подошел к ней.

— Будьте моим кавалером, Павел Васильич,— просила его Катя.— Я так отвыкла от всякой толпы, что даже боюсь одна..

— Прикажете сделать руку кренделем?— весело ответил Огнев.

— Нет, пожалуйста, без кренделя... Пройдемтесь по залам так, просто.

Сережа, воспользовавшись удобным случаем, скромно улизнул, и Катя заметила его уже около Клочковской, которая являлась царицей вечера. Огнев что-то говорил и сам же смеялся. Катя тоже смеялась, не зная чему — она плохо понимала, что делается кругом. В зале, где устраивались танцы, их догнал Конусов.

— Павел Васильич, Павел Васильич...

— Что прикажете, ваше преподобие?

Конусов только хотел предложить Огневу проследовать в буфет "к источнику", но узнал Катю и заметно смутился.

— Милая племянница...

— Милый дядюшка, вы, пожалуйста, не стесняйтесь: я освобождаю Павла Васильича ровно на пять минут.

— Вы, кажется, на что-то намекаете, государыня моя?— шутил Огнев.— Может быть, вы хотите сказать, что мы отправимся пить коньяк?..

"Молодые люди" быстро исчезли в толпе, а Катя осталась у двери, прислонившись в уголок. В этот момент мимо неё проходил Печаткин. Он шел с рассеянным видом человека, у которого мысли бежали другой дорогой. Заметив Катю, он остановился в нерешительности, а потом быстро подошел и крепко пожал руку. Вид у него был такой серьезный и грустный.

— Я никак не ожидала встретить здесь именно вас...— заговорила Катя, чувствуя, что ей вдруг сделалось легко.— И потом у вас такое лицо...

— Да? Я сам не знаю, зачем пришел... Нужно же куда-нибудь деваться.

Он провел рукой по волосам и внимательно посмотрел на её лицо, точно стараясь что-то припомнить. Да, это было то же дорогое милое лицо, которое он так любил и которое ему отвечало когда-то такой приветливой, любящей улыбкой.

Теперь оно окончательно сформировалось и получило неуловимо-тонкий отпечаток той мягкости, какой бывает у хороших русских женщин. Девичья угловатость уступала место спокойному выражению.

Не сказав ни слова, они пошли за двигавшейся толпой, а потом очутились в уютной маленькой гостиной, отделявшей игорную залу от общих комнат. Катя опомнилась только тогда, когда они уже сидели на маленьком диванчике. Публики здесь совсем не было, за исключением доктора Конусова, который торопливо прошел мимо, кого-то разыскивая. Он уже успел заметно нагрузиться и держался не совсем твердо на ногах.

— Знаете, Катерина Петровна, я боюсь вашего дядюшки,— заговорил Гриша, прерывая затянувшуюся паузу.— Да, боюсь... Ведь мы с ним вместе служим и часто встречаемся. И каждый раз мне больно его видеть, потому что в нем я вижу себя... У нас много общего... Скажите откровенно, вы ведь то же подумали, когда он сейчас проходил мимо?

— Да, то-есть нет... я не знаю...

Она ответила как-то по-детски, как отвечают ученицы учителю. Не следовало оставаться здесь, но она не имела сил подняться. Между прочим, она только сейчас заметила, что Гриша в новом военном мундире и что этот мундир очень шел к нему, что у него красивая окладистая борода, что он смотрит на неё такими добрыми и такими грустными глазами.

— Да, буду уходить вот так же каждый вечер в клуб...— думал он вслух.— Много таких потерянных субъектов; Сережа называет их клубными животными. День за работой, а вечером бежать куда глаза глядят...

Он неожиданно придвинулся к ней совсем близко и взял за руку.

— Григорий Григорьич, что вы делаете...— шептала она со слезами в голосе.— Опомнитесь...

— Э, всё равно... О, я так измучился, исстрадался... Я так давно ждал вот этой минуты, чтобы сказать вам что-то такое хорошее. Да, очень хорошее...

Он тяжело дышал. Она молчала, не смея шевельнуться. Зашуршавшее в соседней комнате платье заставило его отодвинуться.

— Вы меня презираете, Катерина Петровна?

— Нет...

— Хуже: жалеете. А хуже всего то, что я сам напрашивался вот сейчас на такое сожаление. Мужчина, потерявший свою мужскую гордость, самое последнее дело... Если бы вы только знали, как я презираю сам себя. И это чувство растет... У меня бывают целые дни какого-то тупого отчаяния.

— К чему вы всё это говорите, Григорий Григорьич? Какое, наконец, мне дело до вас вообще и в частности?.. Я рада, что мы сегодня встретились и что я могу сказать это вам прямо в глаза... Прежней Кати нет; она умерла, а мертвые не воскресают. У нас разные дороги... Про себя могу прибавить только то, что я совершенно счастлива. Да... счастлива до того, что даже не могу сочувствовать чужому несчастию — ведь все счастливые люди эгоисты.

Это была отчаянная самозащита. Катя сама верила тому, что сейчас говорила. Но он был другого мнения, потому что терпеливо выслушал её до конца и улыбнулся.

— Вы чему смеетесь, Григорий Григорьич?..

Она сделала попытку встать, но он её опять взял за руку и удержал.

— Еще одно слово... последнее...

— Пожалуйста, только поскорее, не задерживайте меня. Сейчас уже началось второе отделение...

— Да, да, именно второе отделение, Катерина Петровна...

Ей показалось, что он посмотрел на неё злыми глазами. Она еще не видала такого выражения на его лице. Через амфиладу комнат до них донесся гул дружных аплодисментов.

— Я вам не верю, Катерина Петровна,— спокойно и отчетливо проговорил он.— Да, не верю... Ведь от себя не убежать. На время, пожалуй, можно обмануть, сделать, наконец, вид, но это всё не то... Я вам не верю!.. И себе не верю и вам не верю...

Она что-то хотела ему ответить, хотела подняться, но только закрыла лицо руками. Только тонущие люди испытывают это ощущение мертвого бессилия, когда нельзя пошевелить ни рукой, ни ногой, а холодная бездна неудержимо тянет вниз. А он продолжал улыбаться как-то странно... Его рука уже протягивалась к ней, но в этот момент в дверях показался Огнев. Он молча посмотрел своими близорукими глазами на молодых людей, молча подошел, молча подал руку Кате и молча увел ее. А Гриша смотрел вслед им и продолжал улыбаться нехорошей, злой улыбкой.

— Не верю... Никому не верю! — шептал он.

VIII

Огнев провел свою даму прямо в переднюю, помог надеть шубу, опять подал руку и вывел на подъезд. Усадив её на извозчика, он поместился рядом и проговорил всего одно слово:

— Нехорошо...

Ночь была морозная, светлая. Снег скрипел под полозьями. Продрогшая извозчичья кляча летела стрелой. Катя сидела и не чувствовала бившего в лицо морозного воздуха, катившихся по лицу слез — ничего.

— Да, нехорошо...— повторил Огнев.— Завтра же увезу вас, барышня, в деревню, домой. Так нельзя...

Катя разрыдалась и в порыве отчаяния рассказала ему всю историю своей неудачной любви. Она испытывала непреодолимую потребность высказаться, исповедаться.

— Так, так... — повторял Огнев в такт рассказа.

— Ведь он хороший, Павел Васильевич... Я ему сказала всё, что думала и чувствовала. Да, всё... Я считала себя уже застрахованной от всякой вспышки... Ах, пустите меня! Я вернусь туда... я не могу...

— Ну, уж этого не будет, государыня моя! Извините... Хорошие люди еще лучше, если смотреть на них издали. Есть такая психическая перспектива.

Катя опять плакала и опять умоляла его отпустить её туда, в клуб, чтобы еще раз взглянуть на него.

— Я только издали посмотрю, Павел Васильич, и конец, всему конец...

— Не могу, государыня моя. Да вот мы и дома... Я что-то немножко замерз и с удовольствием напьюсь чайку. Петра Афонасьевича разбудим...

Катя как-то инстинктивно повиновалась во всем своему провожатому. На неё действовал уверенный тон его голоса и еще сохранившееся гимназическое уважение к бывшему учителю. Разбуженный Петр Афонасьевич очень встревожился, когда, увидал Огнева, а потом успокоился.

— А я по пути из концерта проводил барышню,— объяснял Огнев.— Сережа там ухаживает за дамами, ну, я и проводил.. Самовар будет?..

— Сейчас, сейчас...— бормотал Петр Афонасьевич, торопливо и бесцельно шмыгая из комнаты в комнату.— Разве водочки с холоду, Павел Васильич?

— Можно и водочки, стомаха ради и частых недуг...

Катя прошла к себе в комнату, умылась, выпила воды и немного прилегла отдохнуть. Через дверь она слышала разговор в гостиной. Говорил больше Огнев, а Петр Афонасьевич только отвечал.

— Давненько я вас не видал, Петр Афонасьевич...

— Да где видеть-то, Павел Васильич. Всю жизнь просидел в своей почтовой конторе... Можно сказать, и свету божьего не видал.

— Да, да... А Курья?

— Прежде оно, точно, в Курье рыбачил, а вот нынче, пожалуй, не под силу будет. Состарился, Павел Васильич... Тоже вот дедушка Яков Семеныч изменился, а без старика всё как-то не клеится. То, да не то...

— Конечно, привычка... Вторая натура. Везде скучно, Петр Афонасьевич. Вот мы были с Катериной Петровной в концерте: играют, поют. Всё бы, кажется, хорошо, а как будто чего-то и недостает. Да...

— Кому что требуется. Вот и у рыбы свой ход, у каждой: сегодня стерлядь пошла, завтра язь, потом судак, там щука...

— Вот именно. У всякой рыбы свой ход...

Скоро появился самовар на столе, домашняя закуска и графинчик водки. Петр Афонасьевич давно уже не являлся в роли хозяина и развеселился. Его интересовала самая обстановка.

— Надоело мне, Павел Васильич,— говорил старик.— Лямка своя почтовая надоела... И ни к чему, вот главная причина. Дети совсем большие, а младшему, Петушку, много ли нужно...

— Конечно... Вам и отдохнуть пора, Петр Афонасьевич.

— Нет, не то, Павел Васильич. А так, вообще...

Старик чего-то не договаривал. Огнев выпил рюмку и долго ходил по комнате. Катя слышала его тяжелые шаги.

— Эх, Петр Афонасьевич... Не то!..

— Что не то-то, Павел Васильич?..

— Да так... У каждой рыбы свой ход. Много ли нужно человеку, чтобы быть счастливым?.. Сыт, одет, и довольно. А нам всё мало... В чужом рте кусок велик. Так и во всем...

— А я, признаться, ничего не понимаю в этих делах, Павел Васильич. Прожил век, и слава богу. Кажется, никого не обидел, никому не досадил... А посмотришь на нынешних... Ну, да это не нашего ума дела. Мы по-своему, они по-своему... Главное в человеке — совесть. Нет совести — ничего нет... Главное это дело, чтобы совесть сохранить.

Катя долго слушала эти стариковские умные разговоры и потом вышла в гостиную. Петр Афонасьевич обрадовался, что она ничего, здорова.

— А мы тут стариковским делом тары да бары,— точно оправдывался он.— А время идёт... Близко полночи сейчас, Павел Васильич?

— Да, без десяти минут. Концерт сейчас должен кончиться... Как вы себя чувствуете, Катерина Петровна?

— Ничего... лучше.

Это участие и радовало и смущало Катю. Всё-таки чужой человек... Нет, теперь не чужой, потому что он знает всё.

Огнев посидел еще с полчаса, а потом распростился и уехал.

— Папа, я завтра еду к себе домой,— заявила Катя, отправляясь спать.

— Что же, твое дело. Спасибо, что приехала...

Катя почти не спала всю ночь. Ей и плакать хотелось, и что-то такое было жаль, и что-то такое хорошее грезилось. Ведь есть же и жизнь, и люди, и живое дело... Она еще раз по ниточке разобрала всю свою жизнь и пришла к тому заключению, что Огнев прав — ничего не остается, как ехать в Березовку. Вот её дело, её призвание, её маленькая миссия. Достаточно, если каждый будет делать свое маленькое дело. Лучшим доказательством для неё служила пустая жизнь провинциального городка. Здесь даже удовольствия не имели никакой цены... Она видела скучающие лица, несчастных людей (каждый по-своему), видела целый ряд нелепостей, из которых складывается то, что называется жизнью. И для этого стоит жить?.. Нет, и тысячу раз нет... Она чувствовала теперь себя чужой в отцовском доме уже совсем по другим причинам, чем это было раньше. Пред её глазами стояла другая жизнь, захватывавшая её глубиной своих интересов и тем, что это — настоящая жизнь, настоящие интересы. С этой мыслью Катя и уснула. Она даже улыбалась во сне... Да, она еще нужна там, в деревне, где у неё и своя семья, и труд по душе, и то, что может назваться счастьем. Счастье — сколько умных голов, сколько гениальных умов бьется над разрешением этого вопроса, а он так прост, если смотреть на него просто.

Утром она проснулась рано, потихоньку оделась и незаметно вышла. Она знала, что Гриша отправляется на службу в свой военный госпиталь к девяти часам, и дождалась его на улице. Он был и удивлен и смущен, когда встретил её.

— Я на вас не сержусь, Григорий Григорьич,— заговорила она просто, точно ничего особенного вчера не случилось.—

Сегодня я уезжаю к себе в деревню, и мне хотелось серьезно поговорить с вами.

— Я слушаю...

— Вчера вы не рисовались своим отчаянием?

— Нет, к сожалению...

— Хорошо... Дело в том, что всё это пустяки. Понимаете? У нас есть обязанности... да. Ведь через год ваша обязательная служба кончается? Да? Вот и отлично... Поступайте врачом в деревню...

— Т.-е. что это значит?

— А то, что вы будете жить в деревне, приносить пользу тысячам людей, и будете счастливы уже одним сознанием, что не даром живете на белом свете. Диплом еще ничего не дает... Нужно уметь приложить свои знания. Попробуйте, и тогда, по крайней мере, избавитесь от своей хандры, потому что увидите настоящее горе, настоящую нужду, настоящую жизнь. Ведь все наши культурные горести круглый нуль, если сравнить их с тем, чем живет деревенская Россия. Мне даже некогда слушать ваши возражения — я сейчас еду. Если хотите поделиться мыслями — пишите, а пока до свидания.

Он стоял и с удивлением смотрел на неё. Это была совсем другая женщина, а не прежняя гимназистка Катя. За ней стояло какое-то громадное дело, которое придавало ей и решимость и силы.

— От души завидую вашим знаниям,— говорила Катя на прощанье.— Да, они нужны там, где не имеют возможности платить жалованья и определенной платы за визиты. В материальном отношении вы, может быть, и потеряете, но зато в тысячу раз выиграете в нравственном... Прощайте.

— И только? — едва мог проговорить Гриша.

— Да...

Она крепко пожала его руку и быстро исчезла. Он долго стоял на одном месте, провожая её глазами, и припоминал свое далекое детство. Да, если б отец был жив, он сказал бы то же самое... Воспоминания детства для Гриши неразрывно были связаны с маленькой Катей и отцом. Он не понимал только одного, что могло случиться с Катей за такой сравнительно короткий срок,— еще вчера она была другой.

Он понял бы всё, если бы мог видеть, как через час из Шервожа выезжала земская кибитка, увозившая Катю и Огнева в деревенскую глушь. Катя была весела, как никогда. Ей делалось даже совестно за свое настроение, тем более, что отец на прощанье как-то особенно грустно сказал:

— Может быть, Катя, и я к тебе скоро приеду... Кланяйся

дедушке и скажи, что тяжело мне оставаться одному. Ну, да ничего, как-нибудь проживем...

Кате как-то особенно сделалось жаль отца, и вместе с тем она не могла остаться в Шервоже. У неё были свои обязанности.

— Вот и отлично, государыня моя,— проговорил Огнев, когда кибитка миновала заставу.— Обидно, но география имеет громадное значение в нашей судьбе...

— Вы так думаете?

— Приходится так думать... Ведь я говорю с вами как закоренелый городской человек, который только на старости лет открыл, что главное-то заключается в деревенской России. Мне даже совестно в этом сознаться, но это так... Что поделаешь, русский человек задним умом крепок. Помните, как вы учили еще из всеобщей истории о знаменитых римлянах, уходивших в деревню? Цинциннат, например... Одним словом, вы понимаете, что я хочу сказать.

— Да...

Кибитка летела по занесенному снегом тракту, ныряя из ухаба в ухаб и наваливаясь то на один бок, то на другой. Падал мягкий снежок, слепивший глаза. Сквозь его мутную сетку неожиданно вырастали силуэты обозных подвод, занесенных снегом ямщиков, остовы голых придорожных берез, утонувшие в снегу деревушки... Да, это была та настоящая Русь, о которой так мало знают в городах, и Катя с удовольствием думала, что она именно здесь не чужой, а свой, нужный человек, что будут рады её приезду, что её работа оставит свой след — маленький, незаметный след, но всё-таки след. Было для чего жить и трудиться. А как хорошо думается в такую дальнюю дорогу. Мысли в голове кружатся, как снежинки, одна за другой, целая живая сетка, и сквозь неё смутно обрисовывается та далекая цель, к которой нужно итти. Чем дальше подвигалась кибитка, тем легче делалось на душе у Кати.

— Послушайте, Павел Васильич, а я ведь даже не простилась хорошенько с Любочкой,— заявила Катя, когда они подъезжали уже к Березовке.

— Разве?— удивился Огнев.— Да, это нехорошо... А впрочем, вашей Любочке не до нас.

Катя с удивлением посмотрела на своего спутника,— что это значит: не до нас?

IX

Настроение Гриши в конце зимы удивляло и родных и знакомых. Он точно переродился. Людмила Григорьевна не знала, как объяснить себе это. И с ней он был другим. Одно только беспокоило её — это бесконечные разговоры о какой-то деревне.

— В деревнях мужики живут,— отвечала она.— Нам-то какое до них дело...

— А если я тоже перееду в деревню?

— Ну, уж это дудки!.. Извините, Григорий Григорьич, а мужичкой я не желаю быть. Если бы вы мне сказали это тогда, так я бы ни в жисть не пошла за вас замуж.

— Отчего же сестра Люба может жить с мужем в деревне, а ты не можешь?

— Они молодые. Им и в деревне весело... У Владимира Гаврилыча какой-то там подряд — вот и живут, а окончится подряд — выедут опять в Шервож.

— А Катя Клепикова?

— Катерина Петровна особь статья... Её к другим и ровнять нельзя. Удивляюсь я мужчинам... Взять хоть тебя... Ну, где у тебя глаза были?.. Ведь такой девушки и с огнем не сыщешь, а она-то тебя вот как любила. Нет, женился на мне... Теперь бы я была женой портного и жила бы в Казани в полное свое удовольствие, а ты вот хочешь меня в деревню свезти. Не-ет, голубчик...

Раньше подобные разговоры приводили Гришу в отчаяние, а теперь он только улыбался: по-своему, жена была совершенно права.

Немало удивляло всех и то, что Гриша как-то особенно сблизился с дьяконом Келькешозом. Вечером частенько он прямо из своего госпиталя проезжал к дьякону и там просиживал до полуночи. Это сближение произошло еще на свадьбе сестры, в которой дьякон принимал такое деятельное участие.

— Володька, конечно, дурак, и без меня он давно бы пропал, как червь!— с гордостью повторял дьякон.— И Любовь Григорьевны ему бы не видать, как своих ушей, ежели бы не я...

Квартира дьякона была недалеко от военного госпиталя, и Гриша любил даже подъезжать к ней. Такой уютный деревянный домик в три небольших комнаты. В нем всегда было жарко, а вентиляции не полагалось: дьякон не признавал форточек. В самом деле, придумали какую-то гигиену, вентиляторы, дезинфекцию, карболку... Гриша необыкновенно хорошо чувствовал себя именно в этих невентилированных комнатах с застоявшимся тяжелым воздухом. Весело горит небольшая лампочка, на столе кипит самовар, дьякон грузно шагает из угла в угол.

— Ну, что, Гриша, нового в газете пишут? Всё проклятый Бисмарк мутит?.. Если бы я не был дьяконом, непременно пошел бы на войну. Тогда бы не попадайся мне, чортова кукла...

— Да ведь немцы такие же люди, как и мы с вами?

— Такие да не такие... у нас всё-таки совесть есть. Живет-живет человек, и сделается ему совестно: нельзя так жить, надо по-другому. Вот возьми меня: ну, какого мне чорта нужно? Да на мое место сам губернатор с удовольствием пойдет, а мне претит. Будет, пожил, надо и честь знать... Я, братец ты мой, тоже вот как свое дело обмозговал. Кончено. Значит, шабаш...

— Что кончено-то?

— А в Березовку еду...

— В гости?

— Какое в гости — совсем. Заберу дьяконицу с ребятишками и але машир. Деревенским попом буду... Мне уж владыка обещал. А березовский поп сюда просится, к нам в общину, на место попа Евгенья. Старик-то сильно ослабел... чахотка у него.

— Ведь это вам будет невыгодно: городской дьякон вдвое больше получит, чем деревенский поп.

— И я так же раньше-то думал... Конечно, глупость была. А теперь кончено. Шабаш... Я ведь сам-то в деревне вырос, на ржаном хлебе. Да... Оно покрепче белого-то городского хлеба. Верно... Тоже вот ребята растут, об них надо подумать. Что они в городе-то увидят? Мы как-то с Огневым в Березовку ходили — отлично. Сколько после-то он благодарил меня. Я его вылечил сразу, а то совсем-было подох. Ну, тоже надо сказать и то — школа там, в Березовке, буду законоучителем. Катерина Петровна учительницей состоит, ну, вместе и будем это самое дело мозговать. У меня, братец ты мой, всё до самой тонкости обдумано... Шалишь, брат. Кончено. Шабаш... Пашню буду пахать, хлеб сеять, сено свое... Вон как Володька-то жил: пан паном. Конечно, он глуп и бросил всё. Ну, зато я-то не дурак... Хе-хе! Меня, брат, не надуешь... Вот приезжай ко мне в гости: всем своим угощу.

Гриша вырос в городе и совсем не знал деревни, а поэтому слушал разговоры дьякона с особенным удовольствием. Он уже вперед чувствовал какое-то облегчение, а главное — всё было так просто, ясно и как-то попросту хорошо. Мысль о деревне теперь для него являлась чем-то вроде лекарства. Да, там будет всё другое, новое, здоровое, хорошее. И о Кате он так хорошо думал, как думают о любимых сестрах. Да, именно сестра. Последняя вспышка старого чувства сменилась другим настроением. Нет, он не будет клубным животным и пьяницей, как collega Конусов. Его спасет новая работа. Только бы скорее отслужить свой срок военным врачом.

Раз на улице Гриша встретил Сережу. Юный адвокат катил на собственном рысаке. Он остановился и пошел пешком. В последнее время старые товарищи встречались всё реже и реже, и Гришу удивило это неожиданное внимание.

— У меня дело к тебе есть,— заговорил Сережа.— Да... Надеюсь, что не откажешься исполнить маленькую просьбу.

— В чем дело?

— А видишь ли... ну, как это тебе сказать... гм.. Одним словом, я, брат, женюсь и хочу, чтобы ты был моим шафером. Понимаешь, как-то приятнее, если старый товарищ...

— А невеста кто? Надеюсь, что это не секрет.

— О, совсем не секрет, голубчик... Видишь ли, я еще сам не знаю, на которой из трех остановиться: Клочковская — красавица, но у неё ничего нет; Женя Болтина — очень толста, но зато у неё радуга в кармане; есть еще одна, та уж совсем богатая, только горбатая. Ну, да для меня это решительно всё равно. Я ведь не знаю ваших сентиментальностей.

— И тебе не стыдно, Сережа?— в упор спросил Гриша.

Сережа громко расхохотался.

— Послушан, голубчик, это, наконец, смешно... Ты знаешь, что я всегда был врагом всяких сентиментальностей. Ведь теперь даже девицы и те смотрят на вещи здраво. Взять хоть Клочковскую... У меня с ними разговоры откровенные, всё начистоту. Вам нужно мужа с общественным положением, приличного человека, а мне нужно... Послушай, ты, вероятно, смотришь на меня, как на сумасшедшего? Э, всё равно... Всякий дурак по-своему с ума сходит. Однако я с тобой заболтался. Прощай...

Рысак унёс довольного и счастливого Сережу, а Гриша стоял на тротуаре и повторял про себя его слова. Да, и это Сережа Клепиков... Что-то такое маленькое, дрянненькое, неспособное даже на крупную ошибку. Такие именно люди и устраиваются хорошо, наживают состояние и, главное, проходят жизнь с спокойной совестью, вероятно, потому, что этой совести у них нет, или она уж очень растяжима. Конечно,

Сережа в этой сцене рисовался по своему обыкновению и хотел выставить себя испорченнее, чем был в действительности. Это Гриша понимал и не придал особенного значения сегодняшнему разговору. Но всё-таки он решил про себя, что шафером у Сережи не будет, и с этой мыслью ушел домой. Ровно через неделю он получил от гимназического приятеля уже официальное приглашение. Отказываться было неловко, да, наконец, Гришу интересовала вся эта ложь.

В назначенный день и час он был у Сережи, который жил уже на новой квартире, приспособленной специально на этот казус. Здесь он встретил много совершенно незнакомых людей и первое время чувствовал себя очень неловко.

— Представь себе, какой сюрприз преподнесен мне родителем,— говорил Сережа, отводя старого друга в сторону:— он наотрез отказался быть у меня на свадьбе... Даже из приличия не сослался на какую-нибудь болезнь. Вообще, чудак...

— Что же, я вполне понимаю Петра Афонасьевича: я, на его месте, вероятно, поступил бы так же...

— Ну, ну, пошел огород городить! Сентиментальность... Я сейчас тебя представлю своей невесте. Пожалуйста, не смотри на неё удивленными глазами... Она очень милая девушка и тоже без сентиментальности.

Невеста оказалась та третья, о которой Сережа говорил раньше. Это была довольно развязная девушка с едва заметным горбом. Она удостоилась счастья сделаться m-me Клепиковой благодаря наследству, полученному после какой-то тетки.

— Очень рада с вами познакомиться,— повторила она стереотипную фразу деланым тоном.— Надеюсь, что мы с вами будем друзьями, потому что друзья Сергея — мои друзья.

— Очень рад...— пробормотал Гриша, не зная, что ему отвечать.— Я уже слышал о вас от Сережи. Он...

— Не правда ли, как он меня любит?..

На красивом и молодом лице мелькнула саркастическая улыбка. Немного суженные зеленоватые глаза только не говорили, что: "эх, братец, какой же ты наивный теленок!". Да, в таких браках обе стороны совершенно застрахованы от ошибок, и Гриша с невольной горечью подумал, что, может быть, они-то и будут счастливы, потому что нет никаких иллюзий, которые могли бы разрушиться. Но всё-таки он почувствовал себя легче, когда, наконец, мог отойти от счастливой невесты.

Тут же толкался доктор Конусов, против обыкновения, трезвый. Он поймал Гришу и всё время не отпускал его.

— Как же, племянника женю,— повторил он несколько раз.— Да... До некоторой степени семейная радость, вернее — фамильгная. Мы процветаем... А вы как полагаете, collega? У него — общественное положение, свет науки, вообще будущность, а у неё природные родительские капиталы. Комбинация невредная...

— Ведь нужно же и богатым девушкам выходить за кого-нибудь замуж, Павел Данилыч.

— Да, да... Закон природы, а деньги составляют рафинированную часть природы.

Конусов был в ударе и не без остроумия охарактеризовал собравшееся у Сережи смешанное общество,— ведь он знал подноготную всех и каждого. Вон судейские сбились в одну кучу, точно гнездо пауков, около них разбитое стадо губернского чиновничества — тоже хороши милашки, в отдельной комнате представители именитой коммерции — частью клиенты Сережи, а частью родственники невесты.

— Отца у неё нет, а вон дядя, который её воспитывал... Очень миленький субъектец. Он служит старостой в кафедральном соборе. Интересно, какие счета он представит Сереженьке после свадьбы — невеста-то под его опекой состояла. Может произойти казус... Дам что-то совсем мало, да и те неизвестные. Оплошал племянничек по этой части... Кстати, collega, вы слышали новость?

— Какую?..

— Сережа приглашал на свадьбу сестру...

В этот момент кто-то увлек Конусова, и Гриша не узнал, что за новость он хотел ему сообщить. Через полчаса Конусов опять появился, но уже был в таком виде, что можно было только удивляться, когда он успел опьянеть. Старик быстро опускался и ослабевал с двух рюмок, причем им овладевало какое-то особенное мрачное настроение. Знакомые старались избегать его в такие минуты.

— Знаешь, collega, что мне хочется сделать?— говорил он теперь, подхватив Гришу под руку:— вот встать посреди комнаты и крикнуть: "почетная публика, мерзавцы вы все, да и я тоже!" Произвел бы эффект... А знаешь, почему мерзавцы? Потому, collega, что из брака, в нем же есть великая тайна, сделали позорное торжище, и мы присутствуем на одном торжище и eo ipso поощряем его.

— А что ответила Катерина Петровна на приглашение Сережи?

— Да вот это самое... Хе-хе!... Племянница у меня из другой материи сшита. Да-с... Сережа обиделся, но скрыл сие, а я-то его знаю.

— В этом и вся новость?

— Ах, да... сейчас...

Конусов сделал серьезное лицо, даже повертел около лба пальцем и, наконец, сознался:

— Забыл, collega... Что-то такое было, очень интересное — и забыл.

X

Кубовы жили в селе Прилуке. От Шервожа по Лаче до него было верст сто с небольшим. У Кубова были лесные подряды, которые должны были быть выполнены к весне, когда вскроется река. Он заготовлял шпалы для строившейся железной дороги, какие-то брусья, тысячи бревен — одним словом, целый лесной караван. После свадьбы молодые ни разу не могли съездить в Шервож, а поэтому была выписана в Прилуку Анна Николаевна. Она долго не решалась ехать одна, потому что вообще ей одной куда-нибудь не случалось ездить. Но тут она получила от Любы такое письмо, что нельзя было не ехать. Первым делом старушка полетела за советом к Петру Афонасьевичу — всё-таки мужчина и может посоветовать, как и что.

Петр Афонасьевич был дома и работал в своей мастерской.

— На-ка вот, отец, прочитай письмо от Любы...— говорила она, тяжело дыша.— Небойсь, вспомнила и мать. Вот пишет... Боялась я одна-то до смерти итти к тебе, ну, Зину с собой захватила. Она там с Петушком какие-то разговоры разговаривает... Ох, уж и не знаю, что мне и делать, отец! И обрадовалась я, и испугалась, и точно сама не своя...

— Всё дело сейчас разберем,— не без важности ответил Петр Афонасьевич, вооружая нос очками.— Конечно, твое женское дело, Анна Николаевна. Всего боишься...

— Ох, всего боюсь, отец!.. Так вот сердце и упадет... А чего испугалась, и сама не знаю. Слабое наше женское дело... И худого боишься и хорошего боишься.

Письмо Любы было предварительно осмотрено Петром Афонасьевичем со всех сторон, потом отставлено на известное

232

расстояние и прочитано с чувством, толком, расстановкой. Потом Петр Афонасьевич бережно сложил его, еще раз осмотрел, взвесил на руке и, передавая обратно, проговорил:

— Нужно богу молиться, мать... да. Счастье господь посылает... Вот и ты порадуешься на старости лет. Дай бог всякому...

Анна Николаевна только сейчас поняла, что поступила бестактно. Её радость только растравляла глубокую рану, которую Петр Афонасьевич затаил в своей доброй душе. Ах, глупая, глупая... Надо было посоветоваться насчет дороги, а она ему всё письмо показала.

— Да, хорошо...— повторял Петр Афонасьевич, опуская свою седую голову.

Чтобы поправиться, Анна Николаевна понесла какую-то околесную и кончила тем, что неожиданно расплакалась.

— Да ты о чем это, мать? — удивился Петр Афонасьевич...

— А и сама не знаю, отец... Вот ехать надо этакую даль: легко сказать — сто верст. Еще разбойники на дороге-то зарежут...

— Какие там разбойники... Тоже придумала. Поезжай с богом. Приду проводить... А лошадей я тебе достану от своих ямщиков, до самой Прилуки довезут. Да.. Ежели дорожной шубы нет, так возьми у меня. Осталась одна такая от покойной матери.

— Нет, у меня своя есть. Да и дело весеннее — днем-то вот как начинает пригревать. А я так...

Пока шли эти переговоры, в гостиной происходила другая сцена. Петушок сидел у стола и готовил уроки. Появление нежданных гостей заставило его нахмуриться, особенно, когда появилась Зиночка. Вот помешают же заниматься... Его недовольство возросло еще больше, когда Анна Николаевна ушла в мастерскую, а Зиночка осталась в гостиной. Петушок сначала углубился в свои книги, делая вид, что не замечает гостьи. Зиночка конфузливо присела на диван и внимательно рассматривала обои. Она вся разгорелась от мороза и от охватившего её чувства неловкости. Важничает гимназист... Так прошло минут десять. Зиночке, наконец, надоело сидеть молча, и она заговорила первая:

— Вы, кажется, сердитесь на меня...

— Я? на вас? За что же я буду сердиться на вас?..

— Я не знаю, но мне так показалось... Как мама долго. А я тут торчу, как кукла...

— Что же, прикажете занимать вас?

Зиночке вдруг сделалось смешно. Она подсела к столу и без

233

церемонии принялась рассматривать учебники сурового гимназиста. Петушок сначала смотрел на это неприятельское вторжение с затаенной ненавистью, сдвинув брови, а потом заметил, что у неприятеля при огне волосы совсем золотые, глаза прелестного голубого цвета, как две больших бирюзы, кожа удивительной белизны. Зиночка чувствовала на себе этот взгляд; но сделала вид, что ничего не замечала, и кончила неожиданной выходкой — схватила все книги и тетради и перемешала в одну кучу, так что латинская грамматика очутилась в соседстве с физикой, Вергилий с всеобщей историей, extemporalia с какой-то истрепанной книгой.

— Вот вам!— коротко объяснила Зиночка, занимая свое место на диване, и опять засмеялась.— Ну, что вы теперь будете делать?..

Петушок был изумлен и мог проговорить только одну фразу:

— Это нечестно... да.

— А если мне скучно? И пусть будет нечестно... Я не виновата, что должна торчать, как кукла.

Разговор Анны Николаевны затянулся, потому что она завела речь о женитьбе Сережи. Как-то молодые поживают? Петр Афонасьевич ответил, что ничего не знает. Были у него после свадьбы с визитом, потом он был у них один раз — только и всего. Ничего, кажется, живут хорошо.

— Она-то с ноготком бабочка,— сообщила Анна Николаевна, понижая голос.— Забрала, сказывают, его в руки...

— Ничего не знаю, Анна Николаевна.

— Что же, худого тут нет: ежели молодая не заберет, так под старость и подавно. Не нами заведено, не нами и кончено. Вон у меня зятек: тише воды, ниже травы. Так и смотрит в глаза Любе... А ведь тоже не из смирных. Однако я заболталась с тобой, отец. Пора домой... Собираться вот надо в дорогу.

— Провожать приду...

Когда Анна Николаевна вышла в гостиную, от неё не ускользнуло движение, которое сделала Зиночка — она рассматривала какую-то книгу вместе с Петушком и быстро отодвинулась, когда в дверях показалась мать. Петушок покраснел. Анна Николаевна строго подобрала губы и только вздохнула.

— Ну, а как у вас дома-то? — спрашивал Петр Афанасьевич, провожая гостей в переднюю.

— Да ничего я не разберу, отец... Как будто ладнее теперь живут. Гриша-то веселый такой... Не знаю уж, чему он так

234

радуется. Ихнее дело: им хорошо, а мне и того лучше. Людмила и со мной как будто стишала. Не грубит...

Дорогой Анна Николаевна ничего не говорила, а только продолжала вздыхать. Вот и эта выросла, скоро совсем большая девица будет. Маленькие детки растут — матери спать не дают, а вырастут большие — мать и сама не уснет,— так говорили старинные люди.

Сборы в дорогу составляли для Анны Николаевны целое событие. Не один раз у неё опускались руки от отчаяния: всё как-то не клеилось. Она даже всплакнула не раз. А тут опять письмо. Пишет уж сам любезный зятек, что сам приедет за милой маменькой... Вот давно бы так-то. Кубов приехал в Шервож глубокой ночью, а утром они уже выезжали. Он не успел побывать даже у дьякона.

— Уж здорова ли Люба?— тревожилась Анна Николаевна.

— Не совсем, как и все женщины в её положении, а особенного пока ничего нет. Об вас очень соскучилась, маменька... Не могла дождаться и меня послала.

— То-то, вот вы все такие: понадобилась, видно, и мать.

— И даже весьма... Мы вас не отпустим теперь.

Кубов имел необыкновенно озабоченный вид и, вместе с тем, чувствовал себя счастливым. Да, бессовестно счастливым.

Дорога мелькнула незаметно. Вечером уже подъезжали к Прилуке, небольшому селу, засевшему в излучине правого берега Лачи. Кое-где в избах уже мелькали огоньки. Можно представить себе удивление Анны Николаевны, когда её встретила первой Катя.

— Катенька, да ты-то как сюда попала?

— А так, Анна Николаевна... Любочка написала мне, я и приехала. От Березовки до Прилуки проселком всего верст семьдесят, значит, семь часов езды. Завтра уезжаю домой. Я это плачу за то, что уехала тогда от свадьбы...

Встреча с Любочкой вышла самая трогательная. Обнимая мать, Любочка даже расплакалась. Анна Николаевна молча её крестила и говорила с каким-то необыкновенным для неё спокойствием:

— Ничего, деточки... Господь милостив.

— Я тебя, мама, не отпущу ни за что на свете...

Какой чудный вечер они провели вчетвером. Никогда еще Анна Николаевна не чувствовала себя такой счастливой. Любочка сидела с ней рядом на диване и всё время держала её за руку.

— Ах, детки, детки, давно ли, кажется, вы маленькие были, а вот теперь... Петр Афонасьевич тебе кланяется, Любочка, и тебе, Володя. Старик даже прослезился, когда узнал о вашей радости. И меня два раза назвал бабушкой...

Они долго сидели за самоваром, вспоминая прошлое. Анна Николаевна всплакнула не раз, когда заходила речь о покойном Григорье Иваныче. Вот бы рад был старик — он так любил детей. Вспоминали время учения в гимназии, говорили о товарищах и о подругах, Анна Николаевна рассказала о свадьбе Сережи еще раз с такими подробностями, точно сама была там.

— Он и меня приглашал, ей-богу. Такой печатный билет прислал... Ну, да я-то не поехала. Куда уж... Потом приезжал с визитом к Грише, так я видела молодайку. Ничего бабочка...

Катя несколько раз делала знаки Анне Николаевне, и та спохватилась уже только в конце. Эх, опять невпопад развязала язык, как тогда с Петром Афонасьевичем. Прямо выжила из ума... Любочка не дождалась ужина и ушла спать. Она чувствовала большую усталость.

Обе гостьи улеглись спать в одной комнате и продолжали разговаривать вполголоса. На Анну Николаевну напал болтливый стих.

— Ох, уж, Катенька, когда же это мы тебя-то замуж выдадим?— со вздохом повторяла Анна Николаевна.— Тоже не маленькие твои годки...

— Какая вы смешная, Анна Николаевна... Мало вам своей заботы...

— Без заботы век не проживешь, милая. Да и как не заботиться-то... Была я у Петра Афонасьевича перед отъездом, заходила посоветоваться. Ну, сижу у него в кузнице, а Зина в гостиной. Поговорила это я с стариком, выхожу, а моя Зиночка уж с Петушком рядком посиживают... Увидала меня и в сторону.

— Опять судьба?..

— Не нашего ума дело, Катенька, а всё оно думается. Большие уж и эти скоро будут, а у больших и свои мысли.

Анна Николаевна чувствовала себя необыкновенно счастливой, как никогда. Во всем сказывалось приближение новой жизни, и дом переживал радостную тревогу. Быть бабушкой для Анны Николаевны теперь сделалось заветной мечтой.

— Люба-то моя ведь совсем другая сделалась...— говорила Анна Николаевна.— Прежде-то, случалось, и нагрубит. Ну, семейным делом мало ли что бывает... Не каждое лыко в строку.

— Вот вы напрасно про свадьбу Сережи начали

236

рассказывать, Анна Николаевна. Любу-то это всё-таки встревожило...

— Ох, сболтнула, мать моя! Стара стала...

С дороги Анну Николаевну так и клонило ко сну, и она говорила уже сонным голосом.

— Анна Николаевна, вы спите? — спрашивала Катя.

— А?.. что?.. я

— Я вам новость скажу после пасхи я тоже замуж выхожу.

— Ну, не смейся над старухой... Пораньше тебя родилась. Да и не ладно шутить таким-то делом...

— Нет, я говорю совершенно серьезно.

Анна Николаевна даже села на своей постели и протерла глаза.

— Серьезно? А жених-то кто?

— Угадайте...

— Катенька, скажи? Ах, ты, тихоня...

— А вот и не скажу... Это еще секрет.

XI

Бывая в Березовке, Огнев останавливался теперь у нового березовского священника о. Семена, т.-е. у бывшего монастырского дьякона Келькешоза. Огневу приходилось бывать довольно часто, и он не без комизма оправдывался делами службы. Отец Семен только мычал и ухмылялся, благосклонно вы слушивая эти оправдания. Знаем мы, какие это дела службы... Бывшая дьяконица, а теперь березовская попадья принимала немалое участие в этой политике, хотя, по обыкновению, и отмалчивалась. Эта тихая и скромная женщина была теперь поглощена новыми заботами, потому что деревенское хозяйство требовало усиленной энергии. Легко сказать, поставить всё хозяйство, а тут еще куча своих ребятишек. Было о чем подумать деревенской попадье. Перевод в Березовку состоялся весной, как раз к самой горячей летней работе. Отцу Семену было тоже работы по горло — приход большой, одних треб не оберешься, а тут еще надо каждый день в школу поспеть. Свидетелем этих поповских хлопот был Огнев, видевший, как у него на глазах немного чудивший городской дьякон превращался совсем в другого человека, точно он вместе с дьяконской рясой снял с себя и городского человека.

— В городе-то я был, как подкованная лошадь,— с грубоватой откровенностью объяснял сам о. Семен.— А теперь расковался, и знать больше ничего не хочу. Кончено...

Нужно было видеть, с какой энергией о. Семен ушел в новую деревенскую жизнь. Он везде поспевал сам и любил всё делать своими руками: пахал, косил, рубил дрова, ходил за скотиной. Деревенский день казался коротким, особенно летом. Могучая натура о. Семена давно требовала именно такой работы. Всего интереснее было наблюдать его отношения к своей попадье.

— Она у меня в городе-то на дамском положении была,— любовно говорил о. Семен.— Только своих ребят и знала, а теперь везде надо поспевать. Только успевай повертываться... Ну, и то сказать, другой такой попадьи с огнем поискать.

Огневу ужасно нравилась эта оригинальная чета. Первое время попадья сильно смущалась в его присутствии и не раскрывала рта. Сидит и всё время молчит. Потом Огнев заметил, что она зорко за ним наблюдает и, видимо, имеет какие-то собственные свои мысли. Катя рассказывала про неё Огневу, что это очень веселая и говорливая женщина, с которой интересно поговорить, но попытки в этом направлении со стороны Огнева не увенчались успехом: попадья отвечала "да" или "нет" и молчала самым красноречивым образом.

Только раз попадья вышла из своей роли. Это за вечерним чаем. Огневу показалось, что она сегодня как-то особенно пристально смотрит на него, и смотрит с таким видом, точно хочет что-то сказать и не решается.

— Что вы на меня так смотрите, матушка? — спросил, наконец, Огнев.

— Да так...— ответила попадья без всякого смущения.— Смотрю вот и думаю, когда-то свадьба будет у вас.

— Какая свадьба?— удивился Огнев.

— Хорошенько его пробери, мать,— поощрял жену о. Семен, расхаживая по комнате.— Валяй напрямик...

— Вы с Катериной-то Петровной всё переговорили, Павел Васильич? — продолжала попадья и, получив отрицательный ответ, укоризненно покачала головой.— Нет, нехорошо, Павел Васильич... Девушка серьезная, а этакими делами не шутят.

Теперь уже смутился Огнев, откладывавший роковое объяснение с Катей со дня на день. Всё как-то не выходило случая. Его поразило главным образом то, что его личное дело такого интимного характера сделалось чуть не общим достоянием. Какая-то попадья считает своею обязанностью читать ему наставления... В конце концов это было просто обидно.

— Они тут с дедом Яковом Семенычем давно ворожат,— объяснял о. Семен.— И так и этак раскидывают умом, а толку всё никакого. Вот им и обидно.

— Послушайте, господа, это наконец... наконец... Что может подумать Катерина Петровна?— взмолился Огнев.

— Она уж подумала,— ответила попадья.— Прямо-то, девичьим делом, конечно, не говорит, а мысли есть... Настоящие мысли. Пошли бы к ней, Павел Васильич и переговорились бы до конца.

— А если она...— замялся Огнев.— Теперь у меня есть хоть надежда впереди, а тогда и этого не останется.

— Бог не без милости, казак не без счастья... Надо же кончить, Павел Васильич.

Это постороннее вмешательство сделало то, чего недоставало Огневу. Оставалось только итти вперед. Ему казалось, что Катя относится к нему хорошо, но этого было еще мало,— вопрос шел о всей жизни. С другой стороны, обстоятельства складывались так, что нельзя было делать новых отсрочек. После короткого раздумья Огнев отправился в школу, благо был уже вечер и Катя была свободна. Выходя из ворот поповского дома, Огнев оглянулся и увидел, как в окне стояла попадья и торопливо крестила его.

Катя была дома, когда пришел Огнев. Дорогой добрая половина решимости оставила его, сменившись самой преступной слабостью. Даже явилось скромное желание вернуться домой и отложить объяснение до следующего раза. Но и это было неисполнимо, потому что Катя уже видела его и вышла навстречу.

— У вас сегодня такой расстроенный вид,— заметила она, здороваясь.— Вы здоровы?

— Да, ничего...

В этом вопросе не было ничего особенного, но Огнева ободрил самый тон, каким он был сказан. Так умела говорить только одна Катя, с таким необидным участием. Это простое, серьезное лицо точно светлело какой-то внутренней теплотой. Огнев сел на свой стул к письменному столу, где обыкновенно сидел, и несколько времени молчал, потирая одной рукой колено. Потом он обвел глазами комнату, вздохнул, тряхнул головой и неожиданно для самого себя проговорил:

— Мне необходимо поговорить с вами серьезно, Катерина Петровна...

— Да? Я слушаю...

Она присела на диванчик и приготовилась слушать.

— Я напомню вам тот вечер, Катерина Петровна, когда, помните, мы возвращались из клуба...

Её голова наклонилась, а эти хорошие глаза посмотрели с умоляющей тревогой.

— Да, вы тогда удостоили меня полной откровенностью, Катерина Петровна, и я, с своей стороны, тоже хотел бы сказать... Да, сказать...

Он перевел дух и безнадежно посмотрел на полочку с книгами. Откровенность, вообще, дорого стоит... Она ждала продолжения с опущенными глазами. На щеках у неё выступил неровный румянец.

— Помните вы, Катерина Петровна, когда я читал в гимназии словесность, роман старого Мазепы с Матреной Кочубей?.. Что старики могут увлекаться молодыми девушками — это я понимаю, но там полюбила старика совсем молодая девушка. Может быть, я не совсем удачно выбрал пример, но факт остается фактом... Я мог бы привести из истории целый ряд таких фактов. Да, целый ряд... Мне интересно знать, как вы думаете об этом?..

— Я? Я знаю только то, что можно любить только хорошего человека... человека, которого уважаешь. Особенно, если есть общее дело, которе может наполнить всю жизнь... Мне кажется, что большинство даже хороших людей смотрит на жизнь слишком легко, потому что думает только о себе. Этот эгоизм потом выкупается тяжелым разочарованием... Так нельзя, т.-е. нельзя быть счастливым безотчетно, счастливым одному, счастливым без цели, серьезного дела и того сознания, которое говорит, что каждый прожитый день прожит не даром. Может быть, я высказываю избитые истины, может быть, это скучно, но я этому верю и только в том вижу счастье. Вы видите, Павел Васильич, что я уж совсем не так молода, как вы думаете...

Учитель словесности понял, что его пример вышел крайне неудачным. Наступила неловкая пауза. Смущение Огнева достигло высшего предела, когда в дверях показалась седая голова Якова Семеныча и мгновенно скрылась.

— Дело вот в чем, Катерина Петровна,— торопливо заговорил Огнев, точно хотел что-то догнать.— Вы меня знаете давно... да... Одним словом, что вы сказали бы мне, если бы я, я не требую ответа сейчас... обдумайте... проверьте себя, и если...

Катя посмотрела ему прямо в глаза, улыбнулась немного грустной улыбкой и тихо проговорила:

— Я об этом много думала, Павел Васильич...

— И...

— Пришла к тому убеждению, что...

Ответ был написан на её лице, в выражении глаз, в счастливой улыбке.

— Вы — хороший...— уже прошептала она и быстро ушла в свою спальню.

Огнев стоял посреди комнаты и чувствовал, как всё ходит у него перед глазами: и стены, и мебель, и пол. А на душе закипало такое хорошее, светлое чувство...

Он опомнился только тогда, когда кто-то подкрался к нему сзади, обнял и прошептал:

— Павел Васильич, голубчик... ах, Павел Васильич!..

Это был дед Яков Семеныч. У старика по сморщенному лицу катились слезы. Огнев молча обнял его и молча поцеловал.

— Ах, Павел Васильич... Устрой, господи, всё на пользу... А я там сижу у себя в коморке и не смею дохнуть: что-то она вам ответит? И молитвы читаю, и слезы у меня...

Через минуту Катя вышла, подошла к Огневу и, подавая руку, проговорила спокойно:

— Я согласна, Павел Васильич...

Огнев с галантностью настоящего кавалера поцеловал у неё руку, хотел что-то сказать, но только махнул рукой. Ему нужно было несколько минут, чтобы успокоиться, и только потом он заговорил:

— Недостоин, Катерина Петровна, такого счастья... Да, недостоин, но постараюсь заслужить. Да, всю жизнь посвящу вам.

— Ну, слава богу!— проговорил за всех Яков Семеныч.

Эта чувствительная сцена была прервана появлением в окне головы о. Семена. Он безмолвно посмотрел на всех, отошел от окна и, махнув рукой, крикнул:

— Иди скорее сюда, попадья...

О. Семен вошел в комнату с особенной торжественностью, помолился на образ в переднем углу и проговорил:

— Нехорошо жить человеку одному, сказано еще Адаму. И бог сотворил ему подружию... Так-то, Павел Васильич. Не нашего это ума дело, а только блюди и не преступай великой заповеди, данной еще Адаму. Катерина Петровна, голубушка, поздравляю... Позвольте облобызать.

Ворвавшаяся попадья наполнила скромную квартиру учительницы какими-то причитаниями, аханьем и тоже прослезилась, как Яков Семеныч.

— Кабы не она,— указывал на неё о. Семен,— ничего бы не

было... Так и ходили бы кругом да около. Уж это верно говорю.... Вот смотри, Павел Васильич, и учись.

Катя была спокойно-счастлива и смотрела на всех улыбающимися глазами. За чаем она сидела рядом с Огневым и вполголоса прочла ему стихи Надсона:

Гроза промчалась вдаль, минувшее забыто,
И чей-то голос мне твердит порой
Да уж не сон ли всё, что было пережито
И передумано тобой?

XII

Как раз в это время в Шервоже разыгрывалась грустная семейная драма, одна из тех драм, которые налетают вдруг, как порыв ветра. Местом действия являлась квартира доктора Печаткина. Кстати, срок военной службы кончился, и Печаткин серьезно был занят вопросом о том, как он устроится деревенским врачом. Много было разговоров на эту тему, и, к удивлению Печаткина, Людмила Григорьевна, не хотевшая сначала слышать о деревне, теперь с нетерпением ждала перемены. Ей почему-то казалось, что с отъездом из Шервожа изменится и её жизнь к лучшему.

— Что я здесь дурой-то сижу — одурь в другой раз возьмет,— говорила она с раздражением.— А там заведу свое хозяйство, буду ходить в простых сарафанах, как деревенская баба... Я коров очень люблю.

Анна Николаевна была против такого переезда и несколько раз предсказывала Грише чуть не погибель. Тоже нашли сладость: деревня... Здесь-то одна казенная квартира чего стоила, а там придется жить в какой-нибудь избе. Вообще она отказывалась понять намерения сына и успокаивала себя только тем, что покойный Григорий Иваныч был такой-же "непоседа", ну, значит, и сынок пошел по отцовской дорожке.

— Ничего, мама, устроимся отлично,— уговаривал её Гриша.— А ты к нам будешь в гости ездить...

— Ну, уж извини: не поеду.

— К Любе ездила же?

— То другое дело...

— И у нас другое будет тоже.

— Пустяки ты говоришь... Это тебя Людмилка мутит.

В жене Печаткин вообще замечал какую-то внутреннюю перемену, начиная с того, что она во всем теперь уступала матери. Не было уже прежних баталий, и это много мирило его с женой. С другой стороны, он сам уже привык к ней, сжился и вошел в колею. Перемену к лучшему в жене он приписывал влиянию Кати, о которой Людмила Григорьевна часто говорила:

— Вот я умру, так ты женись на ней,— говорила она совершенно серьезно.— Так и знай... А я скоро умру.

— Какие ты глупости говоришь, Людмила. В свое время, конечно, все умрем...

— Нет, я скоро.

Печаткина как-то смущали подобные разговоры, и он чувствовал себя виновным. Ему делалось жаль присмиревшей жены. Было несколько таких хороших дней, когда Гриша начинал чувствовать, что любит жену, т.-е. почти любит её. И странно, она именно в эти дни смотрела на него такими грустными глазами.

— О чем ты думаешь, Людмила?— спрашивал Печаткин.

— Мне жаль тебя, Гриша... Ведь я тебя любила по-хорошему, а ты со мной только мучился. Так, не судьба...

Это настроение разрешилось совершенно неожиданно. Гриша уже покончил свою военную службу, и начались сборы для переезда с казенной квартиры. Все вещи были сдвинуты со своих мест, появились какие-то узлы, свертки, чемоданы — одним словом, полная картина разрушения. Людмила Григорьевна занялась этой передрягой с каким-то лихорадочным нетерпением и чувствовала себя хорошо, как никогда. Но дня

за два до переезда она почувствовала себя нехорошо и слегла. Переезд был отложен, а потом определилось, что у неё тиф.

— И захворала-то я не во-время,— жаловалась Людмила Григорьевна.— Ну, да скоро никому не буду мешать. Бог меня пожалел...

Лечиться она упорно не желала и только согласилась принять одного доктора Конусова, которого почему-то считала простым.

Как немного времени каких-нибудь две недели, а как много может в них случиться! Болезнь быстро прогрессировала, и уже через неделю больная находилась в опасном положении. Анна Николаевна жила у Кубовых и была вся поглощена родившимся недавно внуком. Она была поражена, когда Гриша приехал к ней сказать, что жена опасна и что она желает её видеть. Анна Николаевна как-то бессильно опустилась на стул и горько заплакала. Это удивило Гришу. Только одни женщины могут быть настолько непоследовательными.

— Что же ты за мной раньше-то не послал?— выговаривала она.— Я слышала мельком, что Людмила прихварывает, а настоящего ничего не знала. Да я бы сейчас же прибежала...

— Мама, я просто не решался беспокоить тебя, потому что думал, что это тебе будет неприятно... Вы постоянно ссорились с Людмилой.

— Ах, какой ты, Гриша! Мало ли что бывает семейным делом; не всякое лыко в строку.

Любочка тоже отнеслась с большим участием к больной и поехала навестить её вместе с матерью.

— Как я рада, что вы приехали...— встретила их больная.— Любочка, вы нас оставьте. Мне нужно поговорить с мамой серьезно...

Это было еще в первый раз, что Людмила Григорьевна назвала свекровь мамой. Анна Николаевна глотала слезы. С первого взгляда она решила про себя, что сноха — не жилец на белом свете. Когда Любочка вышла, больная тихо проговорила:

— Мама, благословите меня... мне так тяжело... у меня никого нет...

Анна Николаевна со слезами долго крестила это горевшее лицо с воспаленными глазами, а потом начала, по русскому обычаю, просить прощения.

— И меня простите, мама...— спокойно ответила больная.— Я не сержусь... никто не виноват... Помогите мне сесть...

Сесть она не могла, а только прислонилась спиной к подушке. Это усилие её утомило настолько, что она несколько времени должна была отдохнуть.

— Мама, мне теперь лучше... легче... да... Мама, дайте мне одну клятву... ведь умирающим не отказывают...

— Что тебе нужно, касаточка?..

Больная долго лежала с закрытыми глазами, собираясь с мыслями, точно она шла по какой-то трудной дороге и всё сбивалась с пути.

— Мама, я умру... да, я это знаю... и когда я, мама, умру.., ведь я любила Гришу... да... очень... он хороший... когда я умру, пусть он непременно женится на Катерине Петровне. Вы сами её высватаете... вы мне дадите клятву, мама...

С Анной Николаевной сделалось дурно от волнения, и Грише пришлось с ней отваживаться.

— Что с вами, мама?

— Ах, убила она меня... сняла мою головушку!..— причитала Анна Николаевна, разливаясь рекой.— Да если бы я знала..

Страшную картину представляла сцена самой смерти. Около умирающей собрались все: Гриша, Любочка, Анна Николаевна, Кубов и Конусов. Были сочтены уже не дни, а часы. Все смутно чувствовали себя виновными вот перед этой быстро потухавшей молодой жизнью. Гриша стоял в немом отчаянии, как главный виновник. Да, они все убили её... Он старался даже не смотреть на мать, подавляя в себе невольно враждебное чувство к ней. Подвыпивший, по обыкновению, Конусов смотрел мутными глазами на всех и удивлялся. О чем они плачут?.. Да он сам с превеликим бы удовольствием умер хоть сейчас — самое лучшее, что может сделать порядочный человек.

Агония кончилась поздней ночью. Все стояли и молчали, точно ожидая какого-то осуждающего приговора. Да, здесь, пред лицом смерти, не лгут, здесь последний итог тем мелким неправдам, из которых ткется жизнь, здесь последняя правда... Маленькие и большие люди, молодые и старые, умные и глупые — все равны.

— Мама, это моя вина...— сказал тихо Гриша, когда его увели в другую комнату.— Мне страшно за свое прошлое...

Похороны были самые простые, и провожали покойницу только самые близкие люди. Хоронили в общине. Около могил Григория Иваныча и Марфы Даниловны выросла свежая насыпь, скрывавшая под собой много напрасного горя. Гриша долго стоял над этой могилой, которая смотрела на него немым укором. Около него стояла сестра Агапита и тихо плакала. Незадолго до своей болезни Людмила Григорьевна приезжала в общину и долго разговаривала с ней, рассказывая про свою неудавшуюся жизнь.

"Ей там будет лучше..." — думала монахиня, с грустью наблюдая горевавшего после времени мужа.

Анна Николаевна несколько дней ходила, как помешанная. Эта неожиданная смерть нелюбимой невестки произвела на неё самое потрясающее впечатление, как заслуженная кара божия.

— Избывала я её, голубушку...— повторяла старушка, ломав руки.— А вот она взяла да и ушла. Ах, горюшко...

Печаткин ничего не говорил, но сидел дома и никуда не хотел выходить. Это молчаливое горе было хуже бурных проявлений отчаяния Анны Николаевны. Теперь он чувствовал, что любит её, любит тогда, когда её уже нет... Он по целым дням ходил из угла в угол и не хотел никого видеть.

— Поедем хоть в Березовку,— предлагала Анна Николаевна, помня свою клятву.— Всё-таки легче...

— Да? А ей тоже будет легче, если я туда поеду? Нет, мама, я именно в Березовку и не поеду... И ты не говори мне об этом, если не хочешь меня оскорблять.

— Ну, как знаешь. Я не неволю, а так, к слову сказала...

Данная клятва не давала Анне Николаевне покоя. Она даже во сне видела Людмилу Григорьевну и просыпалась от страха. Выждав девятый день и отслужив панихиду на могилке новопреставленной рабы божией Людмилы, она отправилась в Березовку одна. Делалось это потихоньку даже от Любы: клятву нужно было исполнить свято.

В Березовке Анна Николаевна проехала прямо к Кате, которая была очень удивлена этим неожиданным визитом, тем более, что Анна Николаевна имела такой торжественный вид.

— Ох, и не думала живая доехать, Катенька! — стонала старушка.— Да уж такой случай вышел...

— Да что такое случилось, Анна Николаевна?..

Анна Николаевна присела на стул и долго рыдала, прежде чем могла рассказать по порядку всё свое горе. Катя еще ничего не слыхала о смерти Людмилы Григорьевны и тоже была поражена. Да, это была несправедливая смерть. Главное Анна Николаевна оставила к концу,— именно клятву.

— Клятву она с меня взяла, Катенька.

Последовал рассказ о том, как Людмила Григорьевна просила её относительно Гриши. На этом пункте последовало несколько запинок, пауз и растянутых слов. Катя слушала, чувствуя, как вся холодеет.

— Ну, вот я и приехала...— растерянно заключила свой рассказ Анна Николаевна.— Да, приехала... Ночью снится мне Людмила-то Григорьевна и всё клятвы требует.

— А Григорий Григорьич знает об этом? — тихо спросила Катя.

— Нет, куда знать!.. К нему теперь и подступиться страшно. Закинула-было я словечко, чтобы вместе ехать в Березовку, так он мне что сказал... как это он выразил-то?.. Да, да: "вот в Березовку-то, говорит, мама, я и не поеду".

Катя успокоилась.

— Я узнаю прежнего Гришу, Анна Николаевна,— заметила она.

— Известно, убивается... А погорюет и перестанет. На молодом теле и не это изнашивается...

246

— Нет, вы ошибаетесь, Анна Николаевна. Да и я... Позвольте, я сейчас.

Она ушла в свою спальню и вынесла оттуда портрет Огнева.

— Вот мой жених, Анна Николаевна. Я уже помолвлена...

У Анны Николаевны руки опустились.

— Ах, горюшко...— стонала она.— Ведь немного бы тебе подождать-то, Катенька!.. Самую малость...

Катя улыбнулась и проговорила спокойно:

— Это всё равно, Анна Николаевна... У нас с Гришей всё кончено. Мне его очень жаль, но я его больше не люблю... Можно обмануть других, а себя не обманешь.

— А этого любишь?

— Да.

ЭПИЛОГ

Наступила осень. Земля была уже скована первым морозом и гудела под колесами, как сплавленный кусок металла. На деревьях листья давно поблекли, осыпались и только кое-где оставались как жалкие лохмотья еще недавно пышного наряда. Земля была усыпана этими листьями, и ветер с какой-то жалобой перебирал их, точно старые письма дорогого человека, по которым еще раз хотелось пережить свою недавнюю молодость. В грязь и тракт и проселки невозможны, и только первый мороз делает их проезжими.

Именно в такое крепкое осеннее утро из Шервожа по тракту выезжали три экипажа. В первом, запряженном парой своих лошадей, сидели Анна Николаевна и Любочка с ребенком, а кучером был Кубов. За ними на одной лошади ехали Петр Афонасьевич и Петушок,— правил лошадью гимназист, вообще сильно важничавший. Последним ехал щегольской дорожный экипаж с фордеком, заложенный тройкой в наборной сбруе,— в нем ехал Сережа с женой и Зиночкой. Эта поездка очень не нравилась Сереже, но захотела жена, и пришлось повиноваться. Впрочем, он утешался своим собственным экипажем и своей собственной тройкой.

— Удивляюсь, что за странная фантазия у отца трястись на какой-то таратайке, когда можно было взять почтовых лошадей,— ворчал он, кутаясь в теплое осеннее пальто.

— А если это ему нравится? — сказала жена.— И я с ним совершенно согласна и с большим удовольствием проехалась бы в его таратайке. Это, наконец, оригинально... Не правда ли, Зиночка?

Зиночка была не совсем согласна, потому что "ужасно" была счастлива, как бывают счастливы девушки в шестнадцать лет. Она так мило раскраснелась от холода, глаза блестели, улыбка сама просилась на этот еще по-детски пухлый рот. Притом Зиночка еще в первый раз ехала на свадьбу. Да, на настоящую свадьбу, и потихоньку чувствовала себя большой. Это сознание и радовало её и смущало, потому что в шестнадцать лет она могла сама выйти замуж. А тут впереди предстояла такая трогательная обязанность, как проводы невесты к венцу. В особой картонке лежало только-что сшитое первое белое платье и цветы. Она вперед себя видела в этом наряде и мысленно восхищалась. А тут Сергей Петрович ворчит и нервничает, точно классная дама. Это было очень смешно, в сущности, и яркий румянец без всякой причины заливал личико Зиночки.

"Этакая красавица,— думала жена Сережи, про себя восхищаясь Зиночкой.— А какие волосы..."

Ей непременно хотелось, чтобы и муж тоже восхищался Зиночкой, но Сережа нахохлился и молчал. Он несколько раз очень пристально всматривался в девушку, точно стараясь что-то припомнить. Это смутило Зиночку, и она с детской откровенностью спросила:

— Что вы на меня смотрите, Сергей Петрович?

— Я? Ах, да... Видите ли, я почему-то раздумался о своем детстве и припоминаю вас еще ребенком, но тогда вас звали не Зиночкой, а как-то иначе...

Зиночка засмеялась и объяснила:

— Папа меня звал "соней", потому что я любила долго спать. А потом все начали звать Соней, до самой гимназии, так что я даже сама забыла свое настоящее имя.

Так они проехали десять верст по тракту и свернули на про селок. Кучеру приходилось постоянно сдерживать рвавшуюся тройку, и Зиночку это забавляло. Какие чудные лошади у Клепикова, какой экипаж, и какой чудак сам Клепиков — дуется, как мышь на крупу. Зиночка вдруг возненавидела его и несколько раз посмотрела сердитыми глазами, да, совсем сердитыми.

А Сереже было отчего дуться. Ни отец, ни сестра к нему на свадьбу не хотели приехать, а вот он едет. Положим, это была фантазия его жены, но это еще неприятнее. Сережа чувствовал, что поддается её влиянию и делает многое совсем не так, как бы желал. Она, видимо, понимала его настроение и смотрела на него улыбающимися глазами.

— Какой ты дрянной. Сережа...— проговорила она наконец.— Настоящая городская дрянь.

— Что же, переедем в деревню, как мой друг Григорий Григорьич. Это нынче в моде...

— Я в деревне не бывала, но думаю, что и там можно жить. Ведь живут же другие...

На полдороге случилось происшествие. Передний экипаж остановился и остановил другие. Можно было подумать, что сломалась ось или колесо. Оказалось другое. Рассорились Анна Николаевна и Любочка из-за ребенка. Бабушка непременно хотела взять ребенка к себе на руки, а молодая мамаша не желала его отдавать.

— Ты его простудишь, Люба... Ведь ты ничего не понимаешь, а я достаточно поездила по дорогам с маленькими ребятами. Тебя провезла из Казани зимой, когда тебе было всего пять месяцев...

— И всё-таки я не дам Бориса...— сказала Любочка.

— Значит, ты мне не доверяешь? — обиделась Анна Николаевна.— Тогда я лучше пересяду к Петру Афонасьевичу. Поезжай одна... да.

На этом пункте экипаж и принужден был остановиться, а Кубов превратился в царя Соломона.

— Мамаша... Любочка... Ну, кто умнее, тот и уступит.

Эта размолвка была прекращена только появлением жены Сережи и Зиночки, которые приняли самое энергичное участие и кое-как уговорили Любочку уступить.

— Ну, будь умной...— уговаривала Зиночка.— Какая ты смешная, мама! А то дайте нам Бориску, и обе будете правы.

Дальше дорога прошла без всяких приключений, и свадебный поезд не без торжества прибыл в Березовку прямо к обеду. Гостей встретил дед Яков Семеныч, поджидавший их с утра у ворот поповского дома.

— Сюда, милости просим! — хлопотал старик: — вот спасибо-то... Ах, хорошо! Сергей Петрович! Вот дорогой гость!..

Торжество было назначено в поповском доме, потому что квартира Кати была мала. Появился о. Семен, принарядившийся в новенький подрясник, и сам Павел Васильич Огнев, заметно смущавшийся своей роли жениха.

— Вот это хорошо! — гремел бас о. Семена.— Одобряю весьма... Что еже есть добро и красно — живите, братие, вкупе.

Дамы сейчас же отправились к невесте. Некогда было терять дорогое время. Петушок, в качестве шафера от невесты, тоже последовал за ними. У него был необыкновенно важный вид, точно он делал величайшее одолжение. Эта гимназическая важность ужасно смешила Зиночку, так что ей просто хотелось толкнуть кулаком Петушка в бок, и она сделала бы это, если бы не боялась мамаши. Попадья была уже там. Ей сегодня особенно досталось, потому что нужно было хлопотать и у себя дома и у невесты.

Оставшись одни, мужчины несколько времени совершенно не знали, о чем им говорить. Всеми овладело какое-то неловкое чувство. Жених молча шагал по комнате из угла в угол и нервно пощипывал бороду. О. Семен занимал Сережу и Кубова.

— Да, вот все собрались,— разглагольствовал о. Семен.— Недостает только Гриши. Жаль...

— Совсем другой человек стал,— вставил свое словечко Петр Афонасьевич.— И не узнаете... Куда что девалось.

— Да, горе-то одного рака красит...

— Куда-то уезжает, говорят.

Скоро о. Семен и Яков Семеныч отправились в церковь, чтобы приготовить всё к обряду венчания. За ними отправился жених в сопровождении своего шафера Кубова, а Сережа и Петр Афонасьевич пошли к невесте.

Обряд венчания кончился очень скоро, и молодые засветло еще вернулись в поповский дом, где были торжественно встречены Петром Афонасьевичем и Анной Николаевной,— последняя исправляла должность посаженной матери. Трогательный обряд благословения образами прошел особенно торжественно. Петр Афонасьевич расплакался, про себя вспоминая покойную жену,— вслух он не решался заговорить о ней именно в эту минуту, чтобы не нарушить общего настроения. Катя была спокойна и крепко расцеловала добрейшую Анну Николаевну, с которой неразрывно была связана вся её юность.

Свадебный стол попадья устроила по-старинному, со множеством блюд и разными церемониями. Под окнами собралась це лая толпа любопытных.

— Эх, Петр Афонасьевич, что бы тебе захватить было гитару? — укоризненно говорил о. Семен.— Настоящий бы бал устроили...

Жена Сережи была в деревне в первый раз, и её всё занимало. Она до мельчайших подробностей осмотрела всё поповское хозяйство и всему удивлялась.

— Если бы мы жили в деревне, Сережа, и ты был бы гораздо лучше,— шепнула она мужу.— Да, да... У тебя много недостатков именно городского человека.

Много говорили о новых затеях Кубова, который устраивал какой-то цементный завод. Зиночка находила, что это совсем неинтересно. Она сидела рядом с "молодой" и смотрела на неё такими глазами, точно Катя должна была переродиться в течение этих двух часов. Огнев чувствовал себя утомленным и продолжал пощипывать бородку. В общем как будто чего-то недоставало... Петр Афонасьевич сидел рядом с Анной Николаевной и шепнул ей:

— Если бы была жива Марфа Даниловна...

Анна Николаевна думала о муже и сыне и тяжело вздыхала, напрасно стараясь показаться веселой. Да, жизнь требует жертв и не отдает их назад, а дорогие люди не встают из своих могил. Катя наблюдала стариков и про себя жалела их. Да, самое хорошее прошлое не вернется, но счастливы те, у кого оно было.

В качестве присяжного оратора Сережа предложил первый тост за молодых, и это послужило началом дальнейших речей.

— Позвольте, господа, и мне сказать несколько слов,— заговорил Огнев: — хотя в моем положении, кажется, это и не принято... Именно, мне хотелось бы предложить тост за русскую женщину вообще, за ту женщину, которая вышла на работу, как говорит притча, в девятом часу. Один очень вежливый француз сказал, что всё будущее цивилизации висит на губах славянской женщины. Эта красивая фраза несет в себе долю правды, и мы можем гордиться нашей русской женщиной в особенности, как высшим выражением славянской расы. Новая русская женщина, окрыленная знанием, несет в себе это будущее, и сейчас трудно даже приблизительно подсчитать те неисчислимые последствия, которые она внесет в жизнь. Я имею особенное право это сказать, потому что она родилась на моих глазах, она воспитывалась отчасти под моим руководством, она созрела, окрепла и сложилась в настоящего большого человека. Зерно брошено в землю и в свое время принесет плод... Но одно знание еще не делает всего человека — нужны отзывчивое сердце, нравственные устои, строгая выдержка характера, готовность к самопожертвованию. Вот именно эти последние качества особенно мне дороги в новой русской женщине, в них залог светлого будущего, и за них я поднимаю свой бокал... В русской женщине есть высокий женский героизм.

1893